KB269310

4차 산업혁명
마케팅 광고

4차 산업혁명

마케팅 광고

조용석 지음

한나

초연결시대의 마케터/광고인들에게 보내는 제언

광고 현장에서 24년, 대학 강단에서 12년간 오직 마케팅 광고와 함께하면서 '좋은 광고를 만드는 방법'에 대해 늘 고민했다. 책도 보고, 자료도 찾고, 선배들에게 묻기도 했다. 그러나 부족함은 채워지지 않았다. 진리는 늘 가까이 있는데도 내 것은 보지 못하고 새로운 이론과 방법들을 찾으려고만 했다. 내가 알고 있는 것들을 적용하고 활용하는 방법을 몰랐던 것이다.

마케팅 광고계는 '변화'라는 큰 파도 앞에 서있다. 새롭지 않으면 존재할 수 없는 것이 마케팅 광고이지만, 4차 산업혁명이 진행되는 인공지능·초연결시대에서 마케팅 광고계에는 근본적인 변화가 요구되고 있다. 이로 인해 마케터/광고인들은 많은 혼란을 겪고 있다.

살아가면서 어려운 상황에 처하거나 문제가 잘 안 풀릴 때 꺼내드는 해결책이 있다. 그것은 '기본으로 돌아가서(Back to the Basic)' 생각하는 것이다. 본질의 의미와도 맥이 통하는 이 방법은 모든 문제를 풀어주는 마술사의 힘을 가지고 있다. 그 결과 또한 한 번도 배신한 적이 없다. 기초가 튼튼하면 어떤 유형의 문제라도 풀어낼 수 있지 않는가. 인공지능·초연결시대 이후에 어떤 새로운 물결이 밀려오더라도 견뎌낼 수 있게 해줄 '기본으로 돌아가기'는 바로 '마케팅·광고적 시각의 기획력'을 키우는 것이다.

디지털시대 이전과 이후의 가장 큰 차이는 '진행하면서 생각하는 순발력'에 대한 요구가 커졌다는 사실이다. 다양한 미디어들에 대해 즉각 반응할 수 있는 가벼운 생각과 움직임이 필요해진 것이다. 단계적·전략적인 문제해결력보다는 즉각적·감각적인 문제해결력이 더욱 중요해진 것이다. 이는 이론과 과정을 충분히 이해하고 나름대로의 패턴이 만들어졌을 때 가능하다. 바탕이 있어야 순발력이 생기기 때문이다. 기본(basic)은 새로움에 대응할 힘을 준다. 마케팅·광고 전략 수립을 위한 기본적인 프로세스의 이해가 동시에 필요한 이유이기도 하다.

모든 광고이론은 깨지기 위해 존재한다. 이미 다른 사람이 사용했던 방법을 그대로 답습한다면 결과는 빤하지 않겠는가? 하지만 기존의 이론을 알아야 미래에 새로운 이론을 만들 수 있다. 일본의 예술 발전 단계인 수守, 리離, 파破의 세 단계에서 첫 단계인 이론을 지키는 수의 단계를 거쳐야 이론을 벗어날 수 있는 리의 단계, 그리고 이론을 파괴하는 최고 단계인 파의 단계에 이를 수 있는 것처럼 말이다.

본서는 "이론과 실제를 넘나들려면, 아날로그 사고와 디지털 사고를 넘나들려면, 제품과 소비자를 넘나들려면, 장기 전략과 즉시 전략을 넘나들려면 무엇을 어떻게 할 것인가?"라는 문제에서 시작되었다. 문제를 해결하려면 먼저 생각의 힘을 단단히 키우고, 문제의 본질에 다가가는 방법을 익히고, 맥락적 사고를 통해 새로운 의미(context)를 발견하고, 그것을 크리에이티브 솔루션creative solution으로 풀어가야 한다. 이 책은 그러한 방법을 중심으로 전개된다.

총 6부으로 이루어진 본서의 구성은 다음과 같다.

'1부. 마케팅 광고기획을 다시 생각한다'에서는 미디어 환경 변화에 따른 광고패러다임의 변화와 문제해결형 광고가 무엇인지를 다루었다.

'2부. 문제의 발견과 통찰'에서는 문제의 본질에 다가가서 맥락적 사고를 통해 문제를 발견하고 해결하기 위한 인사이트에 대해 논의했다.

'3부. 마케팅 광고기획 솔루션'에서는 광고적 시각이란 무엇이며, 8가지의 마케팅 광고기획 발상을 통한 솔루션 방법을 제안했다. 또한 마케팅 광고 전략 수립 프로세스와 광고기획서 작성법에 대해서 기술했다.

'4부. 크리에이티브 솔루션'에서는 크리에이티브 발상법과 현장에서 적용 가능한 크리에이티브 기법 6가지 및 해당 사례들을 통해 실제적인 크리에이티브 솔루션을 배울 수 있도록 했다.

'5부. 초연결시대의 미디어 기획'에서는 미디어별 전략적 기획 방법과 다양한 미디어 크리에이티브 사례를 소개했다.

'6부. 광고 프레젠테이션'에서는 프레젠테이션을 성공적으로 이끌기 위한 전략과, 현장에서 구체적으로 프레젠테이션을 실행할 방안을 담았다.

현업에서 실무능력을 인정받는 사람들 가운데 대부분은 이론을 현장에 접목시키는 데 밝은 사람들이다. '이론 따로, 실행 따로' 하는 것이 아닌 즉각 적용이 가능할 때 이론의 가치도 더 커질 수 있다. 저자가 광고현장에서 경험하고 느꼈던 노하우들과 강의를 위해 틈틈이 메모한 내용들에 가급적 많은 사례를 첨부하고자 한 이유다.

본의 아니게 출처를 밝히지 않은 채 인용한 부분들에 대한 양해를 부탁드린다. 아직도 2% 부족함을 느낀다. 그러나 내일의 발전을 위한 디딤돌이라 생각하고 이 세상의 문제들을 풀어가는 데 이 책이 조금이나마 도움이 되기를 바란다.

1부
마케팅 광고기획을 다시 생각한다

1. 광고의 패러다임이 바뀌었다

과거의 광고패러다임은 동일시와 차별화의 두 축만으로도 충분했다. 그러나 지금의 소비자들을 여전히 "나도 이 제품을 쓰면 저렇게 될 수 있다"는 '동일시'와 "나는 남들과는 다르다"는 '차별화'만으로 과연 설득할 수 있을까?

4차 산업혁명, 즉 초지능·초연결사회의 소비자는 이렇게 바뀌었다. 수퍼파워를 갖게 된 스마트 소비자가 되면서 제품·서비스를 체험으로 구매하는 트라이슈머Try-sumer로 탈바꿈했으며, 제품/서비스의 체험과 관련된 자신의 이야기를 적극적으로 알리는 스토리슈머Story-sumer이기도 하다. 또한 자신에 맞게 바꾸고 개선하는 모디슈머Modi-sumer이며, 때로는 새롭게 창조하는 크리슈머Cre-sumer이자, 생산에 직접 참여하는 프로슈머Pro-sumer이기도 하는 등 적극적이고 다양한 모습을 갖춘 소비자가 된 것이다.[1]

소비자는 더 이상 '미지의 고객'이 아니라 '확인된 고객'이다. 쌓여진

데이터가 소비자 한 사람 한 사람에 대해서 속속들이 알려준다. 자신의 욕구에 따라 미디어와 콘텐츠, 그리고 상품을 선택하여 소비하는 각기 다른 개인소비자로 탈바꿈한 것이다.

관계(연결)를 만드는 모든 것이 미디어로 확장되었다. 블로그가, 스마트폰이, 어플리케이션이, 이야기를 나누는 식당이, 한 잔의 커피도 이제는 미디어인 것이다.[2] 전통적인 TV는 이제 장소와 시간에 구애받지 않는 디지털·모바일 미디어와 시청자의 시간을 점유하기 위해 치열한 경쟁을 펼치고 있다. 전통적 미디어와 디지털미디어 간의 경계가 사라지고, 수많은 개인미디어가 매일 새롭게 등장하고 있다. 이러한 초연결 미디어 네트워크 세상에서 우리는 살고 있는 것이다.

광고의 역할은 사회의 모든 문제를 해결하는 수단으로 확대되었고, 광고 및 PR은 물론 미디어, 저널리즘, 컨설팅 분야에 이르기까지 각각의 역할에 대한 경계도 허물어졌다. 브랜드도 이제는 하나의 미디어로 진화되면서 브랜드 자체가 문화가 되고, 트렌드가 되고, 스스로 새로운 비즈니스를 창출해나간다.

도서관은 책을 읽는 조용한 공간에서 시를 낭송하고, 장난감을 만들고, 춤을 추고, 공연을 볼 수 있는 시끌시끌한 문화공간으로 바뀌었다. 이미 전 세계 도서관이 그렇게 변했다.

인공지능(AI)이 신문기사도 쓴다. 모든 프로세스는 자동으로 이루어진다. 미디어의 판매도 프로그래매틱programmatic이라는 프로그램으로 필요할 때는 언제든지 사고 팔 수 있다. 속도로는 인간이 경쟁할 수 없다, 이러한 변화 속에서 마케팅 광고는 어떻게 대응해야 할까?

이제 미디어의 수용자에 대해서도 재정의를 할 필요가 있다. 수용자

(audience)라는 개념보다 사용자(user)라는 개념이 더욱 적절해졌기 때문이다. 디지털미디어의 사용자는 항상 네트워크에 연결되어있는 스마트 소비자다. PC의 전원이 꺼져있을 때에는 인터넷 접속이 불가능했지만, 이제는 365일 24시간 스마트폰으로 인터넷에 접속할 수 있다. 전 세계의 인터넷 사용자들과 언제든 대화할 수 있고, 제품 정보를 실시간으로 검색하고, 매장에서 살펴본 제품에 대한 가격 정보를 언제 어디서나 스마트폰으로 실시간으로 보면서 딜러와 구매 협상을 할 수 있다. 이는 마케팅 광고에도 본질적 변화를 가져왔다.

고객 개개인을 대상으로 하는 퍼스널 마케팅, 고객 관련 데이터베이스(DB)에 근거한 데이터베이스 마케팅, 일회성 거래에 그치는 것이 아니라 지속적인 관계를 맺는 관계 마케팅, 오프라인과 온라인을 넘나드는 O2O(Online to Offline) 마케팅 등 새로운 마케팅패러다임이 본격 구현되고 있다. 소비자들의 위치와 소비패턴 정보만 있으면 관련 쿠폰, 이벤트, 또는 광고로 그 자리에서 바로 구입으로 이어지게 할 수 있으며, 소비자와의 지속적 관계 유지까지 가능해졌다.

소비자 자체가 하나의 미디어로서 마케팅 과정의 한 부분이 되었기 때문에 그들에게 구체적으로 어떤 서비스가 제공되고 있는지와, 그 서비스를 체험할 수 있는 기회의 제공이 더욱 중요해졌다. 이를 위해서는 미디어의 역할에 대한 새로운 접근이 필요하다. 고객 접점 채널들이 고객과 지속적으로 연결되는 옴니채널omni-channel 환경으로 바뀜으로써 온라인과 오프라인의 경계를 뛰어넘는 일관된 쇼핑 경험도 가능해졌다. 따라서 옴니채널로 온라인과 오프라인을 물 흐르듯 연결해 궁극적으로 고객에게 편리한 서비스와 즐거운 브랜드 경험을 제공하는 것이

강력한 브랜드를 만들기 위한 선결조건이 되었다.[3]

세계 최대의 유통 업체인 월마트는 이러한 변화에 발 빠르게 대응하여 성공적인 옴니채널 전략을 추진하고 있는 대표적인 회사다. 스마트폰에서 월마트앱으로 매장 위치 찾기, 매장의 프로모션 정보 검색, 물품 재고 확인 등을 방문 전에 할 수 있다. 매장 안에서는 인스토어모드로 매장 내 물품 위치를 찾을 수 있는 제품 위치 찾기 기능, 소비자가 직접 바코드를 스캔하고 바로 지불할 수 있는 스캔&고Scan&Go 기능 등 다양한 서비스 기능을 지원하고 있다. 특히 스캔&고 기능은 대기시간 없이 쉽고 빠르게 결제할 수 있기 때문에 매장순환률이 높아지는 효과도 달성했다. 월마트앱은 매장 안에서 온라인 정보 비교 등의 이점을 효율적으로 이용할 수 있을 뿐 아니라, 온라인의 쇼핑 방식과 비슷한 맞춤 서비스를 직접 수행할 수 있다. 오프라인의 강점과 온라인의 편리함이 융합되어 시너지 효과를 구현하므로 가장 이상적인 옴니채널 쇼핑 경험을 제공한다고 볼 수 있다.

월마트와 치열하게 경쟁하고 있는 아마존 역시 '아마존 대시 버튼Amazon Dash Button'이나 '아마존 프레시Amazon Fresh' 같은 서비스를 론칭함으로써 오프라인과 온라인을 연결시켜 고객을 편하게 해주는 서비스를 제공하고 있다. 아마존 대시 버튼은 서비스가 필요한 상품 근처에 대시 버튼을 설치한 뒤, 소비자가 필요할 때 대시 버튼을 누르면 즉시 자동으로 주문을 진행하는 서비스다. 예를 들면, 세탁기에 세제 제품의 대시 버튼을 설치해놓았다가 소비자가 세제가 떨어져갈 때쯤 버튼을 누르면 자동으로 주문이 접수된다. 스마트폰으로 주문을 바로 확인할 수 있어 취소도 간편하며, 물품은 집으로 직접 배달된다.

아마존 프레시는 식료품 시장을 온라인 쇼핑의 한 부류로 끌어오기 위해 특정 도시를 중심으로 당일 배송 시스템을 구축하고 물류유통망을 확대시켜 고객편의성을 높였다. 리모컨으로 음성과 바코드를 인식시키면 주문 후 24시간 내에 신선한 식료품을 배송한다. 아마존은 시대의 흐름을 잘 간파하여 굳이 매장에 가지 않더라도 편하게 쇼핑할 수 있는 인프라를 제공해 소비자편의를 최대화한 것이다.

이러한 과정에서 마케터/광고인들은 소비자들의 구매행동에 관한 데이터를 실시간으로 볼 수 있게 되었다. 이는 하나의 캠페인이 종료된 후가 아니라 캠페인이 진행되는 동안에 최적화(optimization)된 실행이 이루어질 수 있도록 컨트롤할 수 있다는 뜻이다. 광고 측면에서 보면 광고의 모든 과정과 결과가 더욱더 효과적으로 변화되는 것이다

미디어의 구매 방식에서도 변화가 나타났다. 이미 우리나라에서도 컴퓨터로 매체를 사고파는 프로그래매틱을 이용한 거래가 일부 이루어지고 있다. 미국의 경우에는 2015년 디지털/인터넷 광고예산(전체 광고비의 30%로 추정)의 80% 이상이 프로그래매틱으로 거래가 되고 있고, 2015년부터 TV, 인쇄 및 옥외 등의 오프라인 매체도 거래가 시작됐다고 한다. 우리나라에서도 현재는 미미한 수준이지만 점점 프로그래매틱을 통한 구매가 증가할 것으로 보이며, 그리하여 매체의 통합적인 비즈니스를 위해서 마케터/광고인들의 디지털에 대한 기술적인 이해가 더 많이 요구되고 있다.

한 소비자가 스마트폰으로 친구와 채팅을 하다가 "배고픈데 피자나 시켜먹을까?"하고 메시지를 보냈다고 하자. 불과 몇 초 후에 이 사람의 스마트폰에 할인쿠폰과 함께 피자 광고가 뜬다. 이 소비자는 그 피자

광고를 클릭해서 피자를 주문한다. 이런 사례는 미국에서 흔하게 볼 수 있는 지역 기반 마케팅이다. 그런데 이것이 마케팅인가, 광고인가, 프로모션인가? 광고, 프로모션, 판매가 한 프로세스에서 이루어진, 마케팅과 마케팅커뮤니케이션의 통합필요성을 설명하는 간단한 예이기도 하다.

이러한 마케팅 광고 트렌드의 변화에 따라 기업들의 마케팅 광고는 더 이상 페이드Paid 미디어에 국한된 것이 아닌 소셜미디어(SNS), 모바일 등의 여러 가지 매체를 통하여 소비자와 기업이 소통하며 만들어가는 소통형 마케팅으로 바뀌어가고 있다. 그러나 다양한 미디어를 통한 정보의 과잉으로 인하여 사람들의 관심을 이끌어내기가 점점 어려워지고 있다. 또한 소비자는 본인에게 필요한 정보를 직접 찾고 검증하는 마케터로 진화하고 있다. 광고인/마케터가 해야 할 일을 이제 소비자가 대신 하는 시대가 된 것이다. 이들과 함께 커뮤니케이션을 해야 하는 마케터들은 더욱 많은 정보와 신선하고 재밌는 콘텐츠로 경쟁해야 하는 위치에 서게 되었다.[4]

소비자의 관심을 이끌어내기 위해서는 먼저 소비자의 욕구(needs & wants)가 무엇인지를 찾고 정확하게 연결시키는 것이 필요하다. 소비자는 나와 관계가 있는 메시지에만 관심을 갖기 때문이다. 일단 소비자의 관심을 끄는데 성공하면 이를 '공유의 나선'으로 확산시킬 수 있는데, 과거에는 단계적으로 공유되는 단선적(Linear) 확산이었다면, 이 나선은 불꽃놀이와 같이 동시다발적으로 확산되는 과정이다.

최근 광고캠페인의 화두는 어떻게 이러한 폭발적 확산을 이끌어낼 수 있도록 점화를 하느냐이다. 해태의 '허니버터칩' 사례와 같이 소비자의 입맛을 자극하는 제품력에 희소성이라는 요소가 가미되어 점화를 시킬 수 있고, 빙그레의 '맑은하늘 도라지차'의 '미세먼지 방송 사고' 영상의 경우처럼 의외성이 있거나 재미있는 영상이 점화 요인이 될 수 있다. 그 외에도 다양한 점화 요인이 있을 수 있는데, 이를 찾아내는 것이 바로 마케팅 광고기획자들의 과제이기도 하다.[5]

2. 미디어의 새로운 해석

마케팅 광고의 시작과 끝은 미디어다. 마케팅 광고는 미디어에 의존하면서 시작됐지만, 마케팅 광고의 영향력은 점차 커져서 어느 순간 미디어가 마케팅 광고에 의존하기에 이르렀다. 대중 매체와 마케팅 광고의 공생관계가 만드는 시너지는 TV를 기점으로 폭발하여 우리 사회는 이른바 광고사회, 스펙터클사회, 소비사회 등과 같은 별명을 얻게 되었다. 또한 미디어가 메시지를 담는 그릇에서 '관계'를 만드는 네트워크로 진화하는 등 형체도 개념도 진화했다. 미디어의 가치를 만드는 원리도 '도달(reach)'에서 '관계(relationship)'로 옮겨갔다. 그래서 관계(연결)를 만드는 모든 것이 미디어로 확장되는 것이다.[6]

디지털시대는 미디어채널을 급속도로 증가시켰다. TV의 디지털화로 케이블TV, IPTV, 위성TV 등의 다채널화가 이루어지고 있고, 지상파 TV는 데이터채널 증설도 추진하고 있다. 또한 웹사이트, 블로그, 카페는 물론, 구글, 페이스북, 트위터, 인스타그램 등의 소셜미디어(SNS), 유튜브 등의 영상 플랫폼, 그리고 게임, 엔터테인먼트, 유틸리티 등 셀 수 없을 정도로 다양한 유무선인터넷 매체와 어플리케이션이 광고 매체로 활용되고 있다.

한 미디어가 하나의 플랫폼에서 특정 콘텐츠를 가지고 경쟁하는 시대는 지나갔다. TV, 라디오, 잡지, 웹사이트 등 다양한 플랫폼으로 고객이 좋아할 만한 콘텐츠를 모두 제공할 수 있어야 한다. 미디어 플랫폼으로 더 많은 고객을 확보해야 하는 것은 기본이다. 이는 미디어 기업의 수익과 직결되는데, 다양한 플랫폼으로 수천만 명에게 한꺼번에 접근할 수 있다는 것은 광고주에게 매우 매력적인 모델이기 때문이다.

미디어채널의 증가와 함께 미디어의 의미 변화 또한 눈여겨보아야 한다. 이제 소셜미디어(SNS)시대에서 큐레이션미디어시대로 변화하고 있다. 《큐레이션》의 저자 스티븐 로젠바움은 큐레이션curation을 "인간이 수집·구성하는 대상에 인간의 질적인 판단을 추가해서 가치를 높이는 활동이다"라고 정의하고 있다.[7] 우리는 매일매일 소화할 수 없을 정도의 수많은 정보 더미 속에서 살아간다. 스마트폰 하나로 모든 정보에 대한 욕구를 해소하고, 하루에도 수많은 신생 스마트폰 앱들을 마주하게 된다. 그 수많은 스마트폰 앱들 중에서 나에게 정말 필요한 앱은 무엇일까? 이렇듯 정보 과잉의 시대에서 의미 있는 콘텐츠를 찾아내 시간을 보다 가치 있게 사용하고자 하는 소비자의 욕구가 늘어나고 있다.

이렇게 정보량이 증가하면서 대다수의 사람들은 인지적 절약자(Cognitive Miser) 경향이 강해졌다. 이러한 경향은 복잡한 의사 결정을 회피하고, 쉽고 빠르게 판단하려는 판단 휴리스틱Heuristic[8]을 일으킴으로써 큐레이션미디어의 확장으로 이어진 것이다.

대표적인 큐레이션미디어라고 할 수 있는 인스타그램은 2014년 11월 월간 활동 이용자 수가 3억 명으로, 출시한 지 4년 만에 트위터를 넘어섰다. 미국의 온라인 마케팅 전문 기업 글로벌웹 인덱스가 발표한 자료에 따르면 일종의 '미니블로그' 성격의 '텀블러', 사진 공유 서비스인 '핀터레스트'는 이용자 수가 전년 대비 100% 이상 늘어났다고 한다. 페이스북과 트위터의 과도한 개방형 정보에 오히려 피로와 부담을 느낀 이용자들이 옮겨온 것으로 해석된다.

큐레이션미디어는 크게 3가지 특징을 가지고 있다.

① 빅데이터Big-Data 분석을 통한 개인화된 콘텐츠의 제공과 맞춤미디어의 등장이다. 문화·쇼핑 콘텐츠 큐레이션 서비스는 과잉 정보의 홍수 속에서 '선택장애'를 극복하도록 도와주고, 개인의 취향 분석으로 적절한 콘텐츠를 제공함으로써 이용자의 충성도는 물론 매출 증대에도 기여한다.

② 관계(Relationship) 중심에서 관심사(Interest) 중심으로 콘텐츠의 성격이 바뀌고 있다.

③ 단순히 콘텐츠 플랫폼을 뛰어넘어 광고미디어 또는 커머스com-merce 플랫폼으로 발전하고 있다. 기존에 존재하던 정보를 얼마나 의미 있게 가공하고 편집하여 새로운 차별적 가치를 부여하느냐에 따라 새로운 미디어가 탄생하고, 미디어의 가치도 다르게 만드는 것이다.[9]

미디어의 변화는 수용자에 대한 변화를 가져왔다. 전통적인 매체의 수용자는 매스미디어가 발신하는 획일적인 메시지를 수동적으로 받아들이는 존재에 불과했으나, 디지털미디어의 등장에 따라 능동적인 사용자, 적극적인 생산자로 변화해가고 있다.

막강한 통제권을 갖게 된 미디어 사용자는 미디어에 올려진 콘텐츠를 보고 클릭을 할지 말지 선택할 수 있게 되었고, 콘텐츠를 획일적으로 소비하는 데 그치지 않고 하이퍼링크를 클릭하여 자신의 니즈Needs와 원츠Wants에 따라 콘텐츠를 자유자재로 선택·구성하여 소비할 수 있게 되었다. 또한 소셜미디어(SNS)에 글을 쓰고 사진이나 동영상을 찍어서 올리는 콘텐츠 생산자 겸 발신자가 되었다.

그러나 인지적 절약자와 적극적 소비자가 공존하는 시장에서 큐레이션미디어로의 변화는 앱의 전성시대를 이루었지만, 한편으로는 '앱 공해'라는 상황까지 발생한 미디어 시장의 과제도 시사하고 있다. 어떤 앱을 다운로드해야 할지 혼란스러운 사용자들은 좀 더 편리하고 좀 더 빠르게 원하는 문제를 해결하는 수단 쪽으로 움직일 수밖에 없다.

미디어의 중심이 공간에서 네트워크로 이동한 지금, 사용자 스스로가 미디어가 되고 콘텐츠의 생산자이기도 한 오늘날의 우리의 타깃들에게 마케팅 광고는 과연 무엇이며, 또 이러한 현실을 어떻게 해결해나가야 할 것인가?

3. 콘텐츠 발상에서 콘텍스트 발상으로

1) 콘텐츠 발상이란?

콘텐츠는 끊임없이 유저User(이용자)들과 소통하면서 진화한다. 콘텐츠비즈니스에서는 생산, 유통, 소비가 동시에 이루어진다. 콘텐츠가 계속 살아있도록 만드는 과정도 하나의 생산이며, 제품에 대한 사용자의 평가도 하나의 콘텐츠가 된다. 콘텐츠의 가치가 연결과 관계(공감. 공유. 소통거리)로 극대화됨으로써 중요한 콘텐츠가 되는 것이다.[10]

예를 들면, 신문 판매의 감소 이유는 '연결'이라는 측면에서 디지털 미디어에 비해 열세인 것이 원인이다. 온라인 기사는 페이스북 등의 소셜미디어(SNS)에 링크뿐 아니라 저자프로필로 연결될 수 있고, 인터뷰 기사로, 독자 평가로, 기사 쉬어가기 페이지로, 이미지컷으로, 또는 3D 영상 등으로 자유자재로 오가면서 연결되게 함으로써 기사 보는 것을 하나의 즐거운 여행으로 만들어준다. 한마디로 기사를 '보는 것'을 너머

'교감'하게 도와준다.

미디어 전략도 과거에는 '어디에'가 중요했다면 이제는 '누구에게'가 더 중요해졌다. 콘텐츠의 해체와 재구성을 통해 그리고 연결됨으로써 무궁무진한 새로운 콘텐츠가 생겨날 수 있기 때문이다. 요즘 유행하는 '먹방(먹는 방송)'의 콘텐츠에서 "무엇을 먹었다", "무엇을 봤다" 같은 단순한 사실들도 모두 모아보면 먹방에 등장한 사람의 정체성을 알 수 있음은 물론, 그의 취미가 무엇이고 생활 동선이 어떻게 되는지까지 한눈에 알 수가 있다.

마케팅 광고 플랫폼으로서 미디어의 가치도 수평적인 관계에 의해 변했다. TV와 신문 등을 염두에 두고 마케팅 광고 전략을 짜는 것이 아니라, 커뮤니케이션의 목적이 무엇인가에 따라 크리에이티브로 구현하는 방식이 달라졌기 때문에 콘텐츠 제작이나 미디어 활용 면에서 선택의 폭이 훨씬 자유로워졌다.

이제 메시지나 정보는 더 이상 한쪽으로만 흐르지 않는다. 연령별·관심사별로 미디어 이용 행태가 다양하게 나타나므로 우선적으로 '목표(target)'를 명확히 할 필요가 있다. 우리의 목표는 미디어 선택의 파워를 갖게 되고 스스로 미디어가 될 수도 있는 사람들이다. 즉, 볼 수 있는 것만 보는 게 아니라 보고 싶은 것을 골라 보고, 보고 싶은 대로 가공할 수 있게 된 사람들인 것이다. 결국 단순 노출보다는 공감하고, 확산하고, 공유하는 것이 더 중요하며, 전달의 신속함보다는 꾸준하고 지속적인 커뮤니케이션의 연속성이 필요한 것이다.

소비자 노출과 체험, 참여, 바이럴viral(입소문), 구매에 이르기까지 전 과정이 하나의 플랫폼에서 이루어지면서 커뮤니케이션 활동 또한 모든 수단들을 동시에 사용하여 이루어지고 있다. 따라서 소비자를 대상으로 메시지를 어떻게 효과적으로 전달할지에 대한 생각보다는, 어떻게 하면 의미 있는 콘텐츠를 많은 이들이 경험하게 할 것인가를 고민할 필요가 생겼다. 마케팅 광고 담당자들의 시각을 콘텐츠 개념에 맞춰 넓혀야 하는 이유다.

큐레이션미디어시대가 되면서 기업이 주도하는 마케팅의 효과가 감소할 가능성도 있다. '핀터레스트'나 '인스타그램'과 같은 소셜큐레이션 서비스들을 쉽게 접할 수 있는 환경에서는 기업이 생각하는 의도적인 메시지를 사용자인 고객들에게 반복적으로 전달하려고만 하면 고객들이 외면할 수 있기 때문이다. 스낵 컬쳐snack culture[11]의 대표적인 콘텐츠 서비스로 자리 잡은 피키캐스트의 경우는 바쁜 일상에서 하나를 깊게 읽기보다는 다양한 것들을 더 빨리 더 많이 보고 싶어하는 현대인의 욕구를 충족시켜주었다. '우주의 얕은 재미'라는 슬로건 아래 다양한 관심사를 망라한 콘텐츠 뷔페를 제공함으로써 기업들의 메시지에는 시선을 줄 겨를이 없게 만드는 것이다.

콘텐츠 발상은 소비자들의 관심을 끌어야 하고, 능동적인 참여도 유도해야 한다. 소비자들은 교묘하게 작성된 세일즈 메시지를 읽는 것보다 다른 사람의 의견을 보고 듣는 것에 더욱 많은 흥미와 관심을 보인다고 한다. 여기에 속하는 마케팅 방법이 '사용자 제작 콘텐츠(UGC, user generated content)캠페인'이다. 바자보이스Bazaar Voice의 조사결과에 따르면, 밀레니엄 세대의 84%와 베이비붐 세대의 53%가 보다 더 많은 브랜드에 대해 자신의 의견을 공유할 수 있는 기회가 있기를 원한다고 답했으며, 다른 어떠한 형태의 미디어보다 UGC 콘텐츠를 더욱 신뢰한다고 한다. 이러한 결과를 바탕으로 수용자를 참여시키고 그들과 함께 신뢰를 구축하기 위해 UGC캠페인을 활용하는 것도 효율적인 방안이라고 생각된다. 다음은 성공적인 UGC 캠페인 사례들이다.[12]

① **버버리**Burberry 1856년에 설립된 영국의 의류 회사인 버버리는 노후화된 브랜드 이미지를 변화시키기 위한 전략 가운데 하나로 UGC 캠페인을 선택했다. '디 아트 오브 더 트렌치The Art of the Trench'라는 웹사이트를 2009년에 런칭하여, 버버리 제품을 착용하는 사람들이 사진을 업로드하고 이에 대해서 서로 이야기를 나눌 수 있도록 했다. 그 결과, 버버리의 e-커머스 실적은 사이트 런칭 1년 후에 전년 대비 50% 이상 증가했다(〈그림 1〉 참조).

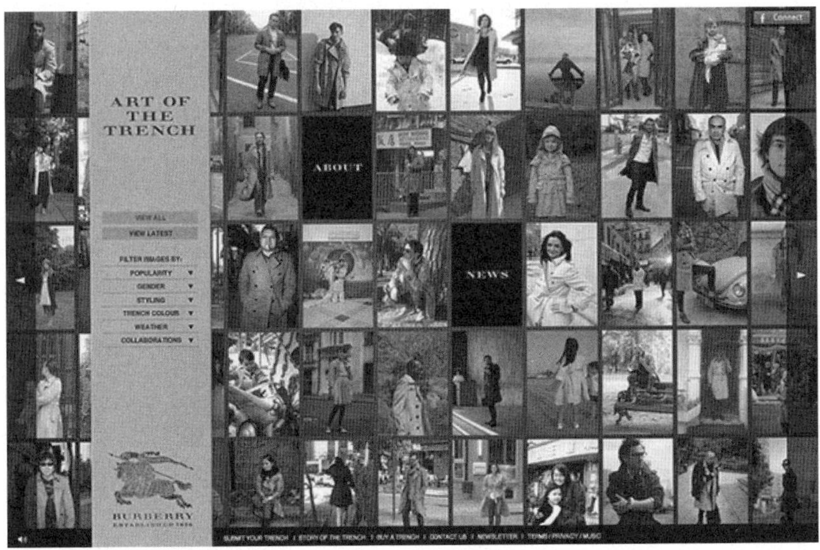

그림 1. 버버리의 UGC 캠페인

② **스타벅스**Starbucks 2014년에 런칭한 '화이트 컵 콘테스트White Cup Contest'는 전 세계에 있는 고객들이 스타벅스의 컵에 자신이 표현하고 싶은 대로 그린 자신의 작품을 사진으로 찍어 응모하는 콘테스트다. 당선작은 실제로 한정판 스타벅스 컵의 새로운 디자인으로 쓰이게 된다. 이 콘테스트는 고객 피드백의 강력한 가치를 입증하는 역할을 했다(《그림 2》 참조).

③ **타깃**Target 미국의 어린이 교육 지원 사업에 꾸준히 참여해온 타깃은, 10억 달러 상당의 기부금을 약속하면서 동시에 UGC캠페인을 진행했다. 대학 입학 허가서를 받는다는 것은 유년기에서 성년기로 넘어가면서 겪는 일들 중 가장 감동적인 사건이다. 타깃은 대

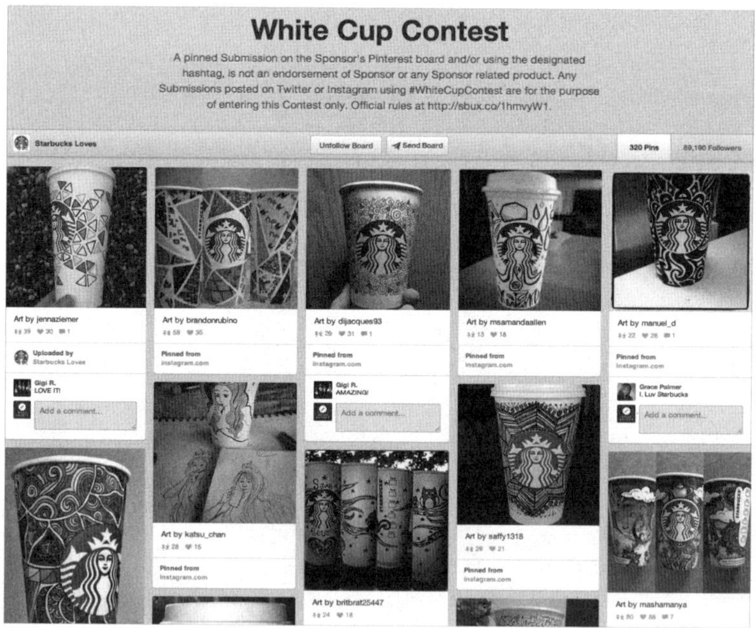

그림 2. 스타벅스의 화이트 컵 콘테스트

학 입학 허가서를 받는 순간의 영상을 페이스북에 올리고 다른 페이스북 이용자들로부터 '좋아요'를 받게 했다. '좋아요'를 가장 많이 받은 영상은 타깃의 새로운 광고 영상으로도 활용되어 타깃의 브랜드 이미지를 개선하는 데 큰 역할을 했다.

이와 같이 브랜드에 대한 단순한 정보 제공과 일부 소비자들의 참여로 이루어지던 브랜드 마이크로사이트가 점점 변화하여 UGC뿐만 아니라 멀티채널 네트웍스Multi Channel Networks(MCN) 및 브랜드뉴스룸Brand Newsroom 등 사회를 향한 다양한 콘텐츠로 소비자들의 적극 참여를 유도하는 하나의 미디어 형태로 변화하고 있다. 동영상 플랫폼으로 줄발한 유튜브는 MCN 스타늘의 부상[13]에 수복해 1인 콘텐즈 장작자 플랫폼으로 확장되고 있다. 이러한 변화에 발맞춰 기업들의 커뮤니케이션 방식도 기업 브랜드 자체를 미디어 플랫폼으로 구축하는 방식으로 진화하고 있다.

기존의 브랜드 스토리텔링이 단편적이고 일시적인 콘텐츠 제공에 맞춰졌다면 브랜드 저널리즘과 같은 방식은 장기적인 관점에서 블로그, 다큐멘터리, 소셜미디어(SNS) 등 대안채널들을 통합적으로 연결하는 트랜스 미디어 스토리텔링으로 기업 커뮤니케이션의 효용성을 극대화한다. 즉, 타깃 소비자들에게 해당 기업이 거래할 만한 가치가 있다고 인식시켜주는 다양한 콘텐츠 플랫폼을 만드는 것이 바로 광고 플랫폼이고 브랜드 저널리즘이다. 이제 마케팅 대상인 소비자의 관심은 한 기업의 상품·서비스 영역에 머무르지 않고 더욱 확장되고 있으며, 이에 맞춘 마케팅 광고 전략의 변화 또한 필요하다.[14]

2) 콘텍스트 발상이란?

미디어는 콘텐츠를 담는 그릇을 넘어 관계를 만들고 그것을 매개하는 도구로 바뀌었다. 초(超)연결시대가 되면서 미디어 속에 있던 콘텐츠는 이제 미디어 밖 어디로든 연결되고 확장된다.

처음에 업로드가 간편한 동영상 사이트일 뿐이던 유튜브는, 서서히 많은 사람들의 동영상이 쌓이고, 재구성된 새로운 콘텐츠들이 더해지면서 가입자 수가 기하급수적으로 늘어났다. 즉, 단순히 동영상들이 모인 곳에서 내게 필요한 모든 해결책을 동영상으로 볼 수 있는 곳이 된 것이다. 그러니까 엔터테인먼트에 불과하던 동영상 제공 사이트가 사용자 자신의 문제를 해결(Life Solution)해주는 역할을 할 수 있을 정도로 진화된 것이다. 사람들 나름대로 사용 방법을 만들어가고, 그것과 연결된 콘텐츠가 해체와 재구성을 거듭하면서 의미가 변화된 것이다.

이렇듯 관계로 콘텐츠가 확산되고 동시에 새로운 의미가 만들어지는 원리, 즉 콘텍스트context(맥락)를 알아야 초연결시대의 변화를 읽을 수 있다. 왜 요즘에는 신문을 보는 사람들이 눈에 띄지 않는지? 잘 나가던 제품의 매출액이 갑자기 정체되고 있는 이유는 뭔지? 고객들과의 소통이 왜 잘 안 되고 있는지? 광고주 앞에서 경쟁사와 벌이는 경쟁 프레젠테이션이 왜 실패하는지? 등까지…. 모든 문제는 관계와 관계가 연결되면서 만들어지는 전혀 새로운 모습들, 새로운 의미들을 예측하지 못했기 때문에 일어난다. 콘텐츠에서 파생되고 발전되는 의미의 변화를 읽지 못했기 때문에 일어난 것이다. 겉만 보고 속을 보지 못했기 때문에, 즉 현상만 보고 본질을 읽어내지 못했기 때문인 것이다. 신문사에도 분명 디지털부서가 있었고, '디지털○○' 같은 자회사도 설립했었음에도 결과는 마찬가지였다. 디지털시대의 큰 흐름을 읽고 준비했지만 무엇이 변했는가에 대한 분석이 부족했고, 결국 디테일한 준비도 없었다. 뉴스와 정보를 모아놓는다는 콘텐츠의 시각에서 콘텍스트 발상으로 옮겨가지 못했던 것이다.

사람이고 콘텐츠고 모든 것이 넘쳐난다. 모든 정보가 공짜가 되고 있는 시장에서 많은 사업자들이 새로운 비즈니스 모델을 고민할 수밖에 없다. 그 답이 콘텍스트에 있다. 콘텍스트 비즈니스는 '매개와 연결(connection)' 중심의 비즈니스다.

네이버와 카카오의 핵심 경영 키워드는 '연결'이다. SK텔레콤은 '연결의 힘'이라는 슬로건으로 광고캠페인을 진행하기도 했다. 실제로 사람과 사람, 사람과 사물, 사물과 사물 등 더 많은 대상들이 더 빠르게 연결되고 있다. 사물인터넷(IoT, Internet of Things)이 발달하면서 모든 것이 연결되어있다는 뜻의 '초연결시대'가 열린 것이다.

연결로 새로운 사업 기회를 찾으려면 '매개'에 주목해야 한다. '매개'는 연결의 수단이다. 비유하자면 B2B(기업 간 거래), B2C(기업과 일반 소비자 간 거래), O2O(온라인과 오프라인 연결)에서 B와 C, B와 B, O와 O를 연결하는 '2'의 역할이 중요하다는 것이다.

매개를 기반으로 하는 산업은 직접 상품을 생산하는 대신 생산자와 소비자를 연결해줌으로써 이윤을 창출한다. 화폐 거래를 돕고 수수료를 받는 금융업도 대표적인 매개 산업이다. 요즘 자주 언급되는 '플랫폼비즈니스platform business'도 매개 산업의 한 부류다. 국내 한 은행은 핀테크fintech(인터넷과 스마트폰을 활용한 금융 서비스) 사업 부문을 회사 내

독립 부서로 만들기까지 했다. 핀테크를 단순히 금융의 보조 수단으로 보지 않고 새로운 매개 산업으로 본 것이다. 숙박 공유 서비스 기업인 에어비앤비나 차량 공유 서비스 기업인 우버도 대표적인 매개 산업이다. 또 하나의 매개 산업 사례인 알리바바도 해외 기업과 중국 기업을 연결해주는 비즈니스 모델로 성공을 거뒀다.

매개자의 시각으로 보면 신사업 발굴도 눈에 띌 수 있다. 온라인교육 콘텐츠 업체에 스타강사를 데려오고, 강사의 출연료 가운데 일부를 수수료로 받는 방법도 가능하다. 스타강사와 동시에 출연하기를 원하는 강사들에게서도 수수료를 받는 모델도 생각해볼 수 있다. 실제로 케이블TV 경제 관련 채널에 출연하는 대다수 재테크 전문가들은 돈을 내고 출연한다. 전문가들이 지불하는 돈은 경제채널의 주 수익원이다. 매개의 시각은 비즈니스 기회를 열어주는 또 하나의 기회이기도 하다.[15]

구글은 사람들과 정보를 연결해주면서 돈을 번다. 아마존도 사람들에게 원하는 제품을 연결해주면서 돈을 번다. 넷플릭스(http://netflix.com)는 영화 추천 시스템으로 진정한 롱테일 비즈니스를 성공시켰다. 연결 비즈니스는 단순한 콘텐츠 추천하기를 넘어선다. 사용자들이 가족, 직장, 지인들과 더 긴밀한 소셜social 활동을 하고, 더 빨리 정보를 찾고, 더 시간을 절약할 수 있도록 '조력자' 역할을 하는 것이 연결 비즈니스인 것이다.

매개를 위해서는 사용자들에게 '스마트하게 연결되는' 경험을 제공해주는 것이 우선이다. 그러면 사람들이 스스로 매개자가 된다. 연결되지 않은 콘텐츠는 눈에 보이지 않는다. 오늘 연결된 콘텐츠도 내일이면 떠내려가고 잊혀진다. 콘텐츠가 지속되려면 관계를 만들어줘야 한다.

콘텍스트는 관계를 만드는 주인공이다. 저자와 독자의 관계, 공감하는 링크 한 줄에 매개된 친구관계, 콘텐츠와 콘텐츠의 이어진 관계 등 관계로 미디어의 영역과 역할을 무궁무진하게 넓혀놓는다. 클릭만 하면 수시로 한 기사에서 또 다른 기사로, 기사에서 광고로, 광고에서 구매로, 다시 관심 있는 콘텐츠로 넘나드는 것이다. 이 과정에서 무한한 콘텍스트 비즈니스가 시작된다.

예를 들면, 침대에 누워 아마존의 파이어TVFire TV로 영화를 보다가 'TV로 보기' 버튼을 누르면 화면이 거실의 TV로 넘어간다. 영화나 TV를 보는 동안 스마트폰으로 특정 장면의 정보를 확인한다. 영화의 배경, 주인공의 프로필, 각 배우들의 출연 작품 등 모든 정보가 손 안에서 연결된다. 제품을 사용하는 환경들이 모두 이와 같은 '경험의 콘텍스트(Experiencing context)'를 제공하게 되는 것이다.

경험의 콘텍스트는 미디어가 관계로 네트워킹되는 개념으로 변화하면서 제품 소비(사용) 과정에서 느끼는 편리함, 또는 불편함 등을 말한다. 예전에는 콘텐츠가 주어진 것이기 때문에 일단 소비하도록 만드는 것이 목적이었다, 즉 시청률, 도달률, 매출이 핵심 과제였을 때는 '경험의 콘텍스트'라는 개념이 없었다. 그러나 이제는 제품 사용 과정에서의 경험이 매우 중요해졌다. 네트워크의 끊어짐이 없이 얼마나 쾌적한 경험을 제공하는지에 따라 선택의 여부가 결정되기 때문이다. 또한 콘텐츠를 쉽게 찾도록 도와주고, 특정 콘텐츠를 선택하도록 추천하고, 쉽게 공유할 수 있도록 해주는 과정을 통해 새로운 선택을 유도하는 것도 경험의 콘텍스트이다. 예를 들면, 아마존의 파이어TV는 어떤 영상을 감상할지 고민하는 시간을 줄여준다. 파이어TV 시청자들의 평점과 댓글

이 선택에 도움을 주기 때문이다. 또한 아마존 커머스와 같이 '이 영화를 본 사람들이 본 다른 영화'가 새로운 영상을 발견하는 콘텍스트로 이어진다.

선택 과정에서의 콘텍스트란 "다음에 뭐 보지? 다음에 뭐 먹지? 다른 거 뭐 사지? 다음에 어디 가지?" 등과 같은 질문에 대한 콘텍스트 자체를 아예 생각이 나지 않도록 하는 것이다. 끊어짐이 없이 다음 제품, 다른 콘텐츠, 다른 서비스가 자연스럽게 '연결'되는 것이 가능해지는 것이다. 여기에는 사용자의 콘텍스트(누구인지, 무엇을 보는지, 좋아하는지 등에 대한 데이터)를 알아야만 가능한 연결이라는 전제가 있다.[16]

큐레이션Curation의 의미도 콘텐츠의 선택 과정에서의 콘텍스트를 제공하기 위한 것이다. 온라인 뷰티큐레이션 서비스 브랜드인 미미박스는 상품 추천을 넘어 정기적으로 배송 서비스까지 제공하는 회원제 커머스(sub-scription commerce)의 대표적 사례다. 미미박스는 사용자들에게 구독 가입 시 작성한 프로필과 테마를 기반으로 마치 매월 잡지를 정기 구독하는 것처럼 상품박스를 정기적으로 배송해주는 회원제 서비스를 제공 중이다.

구매의 과정에서도 경험의 콘텍스트는 영향을 미친다. 가입동의서를 쓰고, '인증'이라는 복잡한 과정을 거치고, 콘텐츠를 보기 위해 앱을 깔아야 하고, 제품 구입 시에는 위의 프로세스를 다시 반복해야 하는 그 과정에서 우리의 타깃은 불만이 쌓인다. 경험의 콘텍스트가 어떻게 이루어지는가에 따라 광고의 효과를 포함한 비즈니스의 결과가 결정되는 것이다. 또한 광고메시지와 관련해서도 소비자가 참여하고, 해석하고, 왜곡함으로써 전혀 새로운 의미가 만들어진다. 따라서 연결이 매끄러운 사용자 경험(UX) 디자인은 물론 경험의 콘텍스트를 잘 읽어서 타깃의 변화에 즉각 대응하는 마케팅 광고 전략을 펼쳐나가야 한다.

3) 광고와 PR은 플랫폼비즈니스로 진화했다

휴대폰과 스마트폰은 차원이 다르듯, 현재의 마케팅 광고 산업은 이전의 마케팅 광고 산업 형태와는 차원이 다른 시장에 와있다. 그래서 기존의 방식대로는 달라진 시장에서 생존할 수 없게 되었다. 융합을 통한 새로운 패러다임을 만드는 것이 살아남는 길이다.

새로운 솔루션을 만들기 위해서는 커뮤니케이션 플랫폼 자체가 바뀌어야 한다. 옴니채널이라는 미디어 환경의 변화는 이 모든 것을 가능하게 했다. 미디어를 통한 인지도 달성이라는 목표에서 구매가 함께 이루어지는 원스톱 플랫폼비즈니스platform-business로 마케팅 광고의 역할이 달라진 것이다. 콘텐츠에서 네트워크로~. 전달에서 매개로~. 설득에서 공감으로~. 마케팅 광고가 커뮤니케이션 차원을 넘어 비즈니스 차원의 솔루션까지 제공하기를 원한다. 이제 크리에이티브의 차별화가 아닌, 커뮤니케이션 형식의 차별화를 꾀하지 않으면 눈에 띄기 어려운 상황이 된 것이다.

광고 자체에 대한 고정관념도 바뀌어야 한다. TV 중심의 광고는 노출 중심이라 소비자의 머릿속에서 쉽게 잊히기 때문에 기업과 사회에 자산이 되어 쌓이기가 힘들다. 그러나 지속 가능한 플랫폼을 만들면 달라진다. 플랫폼은 사람이 모이는 곳, '정거장'이라는 의미를 가지고 있다. 즉, 플랫폼은 캠페인을 끌고 갈 수 있는 하나의 베이스캠프 같은 것이다. IMC적 요소, 그러니까 장기 커뮤니케이션의 성격을 가지고 있으며, 정보가 계속 모임으로써 지속적인 비즈니스가 가능하게 해주는 하나의 방식이다.

플랫폼비즈니스는 다른 제품·서비스로 확장이 가능하고 사회 전반으로 확산시킬 수도 있다는 장점도 있다. 이는 광고가 플랫폼비스니스로 전환될 수밖에 없는 이유이기도 하다. 고객들이 활동한 결과가 쌓여 빅데이터를 이루고, 그러한 빅데이터로 맞춤 정보를 제공하고, 궁극적으로 구매 활동까지 플랫폼 안에서 클릭으로 모두 이루어진다. 아울러 고객과의 관계 유지로 재구매까지 유도하는 모든 프로세스의 전 과정에 광고의 역할이 녹아들게 되었다. 단순한 광고 형식의 플랫폼에서부터 사회 활동과 연계된 플랫폼까지 매우 다양한 플랫폼에서 다양한 역할을 하게 되는 것이다. 예를 들면, 월마트앱처럼 마트의 프로모션 정보 제공에서부터 소비자가 직접 결제까지 가능한 플랫폼의 형태의 수는 물론, 광고/마케팅을 담당하는 사람이 생각해내는 아이디어 수만큼 다양하게 만들어낼 수 있는 것이다.

이마트는 구매율이 떨어지는 점심시간대의 매출을 증대시키기 위하여 '써니 세일'이라는 캠페인을 집행했다, 길거리에 수십 개의 막대기들이 꽂힌 구조물을 만들어 태양의 고도에 따라 특정 시간에 만들어지는 그림자를 QR코드로 스캔하면 할인쿠폰을 받을 수 있도록 한 것이다, 구조물이 하나의 미디어가 되고, 옥외광고매체와 연동된 하나의 콘텐츠가 되는 것이며, 고객의 참여를 유도하여 프로모션 행사를 커뮤니케이션하는 광고 플랫폼이 되는 것이다(《그림 3》 참조).

그림 3. 이마트의 캠페인인 '써니 세일'

생수병에 두 개의 바코드를 넣어 제품 구매 시에 이를 인식시키면 아프리카에 자동으로 기부가 이루어지도록 만든 CJ의 'Donating 2 Barcode Water – 미네워터'는 제품이라는 미디어를 마케팅 광고 플랫폼을 만든 사례다(《그림 4》 참조).

대형 주차장의 주차공간마다 헬륨풍선을 설치해 주차 시에는 풍선이 지면으로 내려오고, 출차 시에는 풍선이 떠올라 빈 공간임을 알려주게 한 에쓰오일의 '히어 벌룬Here Balloon'은 사회적 기여와 연결시킨 광고 플랫폼이라고 할 수 있다(《그림 5》 참조).

커뮤니케이션 차원을 넘어 비즈니스 차원의 솔루션으로는 일본의 광고 회사 하쿠호도의 스매시SMASH라는 캠페인을 들 수 있다. 락Rock 음악 시장을 다시 부흥시키는 것을 목표로 하는 스매시캠페인은 "부수기 위한 파괴 퍼포먼스용 기타를 만들자"는 캠페인으로서, 광고수수료를

그림 4. CJ의 Donating 2 Barcode Water – 미네워터

그림 5. 에쓰–오일의 '히어 벌룬Here Balloon'

받는 대신 광고주인 야마하와 판매 수익을 배분하는 구조를 선택했다
(《그림 6》 참조).

한발 더 나아가 현대카드는 자체 제작한 브랜드 미디어 플랫폼을 선
보이며 현대카드 고객을 대상으로 한 광고/마케팅을 뛰어넘어 대중적
문화 브랜드로 진화하고 있다. 아울러 미디어 환경이 변화하면서 사람
들의 콘텐츠 이용 방식도 달라지는 것에 주목해 '채널 현대카드'를 개
국했다. 채널 현대카드는 보이는 라디오인 '라디오 인 뮤직 라이브러리
Radio in MUSIC LIBRARY'부터 신개념 교양 토크쇼인 '북토크Book Talk', 디
자인·여행 서적을 애니메이션으로 만나는 '라이브러리 카툰LIBRARY
Cartoon', 이 시대 크리에이터들의 이야기인 '영감 토크(Inspiration Talk)'
까지 문화 브랜드로서의 이미지와 현대카느가 세상을 보는 관점을 선
달하기 위해 다양한 콘텐츠로 구성된 종합 편성채널로서의 성격을 갖

그림 6. 일본 야먀하와 하쿠호도의 스매시SMASH

쳤다.

이제 현대카드는 '경쟁사의 광고'가 아닌 TV의 예능 프로그램이라든가 네플릭스의 화제영화 등과 경쟁하게 됐다. 외부 크리에이터들과 협업하면서 자신만의 미디어로 사람과 사람을 이어주며 서로 소통하는 채널 현대카드는 마케팅과 광고에 새로운 개념을 제시하고 있다.

기업 간 거래(B2B)에서 최고의 콘텐츠 제공자로 꼽히는 시스코는 2011년 '더 네트워크The Network'라는 테크놀로지 뉴스 플랫폼을 구축했다. 더 네트워크는 시스코의 보도자료, 블로그 포스트, IT 업계의 최신 트렌드를 총망라하는 뉴스룸 역할을 하면서, AP통신, 〈월스트리트저널〉, 〈포브스〉 등 주요 언론 매체의 기고를 받아 특정 주제에 대한 비즈니스 인사이트Business Insight를 소개하기도 한다. 또한 시스코는 사물인터넷(IoT) 관련 포럼을 개최하고, 이에 관한 다양한 콘텐츠를 제공하면서 차세대 비즈니스에 대한 저변 확대를 모색하기도 한다.[17]

브랜드가 기존 언론의 기능을 담당하면서 사회적 트렌드를 만들고, 새로운 비즈니스를 창출하고자 여론을 형성하는 플랫폼비즈니스를 형성하기 시작한 것이다. 이제 브랜드는 초연결 네트워크사회에서 사회적 영향력을 지니고, 새로운 트렌드를 만들며, 시대정신을 애기하는 '브랜드 저널리즘'을 넘어 하나의 미디어 회사로 진화하고 있다.

4. 문제해결 방식의 광고학이란?

'문제해결력'이란 새로울 것 없는 매우 익숙한 용어다. 그런데 문제해결력의 중요성이 다시 시선을 끄는 이유는 무엇인가? 최근 들어 더욱 복잡해지고 있는 문제들은 R&D 방식, 즉 기존의 이론들을 바탕으로 단계적으로 기술을 개발하는 방식으로는 해결하기가 어려워졌기 때문이다. 예를 들면, "노인들의 치매를 고치기 위해서 어떤 약을 개발할 것인가?"로 접근하는 것이 아닌, "노인들의 치매 문제를 어떻게 해결할 것인가?"라는 본질적 문제로 접근하는 식이다. 그러면 해결 방식도 달라진다. 노인성 질병에 대해 '치료'보다 '예방'에 중점을 둔 접근이 가능해지기 때문이다. 이미 의료계에서는 치매치료약 개발을 중지했다고 한다. 예방, 즉 "생활 환경을 개선함으로써 50% 이상 예방이 가능하다"는 연구결과도 발표되었다.

앞으로는 사물인터넷(IoT)을 활용하여 개인 건강에 관한 데이터(혈당, 컨디션, 인지능력 등)를 수집·분석하는 것까지 가능해진다. 이러한 기술을 활용하여 서로의 경험과 정보를 공유할 수 있는 콘텐츠 플랫폼을 만드는 것이다. 긴급한 상황에서는 경험과 정보의 공유가 환자에게 큰 힘이 될 수 있다. 예를 들면, 뇌졸중(Stroke)이 발생했을 경우 아스피린 aspirin을 복용하면 응급처치가 가능하다고 한다. 아스피린 한 알은 40원 이다. 이런 정보를 미리 알았더라면 이미 과거에도 수많은 뇌졸중 환자 들이 큰 고비를 넘길 수 있었을 것이다.[18]

이렇듯 정보를 공유하면 사람들의 생명을 구할 수 있다. 또한 질병을 극복하기 위해서는 위안과 공감, 의지와 용기 등이 필요하다. 환자들이 질병을 극복하는 데 필요한 용기를 낼 수 있도록 감동이 담긴 스토리를 공유하고, 다큐멘터리 필름이나 만화 등과 같은 대중적인 콘텐츠를 활용하여 소통하는 것이 곧 커뮤니케이션이고, 광고가 해낼 수 있는 일이 다. 즉, 다양한 미디어 콘텐츠를 활용하여 질병에 관한 정보와 경험을 공유하고, 치매에 대한 사회적 인식까지 바꿀 수 있는 일, 이것이 바로 문제해결 방식의 광고학이다.

'문제해결형 광고'는 현장에서 당장 적용이 가능하고, 기대 이상의 결과를 가져다줄 수 있는 효과적인 마케팅 광고다. 최근 광고 회사들 은 신제품의 광고/마케팅뿐만 아니라 제품기획에서부터 생산에 이르는 전 과정을 제안하고, 영화, 드라마, 게임, 국가적 행사까지 기획·제작한 다. 그야말로 불가능한 분야가 없을 정도로 비즈니스 영역이 넓어진 것 이다. 이에 걸맞게 '광고'라는 용어도 새롭게 바뀌어야 하지만, 아직은 적합한 표현이 없어서인지 계속 '광고'로 통칭하여 쓰고 있다.

하지만 앞으로는 문제가 더 복잡해지고, '정답'이 정해져있지 않은 다양한 문제들을 풀어내야하기 때문에 어느 한 분야의 전문가만으로는 문제를 해결하는 데 한계가 있을 수밖에 없다. 그러니 기획에서부터 크리에이티브, 마지막 단계인 이벤트의 실행까지… 이제는 각 분야를 아우르고 넘나들 수 있는 '통합적 사고를 하는 인재'가 필요하다. 이는 광고가 콘텐츠의 개념으로 확대되면서 광고는 물론 영화, 책, 프로모션, 전시, 이벤트 등의 폭넓은 분야에 대한 기획력이 필요해졌기 때문이기도 하다. 실제 현장에서는 전문 분야에 따라 일하기도 하지만, 점점 통합적인 조직에서 프로젝트를 중심으로 일이 진행되기 때문에 프로젝트 전체에 대한 이해가 없다면 효과적인 기획을 하기가 어려워진 것이다.

우리는 문제해결의 단서를 이미 갖고 있으면서도 해결 방안을 찾지 못하는 경우가 종종 있다. 그 이유는 지식이 각각 다른 영역에 있어서 가져오지 못했기 때문이다. 새로운 결합을 위해서는 의미의 연결(context)이 필요하다. 전체를 읽을 수 있는 시각이 필요한 이유도 여기에 있다. 지식이 아니라 지혜의 눈이 필요한 것이다. 아주 간단할 것 같은 문제였지만 연필과 지우개가 만나는데 100년이나 걸린 이유는 '연결'이라는 지혜의 눈을 뜨지 못했기 때문이다. 문제해결력을 키우려면 배우는 방법도 달라져야 한다. 비 오는 날이나 밤길, 눈길에서의 운전에는 지식보다는 그간의 경험에서 생긴 판단력과 지혜가 더 중요한 것과 마찬가지다.

지식에는 2가지 종류가 있다. 누구에게나 자신 있게 설명이 가능한 지식이 있는가 하면, 알고 있다고 생각하는데 설명하지 못하는 지식이 있다. 우리가 알고 있는 지식의 90%는 바로 후자의 지식이다. 이것을 '메타인지'라고 한다. 알고 있다고 생각하는데 막상 말하려고 하니 설명할 수 없는 그것은 '익숙함'에서 온다. 수능 고득점 학생들의 비결을 분석해보니 상위 0.1% 학생들은 주위 학생들에게 설명을 많이 그리고 쉽게 해주는 것으로 나타났다. 쉽게 설명할 수 있는 수준까지 이해하고 있으니까 어떤 문제라도 풀어낼 수 있는 것이다.

광고를 잡학이라고 한다. 그만큼 다양한 지식이 필요하고, 도움이 되지 않는 지식이 없기 때문이다. 그러다보면 메타인지를 지식으로 착각할 가능성이 있다. 하나의 문제를 깊이 분석하여 본질에 다다를 때까지 필요한 지식으로 무장해야 한다. 그리고 시야를 360도로 넓혀서 주위의 지식들과 연결해볼 수 있는 '적용'이라는 지혜의 눈도 가져야 한다.

다니엘 핑크의 책《새로운 미래가 온다》에 나오는 '하이콘셉트high-concept'도 '요소들 간 새로운 의미의 결합'에서 출발한다. 패턴과 기회를 포착하고 예술적인 것과 감정의 아름다움을 창조하기 위해서는 다양한 요소들을 결합하여 새로운 스토리를 만들어야 한다고 했다.

국내 한 연구기관에서 발표한 자료를 보면, 인공지능(AI)에 의한 자동화가 본격화되는 미래시대에 제일 중요한 직무 역량은 기술이 아니라 설득력·협상력과 같은 고차원의 사회소통능력이라고 한다. 이를 위해 교육에서도 "기술 활용을 위한 실용 교과목보다 오히려 인문학과 수학 등의 기초 원리 교과가 더 주목을 받고, 학교에서의 프로그래밍교육도 프로그래밍언어 아래에 깔린 원리를 이해시키는 데 중점을 둬야 한다"는 것이다.

미래의 인재는 디자인능력. 스토리작성능력. 조화·통합능력. 공감을 일으키는 능력. 놀이능력. 의미부여능력을 갖춘 사람이다. 한마디로 감성이 발달한 우뇌형 인재에 속하는 사람이다. 마케팅 광고 산업에서도 이러한 인재를 원한다. 기술(skill)에 중점을 두는 인재는 오히려 급변하는 기술 변화로 인해 현재의 기술적 능력이 금방 쓸모가 없어지면서 도태를 당할지도 모른다. 좀 더 긴 안목에서의 준비 방법은 없을까?

트렌드를 뒤쫓아가는 것이 아니라 트렌드를 만들어갈 수 있는 방법, 그것은 광고의 원리를 이해하고, 생각의 힘으로 광고주의 어떤 문제라도 해결해낼 수 있는 능력을 키우는 것이다. 해결을 위한 바탕을 든든하게 갖추고 있어야 언제든 현장에 접목시킬 수 있고, 유효기간이 긴 문제해결 방안을 내놓을 수 있기 때문이다.

예를 들면, 우리나라의 구석구석을 찍은 수백만 장의 사진이 있다면, 이로부터 일반적으로 생각할 수 있는 아이디어는 이런 사진들이 필요한 사람들을 대상으로 한 아카이브비즈니스archive-business 정도일 것이다. 여기에 콘텍스트와 큐레이션 같은 문제해결형 시각을 더하면 이 사진들의 의미가 달라질 수 있다. 전국의 문화재 사진들을 모은다면 그 또한 우리나라 문화재 소개 동영상을 위한 귀중한 자료가 된다. 그런 사진들 중에서 서울시의 것만 따로 편집하면 서울시 역사문화 소개용으로 요긴하게 쓰일 수 있게 되는 것이다. 즉, 시·도·군별로 그 쓰임새가 갑자기 무궁무진해지는 것이다. 혹은 이들 중에서 자연이 담긴 사진만, 교량이 담긴 사진만, 50년 전의 모습이 담긴 사진과 현재의 모습이 담긴 사진만 따로 분류·편집한다거나 하는 등, 사진의 의미가 바뀜으로써 활용 가치와 역할이 달라지는 것이다.

큐레이션은 광고에서도 문제 해결을 위한 또 다른 아이디어를 제시한다. 기존에는 신나고 즐거워하는 표정들이 담긴 콘텐츠가 있었다면, 그 영상에 브랜드만 편집해넣음으로써 새로운 의미를 만들 수 있다. 사이사이에 초콜릿 브랜드를 넣으면 초콜릿을 먹고 나서 즐거워하는 모습의 새로운 광고가 만들어지는 것이다.

광고기획은 '생각하는 방법'이라고 했다. 어떤 방향으로 생각하느냐에 따라 문제의 해결 방식도 전혀 달라진다. 특히. 광고기획자(Account Executive)는 광고주가 알지 못했던 제품, 시장, 소비자에 대한 새로운 시각을 제시할 수 있어야 한다. 그래서 광고기획의 출발은 고정관념으로 장르를 나누는 것이 아니라, 장르를 새롭게 만드는 것이다. 새로운 가치를 기준으로 삼아서 출발한 새로운 제안을 담아야 한다.

오리온 초코파이의 경우 브랜드 인지도 100%, 소비자 만족도 100%인 가장 이상적인 브랜드였지만, 매출액은 3년째 계속 제자리걸음을 한 적이 있었다. 이러한 문제의 해결 방법을 찾는 것이 곧 광고기획이다. "원료가 다르다", "맛은 하루아침에 이루어지지 않는다", "전통이 있다", "1등 브랜드에는 이유가 있다" 등등 해결 방법은 수없이 많았을 것이다.

그 수많은 해결 방법 가운데에서 제품에 대한 이야기가 아닌, 소비자의 마음속에 있는 잊혀져가는 어떤 그리움을 제품과 연결시키면 어떨까? … 그리운 마음을 전하기 위하여 편지와 함께 넣었던 곱게 말린 나뭇잎 대신에 초코파이를 넣으면 어떨까? … 주위의 고마운 사람들에게 고마운 마음을 초코파이로 전할 수는 없을까? … 이런 생각들을 연결하다보니 정情이라는 광고 콘셉트가 만들어졌고, '오리온 초코파이 정情'이라는 캠페인이 탄생한 것이다.

삼성화재의 '찾아가는 서비스'라는 광고캠페인은 어떻게 만들어졌을까? 자동차 사고가 나면 빨리 오고, 친절하고, 보상 잘해주고… 이것 외에 다른 가치 기준은 없을까? A/S의 의미는 애프터서비스After-Service뿐일까? 삼성화재만의 서비스는 무엇일까? 오히려 사고 이전에 서비스를 해준다면?… 이런 전략에서 '찾아가는 서비스 – 삼성화재'라는 캠페인이 탄생했다.

광고는 소비자의 의식에 다가가게 해주는 하나의 매개물이다. 아울러 소비자들이 광고주의 제품에서 얻는 혜택 이외에도 정서적이고 심리적인 편익까지 경험하게 하는 등 경쟁사와 차별화함으로써 브랜드 위치를 분명히 하는 수단이기도 하다. 예를 들면 '맥도널드'라는 브랜드로 우리가 느끼는 것은, 맛이 주는 즐거움만이 아니다. 가족 중심적인 미국 특유의 삶의 방식이라는 정서적 만족이 더해져있기 때문에 맥도널드는 소비자들의 마음속에 위대한 브랜드로 남아있는 것이다.

5. '광고 회사'에서 '솔루션 컴퍼니'로

1) 통합화를 통한 문제해결력

기본적으로 종합 광고 회사의 역할에서는 '통합적 대행'이라는 측면이 컸다. 다양한 클라이언트, 다양한 소비자, 다양한 미디어, 다양한 직종의 사람들이 이루어내는 종합력의 힘은 사라지지 않는다, 다양한 자료들과 각 분야의 전문가들이 모이면 시너지synergy라는 힘이 생기기 때문이다.

하지만, 클라이언트의 변화는 이미 광고 회사가 생각하는 수준 이상에 도달해있다고 해도 과언이 아니다. 기능적으로 분화되고 인력이 갖춰진 클라이언트의 경우 광고 회사 입장에서 우위점을 찾기가 그리 쉽지도 않다. 또한 크리에이티브력creative力이 우수한 부띠끄 에이전시가 속속 생겨나고, 콘텐츠의 중요성이 강조되면서 이에 특화된 협력사들의 증가로 비용의 효율성을 추구하는 것까지 가능해졌다. 그래서 더욱 종합적인 능력으로 승부하거나 더욱 전문적인 길을 추구한다는 등의 양극화 현상이 일어나고 있다.

요즘 기업들은 신제품에 대한 효과적인 마케팅 광고캠페인을 기획·제작해달라기보다 어떠한 '솔루션'이 있는지부터 묻는다. 광고·마케팅·커뮤니케이션 전반에 걸친 '종합적인 해법'을 원하는 것이다. 그래서 종합력으로 승부하는 메이저 광고 회사는 빅데이터Big-Data에 대한 해석력을 바탕으로 콘텐츠비즈니스나 플랫폼비즈니스로 옮겨가고 있다. 또한 에이전시가 아닌 솔루션과 컨설턴트의 개념으로 변화하고 있다. 이제 광고 회사의 업무 영역은 마케팅 광고를 넘어 영화, 컴퓨터, 디자인 관련 비즈니스를 창조하는 창조 산업(Creative industry)이며, 아이디어로 비즈니스 문제를 해결하는 아이디어 산업(Idea industry)이라고 할 수 있다.

광고 회사의 경쟁자는 같은 업종의 광고 회사, 마케팅 회사, 조사 회사만이 아니다. 구글, 페이스북, 트위터, 애플, 아마존 등 플랫폼 사업자들과도 경쟁해야 한다. 특히 이들은 새로운 매체의 소유자들이다. 또한 통신사업자는 물론 IBM, 딜로이트Deloitte, 액센추어Accenture 등 세계적인 컨설팅 회사들도 디지털 에이전시를 설립하거나 합병하면서 이들도 기존 광고 회사들의 경쟁사가 되었다. 빅데이터 및 관련 기술의 발전이 이들과 모두 경쟁을 할 수 밖에 없도록 만든 것이다.

광고 회사를 둘러싸고 있는 환경을 좀 더 살펴보면, 디지털기술과 플랫폼 발달이 기업(브랜드)과 소비자와의 상호작용을 더 원활하고 풍요롭게 만들었음을 알 수 있다. 또한 소셜미디어(SNS)의 확산은 소비자들이 능동적으로 참여하도록 이끌어주는 강력한 동력의 역할을 했다. 이에 따라 커뮤니케이션이라는 틀 안에서 광고와 마케팅, PR 등 각각의 영역으로 구분돼 이루어졌던 모든 활동의 경계도 급속히 허물어지고 있다. 기업과 소비자 간 커뮤니케이션 효과를 극대화하는 데 가장 최적화된 방식이라면 그것이 광고든, 마케팅이든, PR이든, 또 다른 그 무엇이라도 관계가 없기 때문이다.

그래서 주요 광고 회사 가운데 대부분은 통합적 업무 수행에 적합한 형태의 조직으로 개편하여 기획자와 제작자, 마케터, 개발자, 프로모터 등이 한 팀에 속해 프로젝트를 진행하는 방식으로 운영하고 있다. 과거의 광고 회사에서는 TV, 신문, 라디오, 잡지 같은 4대 매체를 중심으로 한 크리에이티브력이 가장 중요했다면, 지금은 웹과 모바일 등 수많은 각각의 플랫폼에 따라 크리에이티브 구현 방식이나 메시지 전략, 어프로치 방향성도 다 다르기 때문에 업무가 훨씬 더 복잡하고 힘들어졌다. 이로 인해 통합화의 필요성이 더욱 커진 것이다.

IMC(통합마케팅커뮤니케이션) 개념에서 가용할 수 있는 모든 접점을 메시지 전달 채널로 활용하는 전략은 이미 오래전부터 적용돼왔다. 그러나 지금의 통합화는 그 의미가 다르다. 매체를 믹스mix하는 수준의 물리적 통합이 아닌, 아이디어를 중심으로 한 콘텐츠의 화학적 통합이 요구되고 있는 것이다. 소비자 노출과 체험, 참여, 바이럴, 구매에 이르기까지 전 과정이 하나로 통합되어 이루어지면서 거의 모든 커뮤니케이션 활동들도 한꺼번에 이루어지고 있다. 소비자들에게 메시지를 어떻게 효과적으로 전달할지를 생각하기보다, 어떻게 하면 의미 있는 콘텐츠를 많은 이들이 경험케 할 것인가를 고민하는 일이 훨씬 더 중요해진 것이다.

　마케팅 광고 회사의 사업 구조에도 많은 변화가 나타났다. 과거에는 50인치의 TV를 보는 시장이었다면 지금은 스마트폰의 5인치 화면을 보는 사업으로 프로젝트의 규모가 10분의 1 단위로 축소되었다. 반면에 광고 프로젝트의 수는 급증하면서 더욱 다양해졌다. 디지털사이니지Digital-Signage, 퍼키캐스트, 72초 TV, MCN 등 새로운 매체들의 등장에 따라 소셜미디어(SNS), 앱App, VR/AR, 라이브 중계 등 모바일 커뮤니케이션 비즈니스가 획기적으로 성장하고 있다. 또한 카드뉴스, 스브스뉴스, 웹툰과 같은 새로운 유형의 콘텐츠 제작과 브랜드저널리즘의 확대로 인하여 더욱 다양하고 익사이팅한 시장으로 바뀌어가고 있다. 특히 디지털미디어와 관련된 신규 수익을 창출하기 위해 광고 회사는 인터넷과 스마트폰 등에 특화된 다양한 광고 포맷 개발으로 수익을 창출하고 있으며, 참여형 콘텐츠에 자연스럽게 노출된 광고라든가, 클릭click 수, 뷰view 수, 액션action 수 등에 따른 광고비 책정 등 기반 수익 모델의 다변화를 꾀하고 있다.

　문제는 마케팅 광고 회사가 통합화될수록 시스템에 대한 투자, 즉 빅데이터나 R&D 등의 필요성이 커지는 것이다. 통합화된 마케팅 광고 회사는 한 번의 캠페인을 성공시키는 것이 아닌, 지속적인 데이터 축적과 이를 근간으로 하는 마케팅기획 수립, 그리고 정확한 예측과 다양한 커뮤니케이션 방안을 제시할 수 있는 인프라와 시스템을 갖춘 조직이어야 하기 때문이다.

2) 전문화를 통한 문제해결력

클라이언트의 과제를 TV 광고부터 온라인 광고까지 한꺼번에 수행하는 IMC 개념의 통합적인 형태가 있다면, 또 다른 형태는 각 섹터를 나누고 그 가운데 한 부분만을 책임지는 형태다.

통합 광고 회사가 마케팅 전략, 기획, 조사, 미디어 등에 관한 컨설팅비즈니스는 물론, 디지털 콘텐츠, 엔터테인먼트, 캐릭터 사업, 스토리텔링 기반의 광고 콘텐츠 등을 제작하는 콘텐츠비즈니스, 그리고 리테일솔루션Retail Solution, CRM, 옴니채널 솔루션, 접점별 고객 인게이지먼트Engagement 설계 등에 관한 플랫폼비즈니스 등 이 모두를 포괄해서 운영하는 회사라면, 전문화는 이 가운데 한 분야에 집중하면서 나름의 전문성을 키워가는 것이다.

최근 미디어 환경의 변화에 따라 전문 분야별로 이루어지는 업무가 증가하고 있다. 과거와 달리 미디어를 종합적으로 집행하고 운영할 필요성보다는 어떤 주제로 어떻게 포지셔닝해야 할 것인가에 대한 '문제'를 해결하는 방안이 더 중요해졌기 때문이다. 아울러 데이터를 다루지 못하면 접근할 수 없었던 분야들이 지금은 시스템화되고 플랫폼화되면서 아이디어와 역량만 있다면 누구라도 퍼포먼스performance를 해낼 수 있는 형태로 변화했기 때문이기도 하다.

장기적인 호흡의 캠페인은 물론 단발적으로 붐을 일으킬 수 있는 프로모션기획력도 필요하고, 오프라인에서 이루어지는 아날로그적 콘텐츠부터, 가상세계를 넘나들며 확산의 힘을 보여주는 디지털 콘텐츠와 광고인 듯 아닌 듯 소비자의 눈길을 끄는 마케팅 콘텐츠까지 자사만의 독특한 콘텐츠를 만들 수 있는 능력만 있다면 얼마든지 성장이 가능하다.

광고가 '광고'라는 전형성에서 벗어나 콘텐츠와 유사한 형태를 보여주기 시작한 것은 이미 오래전부터이지만, 이제는 소비자가 광고라는 것을 판단하지 못할 정도로 광고가 변형을 거듭하고 있다. 광고 회사는 퍼블리시티publicity라는 고유 형식에서 커뮤니케이션즈 마케팅 개념의 광고적 시각을 결합하며 콜라보collabo를 통해 변화하고 있다. 브랜드가 전통적인 매체 광고를 통한 이미지 구축이라는 틀에서 벗어나 마치 신문사 기자들처럼 브랜드 스토리를 생산하고, 다양한 경로로 유통하는 새로운 패러다임에 근접해가고 있는 것이다. 특히 선두 브랜드들은 각자의 브랜드뉴스룸Brand-Newsroom을 운영하면서 브랜드저널리즘Brand-Journalism이라는 새로운 영역을 만들어가고 있다.

이렇듯 저널리즘이라는 전문성이 광고에 접목되는 등, 미디어의 유형 변화에 따라 계속 새로운 유형의 광고와 새로운 표현 기법을 찾아냄으로써 경쟁력을 갖춘 전문화의 길을 가고 있는 것이다.

최근 TV 광고메시지는 기업/브랜드가 말하고자 하는 콘텐츠의 일부분이 되었다. 그래서 실질적인 광고는 TV 이외에서 이루어지는 캠페인이나 온라인 프로모션이 중심이 되는 경우가 적지 않다. 광고를 발주하는 클라이언트 앞에서 하는 프레젠테이션(PT)에서도 소셜미디어(SNS) 마케팅 광고나 옥외광고매체, 신유형 매체에 대한 제안이 당락을 결정하는 주요한 변수가 되기도 한다. 이러한 상황 요인과 테크놀로지 요인이 접목되면서 온라인과 프로모션 부문의 전문화 또한 가속화되고 있다.

과거 PD가 TV 광고의 기획, 연출, 제작까지 모두 맡았던 TV-CM 프로덕션 분야도 지금은 CM플래너, 기획PD, 진행PD, 연출감독으로 더욱 전문화되어있다. 온라인 전문 광고 회사는 다시 세분화되어 온라인 미디어랩, 온라인 기획 회사, 바이럴 광고, 검색 광고, 프로모션 전문 회사, 콘텐츠 전문 회사(제작 회사, 딜리버리 회사, 기획 회사) 등으로 나뉜다. 이외에도 3D영상 회사. PPL 전문 회사. 스토리텔링 전문 회사 등 그 종류를 헤아릴 수 없을 정도가 되었다.

통합화와 전문화는 양면의 개념이면서 뫼비우스의 띠처럼 이어져있다. 그러니 통합 속에서 어떻게 전문화를 이룰 것인가를 고민해볼 필요도 있다. 전문화는 광고 회사를 차별화하는 데에도 유리하고, 경쟁우위력을 갖추고서 자신만의 길을 갈 수 있게 해주는 등 많은 이점이 있다. 반면에 융합과 연결이라는 사회트렌드를 고려한 가능성도 늘 열어놓아야 한다. 또한 영역별로 너무 세분화된 전문성은 규모의 경제에서 밀려날 가능성이 크고, 규모를 늘리고자 할 때에는 정작 전문성이 희석되어 오히려 손해를 볼 가능성이 크다는 것도 기억할 필요가 있다. 이것은 사람에게도 그대로 적용될 수 있다.

3) 크리에이티브력을 통한 문제해결력

세상과 브랜드와 소비자가 모두 바뀌고 있다. 이제 사람들은 더 이상 예전의 기준으로 브랜드를 선택하지 않는다. 더 이상 예전과 같은 자극에도 반응하지 않으며, 예전과 같은 충격에도 놀라지 않는다. 마케팅 광고기획자가 세상의 변화를 읽지 못하면 생존조차 불가능할 수 있는 상황이 벌어진 것이다.

이제 광고는 스마트폰으로 만날 수 있는 모든 콘텐츠와 경쟁해야 하는 상황에 이르렀다. 이미 광고 회사들이 광고만 만드는 것이 아니라 다큐멘터리를 찍고. 방송 콘텐츠를 제작하고, 캐릭터 사업 등 새로운 비즈니스에 눈을 돌리고 있는 것도 이러한 이유 때문이다. 광고 회사의 또 하나의 변신 포인트는 바로 '아이디어'라는 낯익은 단어의 새로운 등장이다. 디지털미디어시대에는 소비자와 만날 수 있는 모든 접점에서 아이디어를 찾을 수 있기 때문에 크리에이티브력의 역할이 더욱 커지게 된 것이다.

한 예로 '생명의 다리'라는 캠페인은 자살예방에 포커스를 맞춰 마포대교라는 옥외물 전체가 하나의 마케팅 광고 플랫폼으로서 재조명된 케이스다. 이는 '자살은 하면 안 되는 것'이라는 메시지에 충실했던 종전의 15초짜리 공익 광고와는 확연히 구분된다.

마케팅 광고계는 효율성을 위한 '통합화' 작업과 함께 아이디어 중심의 수평적 시스템으로 빠르게 전환되고 있다. 각 직종별 역할에 따라 기능적으로 분화되었던 시스템에서, 지금은 프로젝트의 성격에 따라 아이디어를 제안하는 사람도, 그에 따라 주도권을 쥐고 움직이는 부서도 서로 다르게 운영되고 있다. 업무 방식에서도 TV와 신문 등을 염두에 두고 마케팅 광고 전략을 짜는 것이 아니라, 커뮤니케이션의 목적이 무엇인가에 따라 크리에이티브의 구현 방식이 달라져 콘텐츠 제작이나 매체 활용도 같은 면에서 훨씬 자유로워졌다. 따라서 마케팅 광고 플랫폼으로서의 매체 가치라는 면에서도 모든 미디어가 수평화됐다. 콘텐츠를 담는 모든 그릇, 즉 소비자들의 흥미를 돋울 수 있는 모든 미디어가 마케팅 광고 플랫폼이 되고 있기 때문이다.

전문가집단들이 수평적 관계에서 서로 협업하는 일도 빈번해졌다. 광고 제작자가 광고계 종사자뿐만 아니라 게임 개발자, 아티스트, 큐레이터, 소셜미디어(SNS) 마케터 등 서로 다른 전문가집단과 손을 잡기에 이른 것이다. 이 업종 간 협업으로 새로운 가치를 만들어낸 사례로는 유엔난민기구의 '보이지 않는 사람들(Invisible People)'이라는 난민 구호를 위한 캠페인을 꼽을 수 있다. 이 캠페인의 목적은 전 세계 난민들이 당면하고 있는 고통에 대해 관심을 갖게 하는 것이었다. 이에 따라 제일기획은 젊은이들의 참여를 이끌어낼 수 있는 색다른 전시회를 기획했고, 유엔난민기구 및 서울시립미술관과 손잡고 이 캠페인을 진행했다.

제일기획은 실제 난민들의 모습을 스캔과 3D 프린터 기술을 활용해 미니어처 피규어(소형 조각상)로 제작했다. 그런 다음 이 피규어를 전시장 곳곳에 숨겨놓고 관람객들이 직접 찾아내도록 유도했다. 그럼으로써 평범한 사람들의 무관심 때문에 난민들이 이렇게 보이지 않는 사람들이 되었음을 관람객들에게 일깨워주었다. 관람객들은 예상치 못한 곳에서 이러한 피규어를 발견할 때마다 QR코드로 난민들의 실제 이야기를 영상으로 볼 수 있었고, 스마트폰으로 응원의 메시지도 남길 수 있도록 페이스북과도 연동시켰다. 이 전시회는 다양한 분야의 전문가들이 이루어낸 결과라고 할 수 있다(《그림 7》 참조).

크리에이티브의 힘은 아주 소소한 것에서도 출발할 수 있다. 1인 기획 출판사인 '소와다리'에서는 《소월 시집 진달래꽃 초판본》을 재출간하면서 독자들에게 발송하는 방법을 색다르게 했다. 김소월의 시대에서 온 소포를 지금의 독자가 받아보게 하는 것이었다. '경성에서 온 소포'

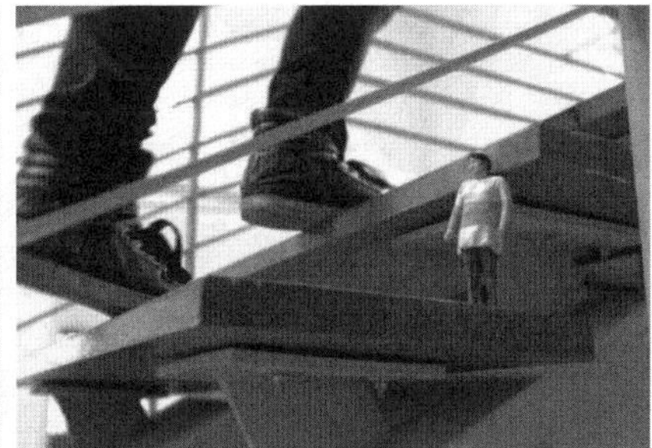

그림 7. 3D 프린터 기술을 활용해 전시장 곳곳에 숨겨놓은 피규어

라는 이름으로 발송된 그 책 안에는 김소월의 시대인 1925년 당시의 사진이 담긴 엽서가 있었다(《그림 8》 참조). "제 詩(시)는 사랑받고 있나요? 그때쯤은 獨立(독립)을 했을런지요?"라고 써진, 1925년의 김소월이 보낸 엽서를 받는 것이다. 이 얼마나 가슴 설레는 경험이겠는가?

호주 퀸즐랜드 주의 관광청에서 뜬금없는 구인 광고 하나를 게재했다. 퀸즐랜드 주의 섬이 얼마나 아름다운지를 보여주는 것이 아니라 '세계 최고의 직업'에 지원해보라는 광고를 만든 것이다(《그림 9》 참조). 섬 관리자의 업무조건은 주 12시간 근무, 업무는 거북이·물고기 먹이주기, 고래 관찰, 블로그 운영이었다. 여기에 바다가 보이는 침실 세 개가 있는 숙소와 항공권이 제공되며, 급여는 15만 달러였다. 관리자가 외롭지 않도록 친구도 한 명 데려갈 수 있다고 했다. 이 구인 광고에는 200여 개국에서 지원자 3만 4,000여 명이 몰렸다. 광고 예산은 170만 달러(약 21억 원)였으며, 전 세계 30억 명 이상에게 전파되면서 1500만 달러(약 190억 원)의 매체 홍보 효과를 달성했다. CNN과 BBC 등에서도 다큐멘터리로 다뤘으며, 〈타임〉지에도 관련 기사가 실리는 것은 물론, 칸 광고영화제에서 사이버, PR, 다이렉트 마케팅 부문 대상을 휩쓸었다.

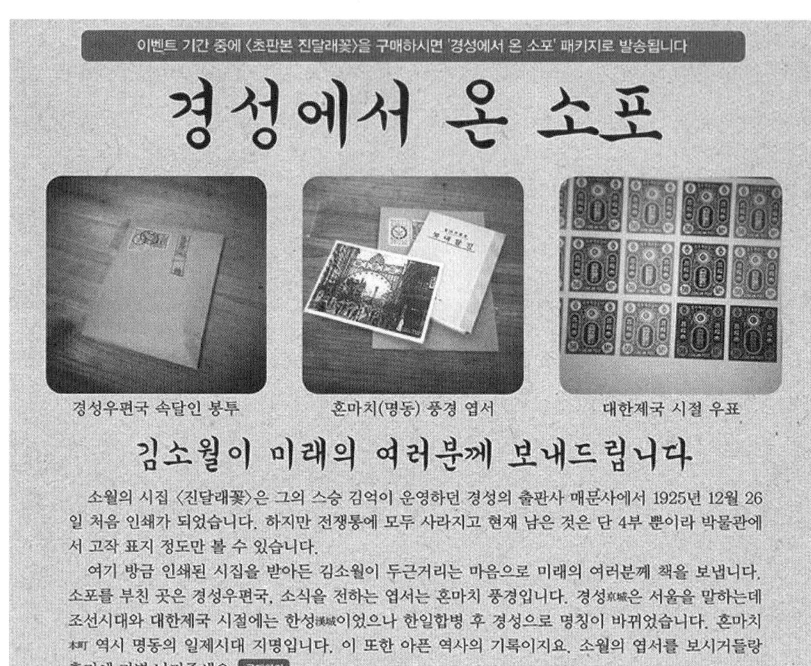

그림 8. 《소월 시집 진달래꽃 초판본》 판촉캠페인

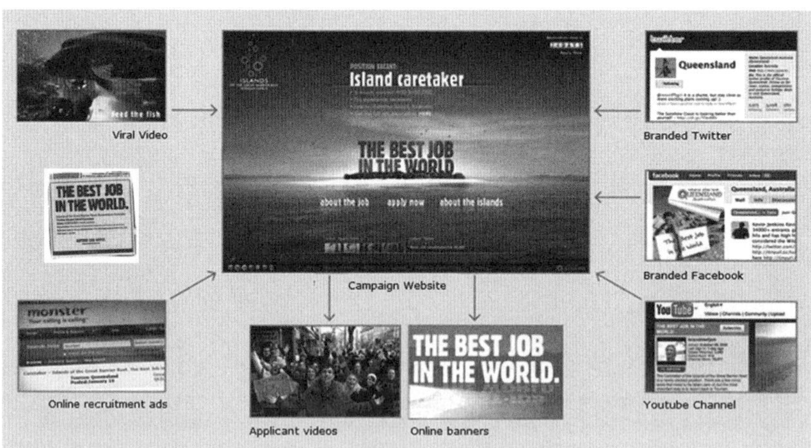

그림 9. 호주 퀸즐랜드 주 관광청의 '세계 최고의 직업' 통합캠페인

광고 회사의 변치 않는 힘은 크리에이티브력에서 나온다. 미디어가 변하고 전달 방식이 달라져도 크리에이티브력에 의한 발상을 통한 소비자와의 공감이라는 공식은 변함이 없기 때문이다.

1. 아날로그적 시각을 버리지 않는다

인터넷-디지털시대에서 가장 주목받는 건 첨단 기술이 아닌 바로 '인간' 그 자체다. 첨단 디지털 기법을 활용한 엄청난 캠페인을 결국 활용하거나 참여하는 것은 인간이기 때문이다. 소비자를 소비자로만 보지 말고 친구로, 가족으로, 생활자로, 인간으로 생각하는 쪽으로 돌아가야 한다. 디지털을 잊어버리는 순간 가장 효과적이고 성공적인 디지털 마케팅 광고를 만들 수 있다는 것도 그런 의미일 것이다.

사례; 스파익스 아시아의 디지털 부문 그랑프리를 차지한 혼다자동차의 커넥팅 라이프라인스Connecting Lifelines라는 캠페인이다. 2011년의 동일본 대지진으로 일본의 도로 시스템이 일시적으로 혼란에 빠졌을 때였다. 산사태나 지진 등으로 폐쇄된 도로가 급속도로 증가했지만, 이에 대한 즉각적인 피드백을 받을 수 없었다.

혼다는 자신들의 자동차에 장착되어있는 인터내비 시스템을 구글지도와 연동시켜 실시간 시뮬레이션(Real Time Simulation)으로 무료 공개했다. 인터내비가 장착된 혼다자동차의 차량이 운행되는 지역을 실시간으로 구글지도에 보이게 함으로써 해당 지역의 주민들에게 도로 상황을 알려줌과 동시에 정부의 복구 사업에도 유용하게 쓰이도록 한 것이다.

이로써 혼다자동차는 첨단 테크놀로지를 사용하지 않고도 인간 중심의 디지털캠페인을 만든 셈이 되었으며, 광고를 위한 광고로서의 접근이 아닌 자발적 참여를 통한 캠페인을 진행함으로써 혼다자동차라는 브랜드를 자연스럽게 친근하게 느껴지도록 하는 효과까지 달성했다.

2. 생활 속에 답이 있다

마케팅이나 광고를 책으로 배우는 데는 한계가 있다. 책은 단지 마케팅이 어떤 것인지 정의(definition)로서 가르쳐주기 위한 도구에 지나지 않는다. 성공한 마케팅의 전략들을 소개한 책들은 더 좋은 마케팅 기법을 만들어내기 위한 밑거름이 되기도 하지만, 그런 책의 내용은 이미 지나간 역사나 공개된 노하우이기 때문에 한계가 있을 수밖에 없다. 진정 살아있는 마케팅을 배우려면 소비자들의 생활 속에 깊숙이 들어가서 살아있는 그들의 이야기를 찾아야 한다.

사례; 조지 셰퍼가 창립한 OPI는 손톱 미용 제품을 전문적으로 판다. OPI 제품의 네이밍 기법은 색다르다. 소비자의 라이프스타일을 읽고 컬러와 매치시키는 식이다. 선홍색의 이름은 '저는 웨이트리스가 아니에요(I'm Not Really a Waitress)', 핑크색은 '코니아일랜드의 솜사탕(Coney Island Cotton Candy)', 도도함을 상징하는 자주색은 '사우스비치에서의 위험한 노출(Overexposed in South Beach)'이다. 소비자는 단순히 울긋불긋한 제품을 사는 것이 아니라, 그 이름에 담긴 라이프스타일 자체를 소비하고 나 자신과 일체화시키는 것이다

3. 경계를 허문다

지금은 컨버전스convergence의 시대다. 금융 분야에서도, 정보통신 분야에서도, 식음료 분야에서도 전통적인 직업의 개념은 점점 그 의미를 잃어가고 있다. 당연히 커뮤니케이션의 세계에서도 예전의 경계는 엷어질 수 밖에 없다. 직종이 카피라이터이든, 아트이든, AE(Account Executive)이든 상관없다. 좋은 아이디어만 찾아내면 된다. TV, 신문,

라디오, 잡지 같은 4대 매체에 관한 것이어도 괜찮고, BTL이든, 온라인이든, 소셜미디어(SNS)에 관한 것이어도 상관없다. 그것이 획기적인 아이디어를 담고 있기만 하면 되는 것이다. 아이디어는 서로 다른 두 개념들이 경계를 허물고 만날 때 생겨나는 것이니까 말이다.

사례; IPTV는 방송인가, 통신인가? 스마트폰은 통신기기인가, 미디어인가, 카메라인가? "모든 경계에서는 꽃이 핀다"고 함민복 시인은 말했다. 포털사이트 네이버의 라인 서비스의 경우, 중국의 통신 관련 규제로 인해 현재의 비즈니스를 중국에서 펼칠 수가 없었다. 경계를 허물기 위해 생각해낸 방법이 캐릭터비즈니스 분야로 진출하는 것이었다. 네이버는 라인 서비스의 캐릭터 하나로 중국에서 수백억 원대의 매출을 올리는 것이 가능해진 것이다.

4. 아이디어 솔루션을 제시한다

아이디어 없는 마케팅 광고는 위험하다. 그러나 아이디어만 있는 마케팅 광고도 위험하다. 아이디어는 세상 모든 영역에서도 차고 넘치기때문이다. 그러니 이제는 단순한 아이디어에 그쳐서는 안 되고 전략적인 그리고 타 영역과의 결합 등을 통해 하나의 통합된 기획까지 이루어야 한다. 그런 기획은 광고라는 틀 안에서의 아이디어가 아니라 사회의 문제, 사람의 문제, 기업의 문제 등 다양한 문제들을 해결하는 아이디어로 이룰 수 있으며, 그것으로써 영역 확장까지 이룰 수 있다.

사례; 워터파크인 케리비안베이는 튜브에 바람을 넣는 작업을 인공호흡법 같은 안전교육과 연계시킨 아이디어를 활용했다. 마치 인공호흡을 하듯 사람 형태 인형의 가슴을 누르면 튜브의 바람도 함께 들어가는 식이다. 단순한 아이디어의 힘으로 이용객들이 관심을 보이지 않던 안전교육을 튜브에 바람을 넣어야 한다는 꼭 필요한 상황과 접목시켜 재미있고 의미 있는 일로 전환시킨 것이다.

5, 소비자를 참여시킨다

소비자를 만드는 시대다. 소비자는 그 콘텐츠가 즐길 만한 가치가 있을 때 만들어진다. 찾아볼만한 '콘텐츠'로서의 가치가 있다고 생각되면 소비자는 행동에 옮긴다. 예를 들면, 유튜브 스타들의 영상을 분석해보면, 그들은 본인이 하고 싶은 이야기보다는, 소비자들이 보기를 원하는 것을 주제로 콘텐츠를 만들어나간다. 그리고 계속 실시간으로 자신의 콘텐츠를 소비하는 사람들의 반응을 살피고, 그들이 원하는 방향으로 콘텐츠를 고쳐나간다. 소비자는 자신들이 함께 참여해서 함께 만드는 콘텐츠에 열광하기 때문이다.

사례; 와퍼라는 큼직한 햄버거로 유명한 버거킹의 "와퍼인가 친구인가(Whopper Sacrifice)"라는 캠페인은 페이스북을 활용하는 재미있는 경쟁 구도로 이루어진 고객참여형 이벤트다. 페이스북 사용자가 자신의 페이스북 친구 열 명을 희생시키면(친구 끊기) 무료 와퍼 쿠폰을 준다는 것이 이 캠페인의 내용이다.

자신의 페이스북 친구가 버거킹의 와퍼 하나를 받기 위해 자신과의 관계를 끊어버렸다는 것을 알게 되면, 나도 이 이벤트에 참여하여 페이스북 친구 열 명을 끊어버리고 와퍼를 받는다. 페이스북상에서의 친구 맺기는 다시 하면 되니까 말이다. 그래서 페이스북상의 수많은 사람들이 서로 경쟁하듯이 친구를 누가 먼저 끊어버리나 게임을 벌였다. 버거킹은 이렇듯 "친구보다 와퍼가 더 좋다"라는 메시지를 재미있는 게임 매커니즘과 결합시켜 성공적인 참여형 이벤트를 만든 것이다.

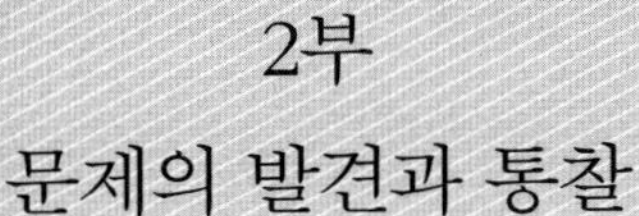

2부

문제의 발견과 통찰

마케팅 광고기획의 단계는 다음과 같이 크게 4단계로 이루어진다.

a. 문제 발견을 통한 문제 설정

b. 문제 분석

c. 문제해결을 위한 목표 설정

d. 문제해결

이 가운데 첫 단계인 문제의 발견이 가장 중요하다. 문제를 잘못 파악하면 틀린 답을 구하게 되기 때문이다. 사실, 광고주가 자신들이 문제를 잘 알고 있다고 생각하지만, 실제로는 잘못 알고 있는 경우가 많다. 그래서 문제의 원인을 찾기가 쉽지 않다.

문제를 올바르게 발견하려면 문제의 이면을 봐야 한다. 고객이 우리 브랜드를 찾지 않는 이유를 눈에 보이는 현상으로만 파악하려고 할 것이 아니라, 우리가 모르는 또 다른 이유, 아주 깊은 곳에 숨겨진 이유가 있으리라고 생각하고서 찾아야 한다. 소비자의 행동 하나하나에 담긴 의미를 알아야 행동을 이해할 수 있는 것이다.

그렇다면 문제를 발견하기 위해서는 어떻게 할 것인가? 문제, 즉 '현상의 이유'를 캐려면 첫째, 생각의 힘을 갖춰야 한다. 둘째, 본질에 다가가야 한다. 셋째, 감성의 시각에서 보면 더 잘 볼 수가 있다. 넷째, 맥락적 시각으로 보는 것이다.

1. 본질로 문제를 발견한다

1) 생각의 힘 키우기

　마케팅 광고 산업이 타 업종에 비해 특별히 좋은 점 1가지가 있다. 다른 제조업은 설비 변경이 어렵다. 그러나 마케팅 광고는 '생각'만 바꾸면 된다. 남과 다른 생각 하나로 복잡한 문제가 쉽게 풀릴 수 있고, 새로운 사업 분야를 탄생시킬 수도 있다.

　"생각이 에너지다"라는 SK에너지의 광고캠페인이 그렇듯이 '생각하는 능력'은 모든 업무에서 가장 기본이 되는 자산이다. 또한 어느 분야에든 변하는 부분이 있다면 변하지 않는 부분도 있듯이, 관련 미디어들이 급속히 변화되고 있는 마케팅 광고 산업에서 변하지 않는 부분이 바로 '생각하는 능력'이기도 하다. 작곡가에게 저작권료는 평생 없어지지 않는 수입이듯이, 마케터/광고인에게 '생각하는 힘'은 평생 두고두고 활용할 수 있는 자산이다.

마케터/광고인에게 가장 중요한 능력은 '문제를 발견하는 눈을 가지고, 남의 것과는 다른 새로운 생각과 아이디어를 통해서, 문제해결 방법을 찾아내는 능력'이다. 이는 마케팅 광고 회사의 핵심 능력이기도 하다. 마케팅 광고의 기본과 원리를 제대로 이해하고 활용할 수 있다면 미래에도 여전히 훌륭한 마케터/광고인으로 남을 수 있을 것이다. 기본이 갖춰지면 그 뒤의 기술 습득도 그리 어렵지 않다. 그 시대에 맞춰 약간의 변형(variation)만 해도 해결책을 찾을 수 있기 때문이다.

마케팅 광고에 관심 있는 사람이라면 너무나 익히 알고 있는 물음과 답이 있다. 얼음이 녹으면? … "물이 된다"는 생각은 누구나 할 수 있다. 여기서 더 나아가 보이는 현상 너머의 보이지 않는 의미와 맥락까지 생각할 수 있는 힘, "봄이 온다"는 생각까지 할 수 있어야 한다. "행복의 반대는 불행이 아니라 불만이다", "너가 모여서 우리가 되는 것이 아니라 너를 버려야 우리가 된다"는 정철 작가의 한 줄의 글도 이런 맥락에서 생각해볼 수 있다. 아, 그렇지! … 공감의 고개를 끄덕이는 이유도 그 글에서 어떤 의미를 느꼈기 때문일 것이다. 한 번 더 생각해보면 누구나 볼 수 있고, 느낄 수 있고, 쓸 수 있는 글인데! … 왜, 나는 안 될까?

박용택 시인은 지금까지 우리가 보아왔던 라벨label과 개념을 내려놓고 가만히 사물을 들여다보라고 말한다. 하나를 자세히 보면 깨닫게 되고 넓게 보게 됨으로써 인과관계를 파악하는 능력이 생긴다고 했다. 생각하는 힘이 생기는 것이다. 그래서 시를 쓸 때 자연이 하는 말을 받아쓰기만 하면 된다고 한다. 마케팅 광고를 만드는 것도 마찬가지다.

광고주의 문제를 해결하기 위해서 가장 먼저 해야 할 일은 '생각의 힘'을 키우는 것이다. 생각이란 'Why(왜)'에서 시작된다. "왜, 그런 문제가 생겼을까? 왜, 해결이 안 될까? 또 다른 이유는 무엇인가?" 가만히 문제를 들여다보면서 '왜'를 반복하노라면 인과관계가 서서히 드러나기 시작한다. '왜'로 문제의 원인과 해결 방법까지 발견해낼 수 있는 것이다. 그러기 위해서는 깊게 보아야 하고 아울러 넓게도 보아야 한다. 그리고 마지막 순간까지 파고들어가 본질에 다가가기 위한 인내심을 가져야 한다. 한 번 더 생각해보는 것이다. 이 '한 번 더…'가 문제의 해결책을 제공해주는 소중한 열쇠가 된다.

> "엄마는 어머니날에도 자식을 생각합니다,
> 엄마가 되는 게 어머니날의 가장 좋은 선물이기 때문에…."
> (Your mother thinks of you even on her day,
> Because being a mom is the best Mother's Day present….)

이 글은 브라질 일렉트로룩스의 어버이날 광고 헤드라인이다. 우리나라에서나 다른 나라에서나 어버이날에 부모님의 은혜에 감사하자는 광고를 내보내는 것은 일반적일 것이다. 하지만 역으로 '주는 것이 사랑'이라는 엄마의 마음으로 어버이날의 의미를 되새기도록 함으로써 이야기의 새로운 가치를 만들어낸 것이다. 이렇듯 우리 주변에 늘 있는데도 무심해서 놓치는 것을 발견하는 것이 곧 생각의 힘이다.

숙취해소음료인 '컨디션'은 "술 마시기 전이나 술 마신 후에 마시는 컨디션"이라는 표현을 쓸 수가 없었다. 술과 연관된 표현은 광고심의 규정에 어긋나기 때문이다. 방법이 없어 보였다. 마지막으로 한 번 더 생각하면서 찾아낸 방법은 우회해서 표현하는 방법이었다. 비슷하게라도 연상이 되게 하는 방법은 없을까? 그래서 나온 말이 "아차, 컨디션!"
이다.

뿌리 깊은 나무가 바람에 흔들리지 않듯, 마케터/광고인의 기초체력
을 키우기 위해서는 인식의 단련이 꼭 필요하다. 본질에 다가갈 수 있
는 생각의 힘이 있어야 한다. 소비자를 알고, 그 소비자가 원하는 것을
정확하게 찾아서, 생각하는 방법을 통해, 기획력과 크리에이티브력이
담긴 콘텐츠를 만드는 것이 마케터/광고인의 가장 기본적인 능력인 것
이다.

2) 본질에 다가가기

우리는 '현상의 해결'을 '문제의 해결'로 착각하는 경우가 많다. 문제
의 현상(통념) 속에 갇혀있기 때문에 문제의 핵심을 발견하지 못하기 때
문이다. 그러니 본질에 다가가야 한다. 그래야 현상의 얽혀있는 실타래
가 보이고 해결의 실마리도 찾을 수 있다.

이렇게 본질에 다가가려는 이유는 콘텍스트Context를 찾기 위해서다.
콘텍스트는 맥락, 매개, 연결, 가치, 이슈 등 다양한 의미로 해석되는
바, 이는 초연결시대의 문제해결 과정에서 중요한 개념이다.

콘텍스트의 의미들 중 '맥락'은 본질에서 파생된다. 사물의 본질을
알아야 거기서 연결되는 맥락을 이해할 수 있다. 본질의 위치에서 보
면 왜 그런 현상이 일어났는지 알게 되고, 자연스럽게 그 해결책도 찾
을 수 있게 되는 것이다. 우리가 길을 잃었을 때 다시 처음에 있었던 자

리로 돌아가서 보면 헤매었던 과정이 눈에 보이듯이, 원점으로 돌아가면 결국 보이는 것이다. 그렇게 해서 보게 된 본질은 때로는 아주 단순하다. 별거 아닐 수도 있다. 다만 숨겨져있고 눈에 잘 띄지 않을 뿐이다. 조금만 눈여겨보고 깊이 들여다보면 발견이 가능하다.

인간을 360도로 관찰하면 지금까지 낱낱이 흩어져 보이던 인간 행동의 본질과 연결성이 똑바로 보인다. 행동은 결과다. 결과에는 반드시 그 결과를 이끈 이유가 있다. 요인이란 행동의 기본 마음, 사람이 갖고 있는 욕구나 가치관이다. 어떤 생활을 하고 싶다는 식의 무의식중에 일어나는 욕구가 그 사람을 구체적으로 이끌어 매일의 일상을 만든다.

원인이 있고 결과가 있는 것이 인과(원인-결과)다. 인과란 사람의 일면만 보면 보이지 않는다. 통째로 보고, 조금 떨어져서 본다면 인과가 일련의 구조로서 읽힐 수 있다. 눈에 보이는 것은 단지 현실에 표출되는 개개의 사건에 지나지 않는다. 눈에 보이는 단서로 보이지 않는 것을 나타내고, 소비자가 진정 원하는 것이 바로 이것이 아닌가 알아내고자 하는 것이다. 즉 보이는 현상으로 욕구를 찾아내고, 거기서 보이지 않는 미래의 행동까지 찾는 것이다. 숨어있는 것(본질)을 끄집어내기 위해서는 2가지 방법이 있다.

첫 번째 방법은 관점, 즉 자신만의 견해다. 관점은 곧 발견의 지렛대다. 그러니까 어디에서부터, 무엇을, 어떻게 보느냐가 중요하다. 이러한 견해에 의해 인식과 이해가 바뀐다. 종이컵을 볼 때 위에서 보면 원의 형태이지만 옆에서 보면 사다리꼴의 형태가 되듯이, 보는 위치를 다양하게 바꿔보면 진실의 형태를 파악하는 것이 가능해진다.[19]

두 번째 방법은 '왜'라는 질문을 답을 얻을 때까지 꼬리를 물듯 계속

하는 것이다. 이러한 방법을 래더링Laddering 기법이라고 한다. 예를 들면, 선풍기를 왜 쓰는가에 대해서 계속 질문을 해보면 아마도 '바람'과 '시원함'이라는 본질을 발견할 수 있게 된다. 그 바람을 일으키기 위해서 '날개'가 필요했다. 그렇다면 바람 그 자체인 공기의 움직임을 날개가 아닌 다른 것이 만들어낼 수 있다면? 이러한 발상에서 '날개 없는 선풍기'가 가능해졌다.

운동화의 디자인이 화려하고 기능이 다양해도 그 본질은 스포츠 용품이다. 그래서 "왜 운동화를 신는가?"를 물었던 나이키는 "Just do it(일단 해봐)"이라는 카피를 찾았다.

피아트자동차는 소형차이지만 짐을 많이 실을 수 있다는 강점을 "두 번 다녀오기 싫은 사람을 위하여, 피아트"라는 카피로 광고했다. 강점, 즉 피아트자동차만의 본질을 표현한 것이다.

비빔면의 본질은 비비는 것이다. 소스도, 영양도, 맛(모든 음식의 본질, 차별화가 어려움)도 비빔면의 본질이 아니다. 그래서 비비는 재미를 팔았다. "왼손으로 비비고, 오른손으로 비비고, 팔도비빔면!"이라는 카피의 광고가 만들어진 것이다.

월마트는 오프라인에서 세계 1위이지만 인터넷상에서는 아마존과는 비교도 되지 않을 정도로 열세에 있었다. 오프라인에서 강한 월마트는 아마존이 할 수 없는 방식을 찾았다. 인터넷상에서 구매한 제품을 월마트매장에서 픽업하면 가격 할인을 해주는 것이다. 이로써 물건을 가지러 온 사람들이 추가로 다른 물건들까지 사가는 가능성도 확보할 수 있었다. 월마트는 아마존의 빠른 배송 시스템과 경쟁하지 않고도 '돈 절약'이라는 강점을 활용하여 무료 배송 가격을 낮추고 픽업 가격 할인

서비스까지 도입함으로써 이베이eBay를 제치고 2위 자리까지 올라섰다. 반대로 아마존은 오프라인 매장의 필요성을 느끼고 이제 매장 확대 전략에 힘쓰고 있는 중이다.

차별화란 '본질의 차별화'를 말한다. 같은 카테고리 안의 비슷한 경쟁 상대와의 차별화는 차별화가 아니다. 그래서 본질에서 나온 콘셉트는 힘이 있다.

본질을 생각하자. 현상에서 한 번 더 들어가보는 것이다. "잘 하자"라기보다 내 이야기를 내 방식으로 잘 전달하자는 의미이기도 하다. 나의 강점의 이유를 찾아 내고 거기에 살을 붙이는 것이다.

나이키는 광고캠페인에서 신발을 광고하지 않는다. 신발의 기능에 대해서도 이야기하지 않는다. 신발이라는 제품은 해당 신발과 관련된 스포츠라는 거대한 카테고리 안에 속해있는 작은 부속품이기 때문이다. 그래서 나이키는 신발이라는 제품이 아니라 스포츠라는 콘텍스트를 팔고 있다.

스포츠는 "뭔가 잘하고 싶다"는 열망이 극대화되는 분야다. 스포츠의 소비자인 관중들은 선수가 역경을 이겨내고 정상에 오르는 장면을 보면서 감정 이입을 하고, 스포츠 영웅들을 존경하며, 스포츠라는 행위의 놀라움과 숭고함에 대해 이야기한다. 소비자는 '그 위대한 스포츠라는 영역'에 참여하고자 나이키의 제품(신발)을 구매하는 것이다(〈그림 10〉 참조).

스타벅스 역시 마찬가지다. 스타벅스는 더 이상 커피를 파는 곳이 아니다. 커피는 스타벅스를 구성하는 핵심 요소이지만, 스타벅스가 판매하는 것은 커피를 즐기기 위한 여유로운 시간과 공간, 즉 문화다. 커피

그림 10. 스포츠 영웅을 내세우는 나이키의 광고

의 맛으로만 따진다면 스타벅스보다 훌륭한 카페는 얼마든지 주위에 많이 있다. 하지만 스타벅스를 찾는 사람들이 원하는 것은 스타벅스가 제공하는 '시간과 공간'의 콘텍스트다. 단순히 멋진 공간을 만들어놓고 맛있는 커피를 팔면 된다가 아니라, 우리가 주고자 하는 핵심 가치, 즉 우리의 콘텍스트가 무엇이냐가 중요한 것이다.

일본의 츠타야 서점 역시 서비스에서 콘텍스트 영역으로 옮겨 새롭게 부상하고 있다. 원래 츠타야는 서적, DVD, CD 등 각종 콘텐츠를 렌탈·판매하는 곳이었다. 츠타야는 콘텐츠 유통이라는 그들의 목적을 보다 큰 맥락에서 해석하고자 했다. 그래서 도쿄에 거대 문화공간인 'T사이트T-site'를 오픈했다. 츠타야가 사람들에게 전하고자 하는 콘텍스트는 '라이프스타일'이다. 단순히 책을 팔고 DVD를 파는 것이 아니다. 내 취향에 맞는 모든 것을 한자리에서 즐겨볼 수 있고, 마음에 들면 구매도 할 수 있는 것이다. 디테일한 모든 부분들이 '라이프스타일'이라는 콘텍스트 안에서 조화롭게 운영되고 있는 것이다.[20]

문제를 해결하려면 문제의 원인을 찾아야 한다. 문제는 현상이고, 그 원인은 다양하기 때문에 문제의 본질을 명심해야 한다. 눈에 보이는 현상들은 많은 요소들이 혼합되어 나타나는 결과이므로, 첫 출발점으로 되돌아가 본질적인 요소를 찾아내어 문제를 해결해야 한다.

구멍을 뚫는 드릴의 본질은 디자인도 튼튼함도 아닌 3밀리미터짜리 구멍을 얻는 것이다, 보험의 본질은 미래 위험에 대한 대책의 보장이다. 다른 관점에서 생각해보면 위험이 발생했을 때 보험금을 받는 것도 위험에 대한 보장이지만, 위험 자체를 없애는 것도 위험에 대한 보상 방법들 가운데 하나가 될 수 있다. 예를 들면, 직장 내 스트레스 센터를 지원하거나 사원 건강 프로그램을 만들어 보급하고, 자동차보험의 경우는 학교 앞 스쿨존 잘 지키기나 음주운전 하지 않기 같은 캠페인을 진행하는 것 등이 해결 방안이 되는 것이다.[21]

3) 감성의 시각으로 분석하기

우리는 문제를 찾기 위해 제일 먼저 자료를 수집하고 분석한다. 소비자는 누구인지? 제품의 품질은 어떤지? 시장 상황은 어떤지? 물론 여기서 말하는 분석이란 현상을 보는 것이 아니다.

〈연탄〉이라는 시를 예로 들어보자. "당신은 언제 연탄 같은 존재였는가?” 여기서 연탄의 통념은 가난. 연탄을 들여놓는 아버지. 달동네일 것이다. 그러나 본질에 다가가 보면 “따뜻함”과 “뜨거운 사람”을 발견할 수 있다. 이렇듯이 하나의 현상을 단순히 읽을 것이 아니라 그 속에 숨어있는 의미를 발견해내야 한다. 그 일이 일어나게 된 맥락을 파악해야 하는 것이다. 그러기 위해서는 숨죽이고 있는 감성을 살짝 건드려야 한다. 감성과 손을 잡아야 당신의 말이 소비자의 가슴속으로 파고들 수가 있다.

예를 들면, 아기가 울면, “아휴 시끄러워! 재가 왜 저래?”에서 그치면 안 된다. 아기의 울음의 의미를 생각해야 한다. 아기의 울음의 본질은 그 아기가 표현하고자 하는 그 무엇이다. 그러니 “무언가 할 말이 있지 않을까?” 하면서 가만히 귀를 기울이고 들여다봐야 한다. 그러면 아기가 우는 이유를 알게 된다.

아리스토텔레스는 “현상은 복잡하지만 본질은 단순하다”고 말했다. 저 멀리 석양이 지는 것을 보면서 “석양이 아름답다”라고 하는 데서 그치면 그 이상의 발전이란 없다. 한 번 더 생각해봄으로써 새로운 의미를 끄집어내야 한다. 그러면 “오늘 하루도 온몸을 태워서 마무리하는구나. 마지막 불꽃은 가슴을 뜨겁게 하지” 같은 표현을 찾을 수 있다. 석양과 일출의 풍경을 서로 연결시킴으로써 “시작도 끝도 온몸을 태워서 마무리하는구나”라는 의미로 발전시킬 수 있다.[22] 즉, 이렇게 가슴속의 생각을 끄집어냄으로써 석양의 본질과 맥락을 발견한 것이다. 그래서 본질을 이야기하면 사람들은 공감해주면서 동시에 “새롭다!”는 반응을 보인다.

제품을 산다는 것의 본질은 ‘그 제품을 통해서 얻고 싶은 그 무엇’이다. 그 무엇은 대부분 해당 제품의 기능이라기보다 감성적 부분인 경우가 많다. 머리에서 가슴까지 가는 길이 가장 멀다고 하지 않던가. 소비자가 마음으로 받아들이게 하는 데는 시간이 그만큼 많이 걸린다는 의미이기도 하다. 그러나 당신에게 숨겨져있는 감성의 시각으로 바라본다면 의외로 본질에 다가가기가 쉬울 수도 있다. 오리온 초코파이의 마케터들은 "맛있는 과자가 아니라 '정情'을 나눈다"는 감성의 시각을 발견하지 않았는가.

사람들이 똑같은 경험을 쌓았더라도 그것을 각자가 어떻게 받아들이는가에 따라 그 가치와 의미, 영향력이 크게 달라진다. 우리가 하는 경험은 '사실과 인식'이 한 세트를 이루고 있기 때문이다. 즉, 어떤 사실이나 경험은 그것을 받아들이거나 겪은 사람 자신의 인식이라는 필터를 거쳐 이해되고 해석된다. 그러니까 분석적인 시각으로 인식을 하는가, 혹은 전체론적 시각으로 인식을 하는가에 따라 받아들이는 방식도 달라지는 것이다.

예를 들면, 의사가 환자의 병이 발생한 구체적 원인을 찾고, 그 부위를 국소적으로 치료하는 서양의학적 관점의 치료 방법을 떠올려보자. 그리고 환자의 온몸이 약한 상태에서 어느 한 부분에서 발병한 것으로 생각하고 온몸의 치유력을 높이거나 균형을 잡음으로써 병을 치료하는 동양의학적 관점도 떠올려보자. 현상을 본다는 것은 부분 부분이 보이는 것이라면, 본질을 본다는 것은 전체를 보는 것에 가깝다. 그래서 가장 좋은 방법은 최근의 트렌드인 한의학과 양의학의 통합처방처럼 전체를 꿰뚫어서 제품과 소비자와 사회가 만나는 접점에서 생각하는 방법, 곧 본질에 다가가는 방법인 것이다.

카셰어링 회사인 집카zipcar의 가장 큰 경쟁자는 누구라고 생각하는가? 렌터카 업체? 대리운전기사? 아니다. 가장 큰 경쟁자는 '차를 소유한다는 통념'이다. "차는 '이동의 수단'일 뿐이다"라는 본질로 보니까 "차를 소유할 필요가 없네…"라는 새로운 맥락을 찾아낼 수 있는 것이다. 본질에 다가가 그 지점에서 출발하면 새로운 관점들이 눈에 보이기 시작한다. 카셰어링의 소비자들에 대한 시각도 '내 차를 더럽힐 잠재적 문제아'에서 오히려 '내 사업의 협력자'로 바뀔 수 있다. 그래서 내 차가 아닌 '우리 차'라는 개념의 집카가 탄생할 수 있었던 것이다.

관리비도 많이 들고 주거 환경이 뛰어나지도 않은데 타워펠리스가 비싼 이유는, 집 대신 사람으로 시각을 바꿔보면 쉽게 알 수 있다. 바로 커뮤니티 때문이다. 누가 내 이웃이 되느냐 또한 중요한 주거 조건인 것이다.

팩트fact가 본질이 아니다. 왜 사용하는가? 왜 좋아하는가? 그렇게 '왜?'를 반복해야 본질이 보인다. 어차피 이 세상에 '새로움'이란 없다. 다만 새로운 해석 방법만이 있다. 감성의 시각으로 새롭게 해석해보는 것이 그것이다.

삼성래미안의 "집으로 간다"라는 캠페인은 우리가 늘 쓰는 말에서 감성적인 그 무엇을 발견한 사례다. 좋은 친구는 집에 데려가고 싶다는 그 '마음'을 발견한 것이다

4) 맥락적으로 사고하기

이 세상은 관계와 관계로 이루어져있다. 하긴 왜 우리가 '인간人間'이 겠는가? 그래서 관계를 알아야 하고, 이와 연관해서 생겨나는 의미가 곧 맥락(Context)인 것이다.

사물 그 자체에는 의미가 없다. 관계가 생기는 그 순간부터 의미가 생겨나고, 상황에 따라 그 의미가 변한다. 의미 없던 일도 나와 관련되는 순간에 가장 의미 있는 일이 된다. 하늘의 수많은 별들도 나와 관계를 맺으면 그때부터 의미 있는 별이 된다.

마케팅 광고는 곧 의미를 찾는 일이다. 의미 찾기 연습이 곧 아이디어 생각해내기의 핵심인 것이다. 의미는 맥락이고, 그것은 관계에서 생겨난다. 서로 만난 적 없던 사물과 사물, 단어와 단어, 의미와 의미를 만나게 하는 것이 광고이고 크리에이티브인 것이다. 즉, 이렇게 해서 새로운 관계가 만들어질 때 새로운 의미도 만들어진다, 또한 아이디어의 맥락을 (상황이 다르게끔) 살짝 바꿔보면 또 다른 아이디어가 만들어진다. 즉, 크리에이티브는 이렇듯 '맥락'의 힘을 활용하는 것이기도 하다.

마케팅 광고 전략 전문가인 리사 포르티니 캠벨 교수는 "성공적인 광고 효과(Break through)는 광고주의 광고메시지가 수많은 경쟁사 측 광고메시지들과의 경쟁을 뚫었을 때 일어나는 것이 아니라, 소비자가 무언가 자신과 관계되거나 의미가 있기 때문에 메시지에 주목할 때 일어난다"고 했다. 그 무엇은 소비자가 믿거나 믿고 싶어하는 것, 또는 더 알고 싶어하는 것이다. 그래서 소비자를 설득하기 위해서는 "자신이 이미 알고 있는 사실을 이용하는 것이다(value associated)."

시장을 보는 눈, 소비자를 보는 눈이란 '이미 알고 있는 것에서 새로운 관계를 통해 새로운 의미를 발견하는 것'이다. 이것이 객관화된 사실에서 직관을 통해 어떤 영감을 발견하는 방법이기도 하다. 때로는 아무것도 아닌 발견이 최고의 통찰력의 결과물이 되기도 한다. 이미 알고 있다고 생각했던 것이지만 맥락(관계)의 변화에 의해 전혀 새로운 의미가 만들어졌기 때문이다. 예를 들면, 장난감자동차 브랜드인 핫휠스는 도로를 내려다보며 즐거워하는 어린이의 사진을 옥외광고매체로 설치하는 새로운 맥락으로, 실제 도로 위의 자동차가 장난감으로 바뀌는 새로운 의미를 만들었다 (《그림 11》 참조).

생활에서는 이른바 'IQ'라고 불라는 아카데미지능보다 실용지능이 중요하다고 한다.《성공지능》의 저자 로버트 스텐버그 교수는 이런 실용지능을 '성공지능(SQ)'이라고 불렀다. 예를 들면, 두 사람이 숲속에서 갑자기 곰을 만났을 때 살기 위한 방법을 찾기 위해 머리로 분석한다면 그 순간 이미 늦어버린다. 이럴 때에는 분석이 아닌 순간적 결정, 즉

그림 11. 핫 휠스 OOH 광고

"곰보다 빠르면 산다"는 실용적 시각으로 봐야 한다는 것이다. 이를 위해서는 나를 알고 주위도 아는 실용능력이 필요하다. 그러니까 '맥락적(Context) 사고'를 하는 것이다.

맥락적 사고란 메시지가 전달되는 주변 환경과 상대방의 상황을 고려하여 메시지의 내용과 형식을 재구성함으로써 전달력을 제고하는 것이다. 동일한 메시지라도 언제 그리고 어떤 장소에 전달되는가에 따라 가치와 내용이 아주 다르게 해석된다. 상대방이 처한 상황에 자연스럽게 어울리는 메시지를 제시하면 단순한 정보 전달을 넘어 기억에 남을 만한 감동을 만들 수 있다.

이를 위해서는 창의성. 공감능력. 배려. 인간관계, 함께 해결하는 자세 등이 서로 연결되어야 한다. 또한 그것을 실행해봄으로써 체득해야 한다. 직접 경험을 해봐야 비로소 축적되기 때문이다. 즉, 공모전이나 인턴 경험을 하면서 이론을 실제에 적용하고 시행착오를 경험하면서 서서히 생겨나는 것이라고 할 수 있기 때문인 것이다.

폭스바겐이 미국 시장에 처음 진출하며 펼쳤던 '씽크스몰Think-Small'이라는 캠페인도 그 당시 큰 차를 선호하던 미국사회의 트렌드에 대한 맥락적 사고에서 탄생한 광고였다(《그림 12》 참조).

인도네시아의 비영리단체 크루하KRUHA는 식수 부족으로 오염된 물을 마셔야 했던 어린이가 사망하는 현실을 알리기 위하여 공중화장실의 세면대에서 물을 사용하는 상황(세면대가 물에 젖으면 애처롭게 물을 마시는 어린이 사진이 나타남)과 연계시킴으로써 많은 사람들의 시선을 끄는 데 성공했다(《그림 13》 참조).

그림 12. 폭스바겐 미국
시장 런칭 광고

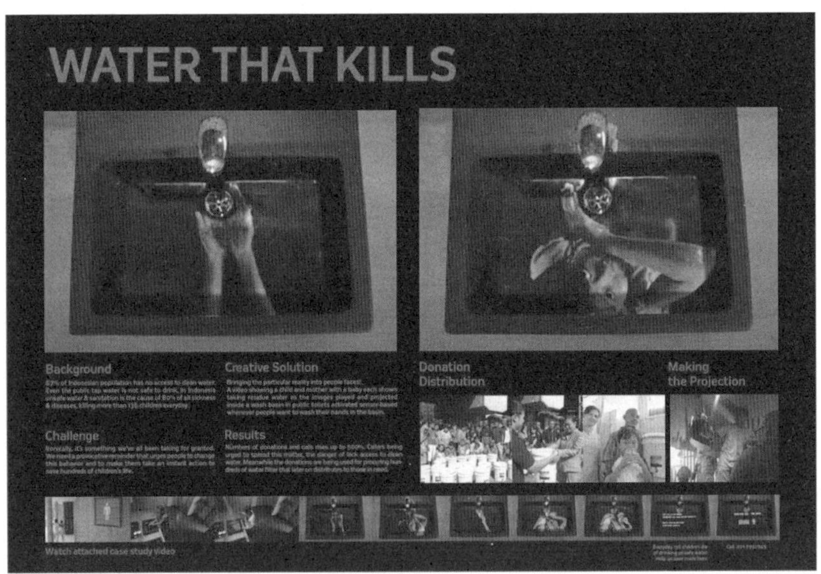

그림 13. 크루하KRUHA의 물 절약 공익캠페인

제품의 의미는 맥락에 따라 달라지기도 한다. 에어컨의 경우 냉방기기이지만 인테리어의 소품이 되기도 한다. 이렇듯 T.P.O.(Time, Place, Occasion)에 따라 제품의 의미가 다양하게 바뀌는 것이다.

'소비'라는 맥락에서 제품의 존재가 바뀌기도 한다. 방향제인 페브리즈는 냄새제거제로 출시되었지만, 시장에서 기대만큼의 판매가 이루어지지 않았다. 소비자들을 조사해보니 자기 집에 악취가 있다는 것을 인정하기 싫어한다는 것과, "어? 냄새가 없어졌네!" 같은 마음으로는 방향제를 구매하겠다는 충동이 일어나지 않았던 것이다. 아울러 '신호 – 반복행동 – 보상 – 습관'이라는 회전고리가 형성되어야 방향제의 구매도 이루어지는데, 청소했다는 것을 증명할 수 있는 그 무엇(보상), 예를 들면 "청소를 했더니 좋은 향기가 난다" 같은 생각이 들지 않아서라는 점도 파악했다. 그래서 페브리즈의 콘셉트를 냄새제거제에서 클린라이프를 위한 방향제로 바꿈으로써 성공적인 브랜드로 재탄생할 수 있었던 것이다.

2. 소비자의 마음을 읽는다 – 분석과 통찰

1) 소비자에 대해서 다시 생각해본다

소비자는 다양하다. 인구통계학적으로 같은 20대의 같은 아파트에 사는 사람일지라도 심리분석적인 면 또는 라이프스타일 면에서 보면 전혀 다른 소비자로 분류될 수 있다. A는 음악을 좋아하고 내성적이라면, B는 스포츠를 좋아하는 외향적인 사람으로 나뉠 수 있다. 또한 A는 스마트폰으로 뉴스와 웹툰과 드라마를 보지만, B는 라디오와 스포츠기사를 좋아하고, 전문지를 구입해본다. 이렇듯 서로 다른 매체 접촉 행태를 보일 수 있다.

여기 몇백 원의 차이도 목숨 걸고 따지는 소비자가 있고, 몇십만 원의 차이도 신경 쓰지 않는 소비자도 있다. 그런데 중요한 것은 이 두 종류의 소비자가 사실은 한 사람일 수 있다는 것이다. 즉, 가격에 매우 민감한 사람도 상황에 따라서 가격은 전혀 고려하지 않고 상품의 질 또는

격을 중시하기도 한다.

소비자는 1인격이면서도 복수의 단면을 가지고 있다. 지금까지는 공통의 단면을 가진 복수의 사람으로 묶는 것이 소비자 분류 방법의 주류였으나, 이제는 한 사람이 다양한 개성을 지니는 상황, 즉 복수의 생활 단면으로부터 시장 니즈를 발견하는 시각도 필요하다. 이것이 곧 생활 속(life scene) 발상이다.

같은 소비자라도 어제와 오늘의 모습이 다를 수 있다. 소비자들의 이중적인 욕구를 발견할 수 있어야 한다. 소비자의 변화에 민감하게 대응해야만 올바른 기획을 할 수 있다. 또한 조사에서 본인은 "열성적인 가정주부 중 한 명입니다"라고 답했지만 실제로는 집안일보다 바깥일에 더 바쁜, 생각과 실제가 전혀 다른 경우도 점점 늘고 있음을 알 수 있다. 사람들은 다양한 일을 한꺼번에 하고 있으면서도 단순성을 추구한다. '다면적'인 삶을 살고 있는 셈이다. 마케터/광고인은 이렇게 모순된 현대인의 삶을 파악해야 한다.

그런데 문제는 소비자 스스로도 자신에 대해 모르는 부분이 너무 많다는 사실이다. 그렇기에 마케터/광고인은 소비자들에 대한 조사와 분석을 심층적으로 해야 한다. 그래야 구체적인 타깃 설정도 가능해지기 때문이다. 이를 위해 소비자들에 대한 다양한 심리 분석뿐만 아니라, 구매행동의 과정, 소비자행동에 영향을 미치는 요인들에 대한 분석까지 해야 한다. 이를 위한 요건은 다음과 같다.

① 소비자의 입장이 되어본다. 제품은 소비자들이 가지고 있는 문제를 해결해주기 위해 만들어진다. 소비자들의 다양한 심리를 모른

다면 문제해결은 불가능하다.

② 소비자의 구매행동 과정이 어떻게 이루어지는지를 파악해야 한
다. 제품의 카테고리에 따라, 구매 상황에 따라 소비행동이 달라
지기 때문에 이에 따른 구매 과정에 대한 이해가 필요하다. 일반
적으로 구매 과정은 '문제를 인식-정보의 탐색-대안의 평가-구
매-평가'라는 단계를 거쳐 이루어지지만, '평가-구매-정보의 탐
색' 같은 역순으로 이루어지기도 하고, '느낌-구매'라는 전혀 다른
구매 과정이 일어나기도 한다. 그러니 소비자의 특성에 따른 구매
행동의 변화를 읽을 수 있어야 한다.

③ 소비자들의 행동에 영향을 미치는 요인들, 즉 경제적 수준, 문화
적 공감, 가족의 영향, 준거집단, 라이프사이클, 소비자 자신의 동
기(예를 들면 에이브러햄 매슬로우의 욕구 5단계 — 생리적 요인, 안전, 사회
에서의 소속, 존경하는 대상, 자아실현 — 의 영향), 사회적 트렌드 등에
대한 분석 또한 중요하다.

다시 강조하는 바, 소비자는 실로 다양한 모습을 가지고 있으며, 지
금 이 순간에도 끊임없이 변화를 계속하고 있다. 그만큼 소비자들에 대
한 이해는 어렵고도 어렵다. 그래서 소비자들에 대한 이해는 곧 성공적
인 광고 전략을 약속하는 알파(시작)요 오메가(끝)인 것이다.

2) '고객의 문제'로 바꿔서 본다

광고주의 문제에 대하여 광고주 자신도 정확한 것을 모르는 경우가 있다. 오히려 "등잔 밑이 어둡다"는 말처럼 가까이 있기 때문에 더 모를 수도 있다. 물론 모든 걸 알고 있다면 그것은 이미 문제가 아닌 것이다. 그러니 마케터/광고인은 보이지 않는 곳에 있는 더 큰 문제를 볼 수 있어야 한다.

고객(광고주)의 문제를 찾으려면 '광고주의 문제'로 접근하기보다 '고객의 문제'로 바꿔서 접근해야 한다. 고객의 문제를 해결하기 위해서는 기업의 시각과 고객의 시각이 만나는 접점에서의 문제가 무엇인가를 살펴야 한다.

사무실에 앉아서 하는 몇 가지 조사의 결과만으로는 소비자들의 마음을 읽을 수 없다. 소비자들을 알기 위해서는 우선 마케터/광고인 자신부터 관찰할 수 있어야 한다. 그래야 다른 사람인 소비자들의 사소한 행동들에도 더 깊은 관심을 갖게 되고, 행위나 동기, 감정 등을 제대로 관찰하고 해석할 수 있게 되기 때문이다.

사람들의 사고와 행동에서 작고 미묘한 것들을 발견하고, 그것을 통해 그 사람들과 연결될 수 있는 효과적인 방법을 발견하기 위해서는 먼저, 평상시처럼 제품을 사용할 때 마케터/광고인 자신은 어떻게 느끼고, 무엇을 생각하는지, 그러니까 자신의 행동에 대해 주의 깊게 관찰해야 한다. 예를 들면, 캔커피를 사서 마신다고 하자.

a. 커피가 진열된 코너에서 제일 먼저 눈에 띈 것은 무엇인가?

b. 왜 이 제품을 집었는가? 패키지 때문인가? 아니면?

c. 손에 쥔 느낌은?

d. 입에서 느낀 감촉은?

e. 마시기 전에 입안에서 느껴지는 맛이나 향이 어땠는가?

f. 어떻게 마셨는가? 향을 즐기면서 조금씩 마셨는가?

g. 다른 것을 먹으면서 마셨는가? 커피만 마셨는가?

h. 별 생각 없이 마셨는가? 아니면 음미하며 마셨는가?

i. 다른 브랜드의 캔커피와는 무엇이 달랐는가?

j. 마시면서 가장 특별했던 기억은?

등등을 체크하면서 느꼈던 생각들을 정리해보는 것이다. 이렇게 정리된 자료들을 보면서 다음 사항들을 확인한다.

a. 새롭게 발견된 흥미로운 점들이 있는가?

b. 이전에는 전혀 관심을 갖지 못했던 것이 있는가?

자, 이제 나를 살폈던 시선을 다른 사람들로 옮겨서, 특히 타깃(소비자)이라고 생각하는 사람들의 행동을 관찰해보는 것이다, 소비자의 눈으로 세상을 보는 이유는 소비자의 행동에 대해 보다 객관적이고 정확한 관점에서 이해할 수 있게 되기 때문이다. 이러한 과정을 활용하면 소비자들의 행동을 폭넓게 이해하는 동시에 소비자들을 위한 구체적인 혜택을 집약시킬 수 있다.

하지만 자료 분석의 결과만으로 소비자들을 진정으로 이해했다고는 할 수 없다. 결정적인 인사이트Insight를 찾아내려면 다음과 같은 과정을 거쳐 더 깊게 파헤쳐야 한다.

a. 통계적 사실에서→가정(assumption)의 세계로
b. 분명한 사실에서→미묘한 함축으로
c. 확실한 양적 자료에서→불확실하고 질적인 직감과 판단으로

관점을 움직여서 정보의 또 다른 의미를 발견해야 한다. 즉, 창의적인 해석을 수반해야 한다. 그 다음에는 수많은 정보들 속에서 일정한 유형들을 파악해본다. 그리고 파악한 유형들이 올바른 것인지 다음과 같이 끊임없이 되묻고 확인해보아야 한다.

a. 왜 사람들은 그렇게 행동할까?
b. 왜 그렇게 느낄까?
c. 다음에 그들은 무엇을 하고 싶어할까?

라는 질문으로 행동의 유형들을 정리해보면 해결을 위한 실마리가 어렴풋이 보이기 시작한다. 그러나 경쟁사도 이미 웬만한 정보는 다 가지고 있고, 객관적 사실은 누구나 다 알고 있다는 것을 명심해야 한다. 그러니 성공과 실패는 상황을 더 깊이 더 확실하게 이해하느냐로 결정되는 것이다.[23]

이렇게 관찰로 발견되는 소비자들의 경험은 종종 새로운 광고아이디어로 발전된다. 미국의 오레오Oreo 쿠키는 아이들이 먹는 모습을 그대

로 광고아이디어로 활용했다. 먼저 가운데의 하얀 크림을 먹고 나중에 초콜릿 과자를 먹는 아이들의 행동을 오레오만의 독특한 차별점으로 만든 것이다.

때로는 너무 분명한 인사이트인데도 모두들 그냥 스쳐 지나친 경우도 있다. 그래서 놀라운 인사이트는 단순하고 명확하다고 잭 트라우트와 알 리스는 《포지셔닝》에서 언급했다. 놀라운 인사이트는 사람들의 생각에 영향을 미치는 것이어야 하며, 이는 영감(inspiration)의 영역이라고 말할 수 있다.

잭 트라우트와 알 리스는 소비자들의 마음이 보여주는 단서들이 무엇이며, 또한 그것은 무엇을 의미하는지를 파악하는 방법도 《포지셔닝》에서 소개하고 있다. 즉, 사람을 직접 만나지 않고도 그 사람이 생활하는 장소나 소지품을 보는 것만으로도 그 사람에 대해 알 수 있다는 스누핑snooping의 개념을 제시한 것이다. 즉, 타깃으로 하는 소비자들의 대화 속에 이미 훌륭한 카피가 다 들어있다는 것이다.

예를 들면, 사람들은 더러운 걸 싫어하기 때문에 세제를 원한다. 그러니 세제를 만드는 사람은 더러운 것에 대하여 잘 명심해야 한다. 그렇다면 세제를 만드는 사람은 더러움을 더욱 가까이해야 하지 않을까? 그래서 독일의 세제 회사 퍼실Persil은 '더러운 건 좋은 것'이라는 헤드라인의 광고를 만들었다.

아이들에게 손 씻기를 유도하려면 "손을 씻어야 병에 안 걸린다"는 공자님 같은 말씀을 하기보다는, "세균이 몸에 들어가서 아프면 네가 좋아하는 자전거를 못 탄다"라고 말해주는 것이 더욱 효과적이다. 이렇듯 소비자에 따라서는 손 씻기의 필요성을 설득하기보다는 자연스럽게 비누와 가까워지게 하는 것이 필요할 수도 있다. 그래서 아프리카의 전염병 예방을 위한 손 씻기 관련 캠페인에서는 비누 속에 캐릭터를 집어넣어 자연스럽게 손 씻기를 유도하는 전략을 썼다.

3. 인사이트 발견하기

1) 분석 과정에 답이 있다

상황 분석이란 "어디로 가야 하는가? 혹은 어디로 갈 수 있는가?"라는 질문에 대하여 답을 얻기 위한 과정이다. 그리고 가고자 하는 그곳에 도달하기 위해서 광고가 어떤 몫을 해야 하는가를 밝히기 위한 탐색 과정이기도 하다. 더 단순하게 말하면 광고 목표를 찾아내기 위해 상황 분석을 하는 것이다. 그러나 상황 분석 이전에 더 중요한 것은 정보의 수집이다.

① 정보의 수집과 행동 관찰

인간은 합리적인 존재일까, 불합리한 존재일까? 우리들은 자신에 대해 얼마나 알고 있을까? 사회에 대해서는 얼마나 알고 있을까? 정보의 양과 질이 높을수록 좋은 아이디어를 찾을 가능성도 커진다. 물론 손쉽게 얻을 수 있는 자료들은 이미 그 가치가 높지 않은 자료일 가능성도 크다. 실제로 현장에서 얻을 수 있는 생생한 자료들이 필요한 이유다.

특히 소비자들에 대한 자료 수집에는 한계가 있다. 조사를 통해서 발견할 수 있는 사실은 20% 정도가 채 안된다고 한다. 나머지 80%는 조사를 통해서도 발견되지 않고, 소비자들 스스로도 모르고 있는 부분이기도 하다. 그래서 소비자들의 잠재의식을 파악하기 위한 조사 기법들이 속속 개발되고 있다.

소비자들이 왜 그런 행동을 했는지에 대해 계속 "왜? 왜?"라는 질문을 함으로써 근본적인 이유를 찾아내는 래더링Laddering 기법 등 일반적인 인터뷰에서는 잘 이야기하지 않는 속마음을 털어놓게 하기 위해 다양한 조사 기법이 시도되고 있다. 실제로 TV를 보면서 편히 쉬고 있는 거실에서 이야기를 듣는 경우도 있고, 친구들끼리 자신들의 방과 비슷한 분위기의 공간에서 이야기를 나누도록 하게도 한다. 이렇게 인터뷰의 방법이나 질문지를 개선함으로써 소비자들의 생각을 생생하게 파악해내야 한다.

그럼 소비자들의 행동을 파악할 수 있는 실질적인 방법을 살펴보자.

첫 번째 방법은 과거의 행동에 관한 정보를 수집하는 것이다. 이 방법은 인터뷰 대상자의 기억력 및 정확도에 의존한다. 이 방법에서 가장 중요한 것은 인터뷰 대상자가 과거의 기억을 잘 떠올릴 수 있도록 시각을 비롯한 감각 단서를 활용하는 것이다.

최근의 사례로 제트블루JetBlue 사에서 실시한 조사를 살펴보자. 제트블루는 여덟 개 도시에 실제로 자사 여객기의 내부와 똑같이 만든 '이야기 부스'를 설치하고, 고객들의 제트블루 여객기 이용 경험을 수집했다. 이 이야기 부스는 여객기의 좌석, 머리 위의 수납칸, 좌석 테이블, TV, 기내식 등을 그대로 재현함으로써 마치 인터뷰 대상자가 실제로 비행기를 탄 것 같은 기분이 들게 하여 과거의 기억을 떠올리도록 했다. 심지어 승무원들이 직접 고객의 이야기 경험을 유도하는 역할을 맡기도 했다. 이렇게 하는 이유는 일반적으로 시각을 비롯한 감각 단서로 자극할수록 인터뷰 대상자가 더욱 정확하고 생생하게 과거의 행동을 떠올릴 수 있기 때문이다.

두 번째 방법은 최근 행동에 대한 정보를 수집하는 방법이다. 이 방법 역시 인터뷰 대상자의 기억에 의존하지만, 단기 기억이 주를 이룬다. 예를 들면, 제트블루의 경우, 기내 좌석에 엽서를 배치하고, 승객들이 비행 경험을 적도록 유도하고 있다. 이와 함께 비행 후에 이메일이나 엽서를 보내 비행 경험을 들려줄 것을 부탁하기도 한다. 이런 방법은 아직 기억이 생생할 때 정보를 수집하기 위해서 사용된다.

세 번째 방법은 캘린더 일기(Calenda Diary)를 쓰게 하는 방법이다. 한 시간 단위로 짠 달력을 나눠주고, 매 시간마다 무슨 활동을 했는지 그리고 그 활동을 하면서 무슨 생각을 했는지 적도록 하는 것이다. 종종 소비자가 쓴 일기를 보면, 말로 설명한 자신의 모습이나 가치와는 상반되는 행동들을 한 경우가 관찰되곤 한다. 이러한 새로운 정보로 소비자들이 살아가는 모습과 충성하는 브랜드에 대한 행동을 더욱 깊이 파악할 수 있다.

네 번째 방법은 가장 정교한 방법으로, 바로 현재의 행동에 대한 정보를 수집하는 것이다. 예를 들면, 토요일에 자동차 매장을 찾은 한 부부를 따라다니며 관찰을 한다든가, 한 무리의 주부들이 도시를 돌며 잡다한 일을 처리하는 여정에 동행하며 관찰하는 방법이 그것이다. 이러한 방법에서는 관찰 대상자가 행동을 하는 순간에 기록을 하는 것이 중요하다. 이는 그들의 기억에 의존하지 않기 위해서이다.

이렇게 과거 기억, 일기 쓰기, 또는 최근의 행동 등을 관찰하다 보면 관찰 대상자의 말과 행동이 서로 다르다는 것을 확인할 수 있을 것이다. 이렇듯 고객이 앞으로 어떤 행동을 하는지 알고 싶다면, 의견을 묻는 대신 직접 그들의 행동을 관찰하는 것이 가장 좋은 방법이라는 것도 기억할 필요가 있다.

이렇게 행동을 관찰하는 것은 소비자의 행동(구매나 사용)에는 이유가 있고, 또한 행동은 어떤 결과로 이어지기 때문이다. 즉, 소비자는 구매나 사용 같은 행동으로 바람직한 결과를 창출하고자 한다는 사실이다. 여기서 '바람직한 결과'는 당연히 소비자 자신의 가치에 따라 평가된 것이다. 예를 들면, 콜라를 마셨을 때의 시원함은 음료수의 가치가 목마름의 해소에 있다고 보는 사람에게는 바람직한 결과다. 반면에 음료수의 가치가 다이어트에 있다고 보는 사람에게는 바람직하지 않은 결과가 될 수 있다.

한편, 하나의 행동이 만들어내는 결과 가운데에서 어떤 것이 가장 중요한 것인가에 대해서는 맥락(상황) 요인을 살펴볼 필요가 있다. 동일한 사람이 같은 행동을 하더라도 상황에 따라서 다른 평가를 할 수 있기 때문이다. 평소에는 건강을 위해서 디저트를 먹지 않는 사람이 연인이 만들어준 케이크라면 먹는 경우가 그것이다. 이 상황에서는 건강보다는 자신이 연인에게 받아들여지는 것이 더 중요하다고 판단했기 때문이다.

② 속성-혜택-가치 분석

제품·서비스 등의 선택이 어떻게 타깃(소비자)을 만족시키는가를 설명하려는 모델이 수단-목적 연쇄 모델(Means-end chain model)이다. 이 모델로는 제품의 속성과 그 속성에 의해 얻어진 결과, 그리고 그 결과와 연관된 개인의 가치를 파악할 수 있다.

이 과정에서도 타깃이 지닌 '제품의 속성-결과-가치'에 관한 지각의 연쇄 상태를 추적하기 위하여 "왜 그렇게 생각하는가?"라는 질문을 계속 해나가는 래더링 기법을 활용한다. 그럼, 세탁용 세제를 예로 들어보자. 소비자들이 세척력을 세제의 가장 중요한 속성으로 생각하고 있다면, 그 이유를 계속 질문해보는 것이다.

a. 왜 세척력이 중요한가? - 가사노동(세탁시간)이 줄어들기 때문에,

b. 왜 시간 절약이 중요한가? - 가족을 더 많이 사랑하고 배려해줄 수 있기 때문에

c. 왜 가족에 대한 배려가 중요한가? - 좋은 아내, 엄마, 주부라는 자기만족 때문에

이와 같이 소비자가 특정 제품을 구매하는 이유와 그 제품이 주는 의미를 분석해보면, 나만의 브랜드 차별점을 발견할 수 있다. '세척력-가사노동이 줄어듦-시간 절약-가족에 대한 사랑과 배려-자기만족'으로 이어지는 가치 분석, 즉 개별 응답자에게서 확보한 결과를 종합하여 전체 응답자들의 지각 경향을 나타내는 계층적 가치지도를 만들 수 있는 것이다.

이는 하위 수준에서는 '어떤 수단을 통해서', 상위 수준에서는 '어떤 목적 때문에'라는 '행동'의 관계를 파악할 수 있게 해준다. 이 과정에서 제품의 어떤 속성을 변화시키면 가치는 어떤 영향을 받을까를 예측할 수 있고, 가치에 의한 결과나 제품 속성의 평가까지 포함시킨 시장세분화와 포지셔닝 전략 수립도 할 수 있다.

③ SWOT 분석

소비자뿐만 아니라 제품, 경쟁사, 시장, 사회 환경 등에 대한 분석결과를 정리한 것이다. 내부 환경에서 강점(Strength)과 약점(Weakness) 요인을 발견하고, 외부 환경에서 기회(Opportunity)와 위협(Threat) 요인을 찾아낸다.

분석을 할 때는 일반적인 자료를 나열할 것이 아니라 경쟁자의 관점에서 구체적이고 특기할 만한 사항들을 발견해야 하며, 이를 실질적 전략에 활용할 수 있도록 작성해야 한다. SWOT 분석은 광고의 전략과 콘셉트를 추출하는 데 많이 활용되는 방법으로, 기업 내부의 강점과 약점을 기업 외부의 기회 및 위협과 서로 대응시켜 전략의 대안을 찾는 방법이기도 하다.

a. 강점·기회 전략 – 시장에서의 기회를 활용하여 강점을 적극 활용하는 방안을 모색한다.

b. 강점·위협 전략 – 시장에서의의 위협을 회피하면서 강점을 살릴 수 있는 방안을 찾는다.

c. 약점·기회 전략 – 약점을 극복하거나 제거함으로써 시장에서의 기

회를 극대화한다.

  d. 약점·위협 전략 – 시장에서의 위협을 회피하고 내부의 약점을 최
     소화하는 전략을 마련한다.

2) 숨은 의미 발견이 곧 '인사이트'

소비자들의 마음을 읽는 것은 관찰에서 출발한다.

중저가 이미지의 도요타자동차는 미국 럭셔리세단 시장에 진출하기 위하여 시장조사를 실시했지만, 미국 상류층의 숨겨진 니즈를 파악하기가 쉽지 않았다. 그래서 도요타자동차는 20여 명의 직원들에게 1년간 유급휴가를 주어 미국 상류층의 문화를 경험하고 즐기면서 관찰하도록 했다. 1년간 관찰한 결과 이들은 혁신적인 기술도, 화려한 디자인도 아닌 '안락함'과 '정숙함'이 럭셔리세단의 본질임을 발견했다. 피상적인 정보가 아니라 관찰로 현상의 본질을 꿰뚫어 맥락 속의 의미를 발견한 것이다. 그렇게 탄생한 차가 '렉서스'였다.

덴마크의 블록Brick 장난감 회사인 레고는 "아이들이 어떤 장난감을 좋아할까?"가 아니라 "아이들에게 놀이란 무엇인가?" 같은 본질적인 질문을 던졌다. 그러면서 아이들의 삶에 들어가 깊이 관찰해보았다. 이렇게 해보니 관점이 달라지고 영업 부진을 해결할 방안도 나왔다. 아이들은 일시적이고 편안한 재미도 좋아하지만, 오랜 시간 공을 들이는 과정에서 성취감을 느끼는 데 더 열광한다는 사실을 발견한 것이다. 그래서 레고는 다시 블록 장난감이라는 개념으로 돌아가 더 복잡하고 어렵지

만 완성의 기쁨을 제공하는 제품을 내놓았다.

관찰을 하면 누구나 볼 수는 있지만 누구나 발견할 수는 없는 것을 발견할 수 있다. 자신만의 관점으로 사물을, 세상을 재해석하고 정의할 수 있는 것이다. 고객이 원하는 것을 찾으려면 고객을 만나지 않고서 데이터로만 고객을 파악하려는 우를 범해서는 안 된다. 관찰은 고객의 입장에서 생각하고 바라보는 것에서 시작된다. 마케터/광고인의 관점에서 특정 상품 구매의 합리적인 이유를 찾기보다, 인문학적 관점에서 고객이 그 제품을 구매하는 이유와 사용하려는 이유, 그리고 그 제품의 가치 등을 사회적 맥락으로 살펴보는 것이 관찰인 것이다.

데이터의 겉만 가공해 쓰기 쉽게 만든 것이 정보라면, 정보의 속을 탐색해 숨은 뜻을 찾아내는 것이 지식이다. 지식은 정보의 표면에 드러나는 것이 아니라 이면에 숨어있기 마련이다. 정보가 늘어난다고 해서 지식도 '저절로' 늘어나는 것은 아니라는 것이다. 따라서 정보라는 광산에서 지식이라는 광맥을 찾아내기 위해서는 직관적 통찰력과 기술적 전문성이 필요하다.

조사를 통해서도 찾을 수 없는 복잡한 문제의 해답을 찾기 위해서는 인사이트, 즉 전체를 아우를 수 있는 시각인 '통찰력'이 필요하다. 이를 통해 제품·소비자 분석, 그리고 사회라는 트렌드의 분석결과가 서로 만나는 접점을 찾아내고, 그 접점에서 만들어지는 새로운 의미를 발견해내야 한다.

1995년 이후에 태어난 19세 미만의 청소년들인 Z세대는 박수를 치지 않는다고 한다. 그 이유는 스마트폰으로 촬영하는 것이 먼저이기 때문이다. 이렇듯 소비자들은 계속 변한다. 그에 따라 소비자들의 마음을 읽는 것이 점점 더 어려워지고 있다. 미디어가, 사회가, 소비자가 서로 연결되고 매개될수록 점점 더 어려워질 것이다.

마케팅 심리학자 어니스트 디히터는 소비자가 제품·서비스를 구매할 때 그 속에 숨어있는 특별한 동기와 의미를 추구한다는 것을 밝혔다. 예를 들면, 보험 관련 캠페인을 벌일 때 이러한 캠페인의 동기나 의미가 성공 여부를 좌우한다는 것이다.

일반적인 보험 권유 캠페인을 떠올려보라. "당신이 갑자기 죽더라도 당신 가족은 불편 없이 잘 지낼 수 있습니다"라는 메시지를 던진다. 그러나 그 속에는 '영원히 살고 싶은 나 자신'이 빠져있다. 가족도 좋지만 거기에는 '나'도 들어가야 하는 것이다. 즉 "당신이 갑자기 죽더라도 당신은 당신 가족의 경제권을 계속 행사할 수 있습니다"라고 말해야 효과가 크다는 것이다. 장기 기증 관련 캠페인의 일반적인 메시지인 "당신의 장기로 여러 사람의 새로운 생명이 태어납니다"도 "당신의 심장은 멎어도 당신의 눈은 계속 세상을 보고 있습니다"로 바꿔야 한다는 것이다.

이처럼 숨어있는 소비자들의 마음을 읽고 그들의 욕구를 파악하는 것이 마케팅이나 설득에서 중요한 요소가 되는 것이다. 생각해보라. 누군가가 진정으로 당신을 이해해주고 진심을 털어놓을 때 얼마나 기분이 좋겠는가. 당신의 마음을 읽고 알아서 척척 처리해준다면 얼마나 행복하겠는가.

그래서 소비자들의 내면을 읽어내는 기술은 마케터나 크리에이터보다 오히려 AE(Account Executive, 광고기획자)에게 더욱 필요하다. 소비자들의 눈을 통해 세상을 보는 방법을 배우면서, 소비자들을 객관적으로 정확한 관점을 통해서 보는 능력을 개발할 필요가 있기 때문이다.

가장 좋은 방법은 더 깊이 '관찰'하는 것이다. 관찰로 본질까지 다가가고, 통념에서 벗어나 상대의 가치 구조에 맞춰 논리를 세우는 것이다. 다른 말로 하면, 인사이트를 발견하기 위한 노력을 하는 것이다. 또한 맥락적 시각으로 소비자를 본다면 전달 방식에서도 참여의 형태를 갖추게 되면서 광고의 확산성도 커진다. 이로써 새로운 그 무엇이 계속 만들어진다. 이것이 초연결시대의 변화이며, 진화하는 마케팅 광고기획이다.

3) 인사이트 발견하기

"시장을 알아야 하고, 소비자를 알아야 한다"는 말의 의미는 소비자가 이미 알고 있는 것과의 연결고리를 만들라는 뜻이다. 객관화된 사실에서 직관을 사용해 어떤 영감을 발견하라는 것이다. 때로는 아무것도 아닌 발견이 최고의 통찰력이 되기도 한다.

광고 회사 시절 애니콜 브랜드를 막 런칭할 때였다. 소비자 분석결과, 기존의 휴대폰들이 통화가 잘 안 된다는 것이 가장 큰 불만 사항이었다. 그래서 "언제 어디서나 잘 터진다, 애니콜"이라는 광고 카피가 만들어졌다. 하지만 휴대폰 시장이 성장기여서 판매는 증가했으나 기대에는 미치지 못했다.

2차 광고를 준비하면서 애니콜 브랜드는 조그마한 인사이트를 발견했다. 그것은 통화가 잘 안 되는 것이 '우리나라에 산이 많아서 그런 것'이라는 사실이었다. 누구나 알고 있던 그것을 연결고리로 이용했다. "한국 지형에 강하다, 애니콜"이라는 광고 카피는 이렇게 탄생했다.

조사결과나 소비자들의 심리를 깊이 들여다보면 느껴지는 뭔가가 있다. 마치 자신의 속마음을 들킨 것 같은 그 느낌이 바로 인사이트다. 예를 들면, LG전자의 트롬세탁기는 제품의 기능보다 소비자의 심리에서 인사이트를 발견한 경우다. 시선을 세탁기에서 좀 더 멀리 떨어진 옷장으로 돌린 결과인 것이다. 옷장에 걸린 많은 옷들 가운데에서 어떤 옷은 세탁기에 넣기가 머뭇거려진다는 사실이 바로 그 인사이트였다. 선물받은 옷이라든가, 아끼는 옷, 레이스가 있는 속옷 같은 경우가 그렇다. 여기에서 "오래 입고 싶어서, 트롬세탁기"라는 광고 카피가 만들어졌다.

숙박 체인점인 모텔6는 헛돈 쓰지 않는 현명하고 현실적인 소비자를 타깃으로 하는, 검소함의 미덕을 찬양하는 브랜드다, 그러나 모텔6의 또 하나의 인사이트는 "여행을 자주 다니거나 가족과 떨어져있는 사람들에게는 외로움이 큰 적이다"라는 사실이었다. 모텔6는 "인간에게는 어둠에 대한 본능적인 공포심이 있다"는 점과, "빛을 통해 따뜻한 사랑을 받고 있다는 느낌이 있다"는 것을 강조할 필요가 있었다. 또한 "누군가가 나를 기다려준다면 얼마나 반가울까"라는 사실에도 주목했다. 그 결과 "우리는 당신을 위해 불을 켜둡니다"라는 친근하고 정서적 호소력도 있는 광고 카피를 만들 수 있었다.

일본 이자카야 업계의 전설이라는 우도 다카시가 쓴 《장사의 신》이라는 책에는 자영업자 나름대로의 '이기는 방법'이 소개되어있다. 어느 지역의 작은 가게에서 "이 손으로 직접 담근 거야" 하며 주름 가득한 손으로 맛깔스러운 반찬을 내주는 주인할머니의 서비스는 대형 체인점에서는 절대 흉내낼 수 없는 서비스다. 이 할머니처럼 큰 가게들과는 다른 스타일로 가게를 운영한다면 손님은 분명히 있을 것이다.

우도 다카시의 가게에서도 꽁치소금구이를 낼 때 손님 앞에서 표면을 살짝 구워 노릇한 자국을 만드는데, 위쪽만 굽고 아래쪽은 굽지 않는다고 한다. 그러고는 음식을 내주면서 "뒤집어 드실 때 한 번 더 구워 드릴 테니까 불러주세요"라는 말을 덧붙인다. 그러면 손님이 반쯤 먹었을 때 슬쩍 다가가 "역시 맛있죠?"라고 말도 붙일 수 있고, 덩달아 주변 손님들과도 소통할 수 있다고 한다. 이것도 훌륭한 비즈니스 인사이트인 것이다.

인사이트Insight의 의미는 '아직 아무도 개념화하지 않은 새로운 생각을 찾아내는 것'이다. 이를 위해서는 먼저 소비자들을 예리하게 관찰하는 눈이 필요하다. 단순히 조사를 통해서 나온 결과만으로는 부족하다. 조사결과의 숨은 의미를 찾아내야 한다. 조사만으로는 소비자들을 진정으로 이해했다고 할 수가 없는 것이다. 그러니 끊임없는 "왜?"를 통해 아직 아무도 개념화하지 않은 새로운 생각을 발견하는 것이다.

그 답은 의외로 주위에 있을 수도 있다. 인사이트는 소비자들에게서 찾을 수 있지만, 제품에서도 찾을 수 있기 때문이다. "찌꺼기가 없습니다, 엔크린", "용각산은 소리가 나지 않습니다" 같은 카피들이 그러하다.

진실이란 감성적이면서 이성적이다. 이성적인 혜택에 브랜드에 대한 정서적인 요구를 결합시키는 것이 가장 효과적인 커뮤니케이션 방법이다. 아래의 광고들은 인사이트를 찾아내어 브랜드와 연결시킨 사례들이다.

a. 혜택이 많은 카드라는 기존의 경쟁 상황에서 → "열심히 일한 당신, 떠나라, 현대카드"

b. 어디서나 잘 터진다는 일반적인 성능 표현에서 → "한국 지형에 강하다, 삼성 애니콜"

c. 세탁기의 성능과 디자인 같은 기본 속성 중심의 경쟁에서 → "오래 입고 싶어서, 트롬"

d. 애프터서비스라는 기존관념을 넘어서 → "찾아가는 서비스, 삼성화재"

e. 무엇이든 빠르고 편리하게 배달한다는 용도 중심에서 → "우리가 어떤 민족입니까? 배달의 민족!"

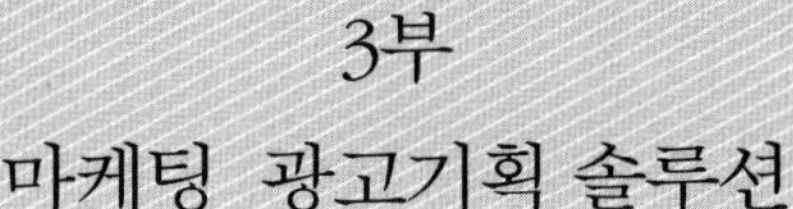

3부
마케팅 광고기획 솔루션

요즘은 광고기획이 광고에서 마케팅커뮤니케이션이라는 확대된 개념으로 옮겨가고 있다. 마케터/광고기획자에게 맡겨진 본원적인 역할과 임무는 광고 혹은 커뮤니케이션 전략의 개발에 국한되지 않는다. 넓은 의미에서 이 세상의 모든 문제를 해결하는 것이 광고라고 한다면, 광고의 역할은 무한대로 커진다.

광고기획은 광고주의 문제를 구체적으로 해결하는 처방능력이다. 광고기획의 궁극적 목표는 위대한 브랜드를 만들기 위한 작업이다. 그러나 위대한 브랜드의 탄생은 광고의 힘만으로는 절대 불가능하다.

일반적으로 광고기획자를 AE(Account Executive)라고 하는데, 몇몇 회사는 CP(Communication Planner)라는 명칭을 쓰기도 한다. 광고기획자는 커뮤니케이션기획자이며, 그렇기에 광고보다 더 넓은 개념으로 비즈니스를 이해한다는 의미이기도 하다.

이렇듯 광고 하나로는 문제를 풀 수 없는 상황이 되었기 때문에 광고기획의 의미 또한 변해야 한다. AE는 더 이상 TV, 신문, 라디오, 잡지 같은 4대 매체만을 생각해서는 안 되며, 브랜드에 대한 전략적 사고를 해야 한다. 이것은 TV 광고, 신문 광고, 크리에이티브 하나하나의 문제가 아니기 때문이다.

뱅앤올슨(B&O)의 음향기기 디자인 사례는 콘셉트 디벨로퍼concept developer가 디자이너와 마케터 등 서로 다른 분야의 사람들 간의 의견을 조율하고 협력을 이끌어내는 코디네이션능력과 커뮤니케이션능력이 있었기에 가능했다.

성공적이고 창의적인 마케팅 광고기획자가 되기 위해서는 C3, 즉 크리에이티비티creativity, 코디네이션coordination, 커뮤니케이션communication 같은 능력을 모두 갖춰야 한다. 예전에는 I형 인재, 즉, 한 우물만 깊게 파서 한 분야의 전문가가 되는 것이 선호되었으나, 요즘은 H형이나 T형 인재가 선호되고 있다. H형은 무엇이든지 최소 두 분야에 정통한 전문가를 말하고, T형은 모든 것을 두루두루 섭렵한 상태에서 그중 한 분야에 통달한 전문가다. 광고의 카테고리가 무한히 확장된 지금, 마케팅 광고기획자는 T자형 인재가 되어야 하고, 타 분야 전문가들과 함께 프로젝트를 추진해나갈 수 있는 통합관리력을 갖춰야 한다.

1. 브랜드 전략

브랜드를 구분하지 않는 소비자에게는 똑같은 청바지이지만, 브랜드를 구분하는 소비자에게는 각각 캘빈클라인과 유니클로라는 의미 있는 생명체가 된다. 이렇듯 브랜드 자산이 높은 강력한 브랜드(파워브랜드)를 구축하면 많은 이점을 가진다. 기업의 수익성을 높여주고, 가격 변화에 따른 소비자들의 민감도를 낮춰주고, 마케팅커뮤니케이션의 효과성을 높여주고, 라이센싱이나 브랜드 확장에 대한 기회를 증대시켜주기도 한다. 그렇기 때문에 많은 기업들이 강력한 브랜드를 구축하는 데 관심을 가지고 있지만, 파워브랜드를 만드는 일은 결코 쉽지 않다.

브랜드는 문제해결의 가치를 담고 있는 약속이다. 그 문제해결을 실제적으로 수행하는 물질적인 수단은 제품이다. 그래서 제품의 가치를 어떻게 설정하는가에 따라 브랜드의 가치 범위가 정해진다.

a. 기능의 가치를 교환하면 기능 관계

b. 감성의 가치를 교환하면 감성 관계

c. 존재적 가치를 교환하면 영혼의 관계

이렇듯 서로의 가치를 연결함으로써 관계가 형성된다. 브랜드에 지속가능한 가치가 담겨있어야 소비자들과 가장 깊은 관계를 맺을 수 있다는 의미다. 어떤 가치를 찾고 계속적인 관계를 만드는 일이 곧 마케팅 전략이고 광고 전략인 것이다.

브랜드는 구체적으로 속성, 혜택, 가치 등 3가지 요소로 구성된다.

① 속성(attribute) – 구체적 속성(가격, 색상, 튼튼함)과 추상적 속성(아름다움, 부드러움)이 있다. 제품의 독특한 특성을 말하는 것으로, 브랜드의 독자적인 가치관을 만드는 출발점이다.

② 고객혜택(benefit) – 기능적 혜택(갈증 해소, 피부가 하얘짐)과 심리적·사회적 혜택(편안함, 여유, 고급스러움)이 있다.

③ 가치(value) – 남이 알아주는 외재적 가치(타인의 존경심, 지위, 명예)와 자기 자신이 갖고자하는 궁극적 가치, 즉 내재적 가치(자신감, 행복, 기쁨, 존재감)가 있다. 건강, 행복 등 신념과 관련된 개념이다.

먼저, 속성은 제품의 시각에서 분석된 요소이지만, 혜택은 소비자의 시각을 포함해야 한다. 기능적 혜택은 브랜드가 고객에게 제공하는 물리적·기능적인 면에서의 효용으로 브랜드의 U.S.P.(Unique Selling

Proposition)를 만드는 중요한 요소다.

P&G의 세정제 분야 중 던dawn이라는 신제품 브랜드는 기름기를 확실히 없앤다는 기능을 강조한다. 또한 P&G의 조이joy라는 브랜드는 깨끗이 닦여서 반지르르 윤이 난다는 기능을, P&G의 아이보리ivory라는 브랜드는 손에 순하다는 것을 기능적 가치로 강조한다. 기능적 가치는 곧 제품의 존재 가치이다.

그러나 이제는 기능에서의 차별점을 찾기가 쉽지 않고, 그래서 기능적 가치로는 장기적인 차별화가 어려워졌다. 브랜드가 고객에게 제공할 감각이나 기분으로 고객과의 '감정적인 유대관계'를 만들기 위해서는 혜택을 주는 것에 그쳐서도 안 된다. 고객들이 정서적 가치를 느끼도록 해야 한다.

이제 "브랜드를 소비한다"는 말의 의미는 단순히 상품·서비스의 효용 가치를 획득하는 것이 아니라 브랜드의 구매와 소비로 기대되는 총체적인 경험을 누리는 것이다. 더 나아가서 브랜드의 소비 경험만을 목적으로 하는 것이 아니라 구매에 이르는 모든 다양한 과정, 즉 S(sense, 센스)-F(feel, 느낌)-T(think, 생각)-A(action, 행동)-R(relation, 관계)을 요소로 하는 경험의 유형을 망라하게 된다. 또한 이러한 경험은 문화적으로 중계되며, 경험의 내용이 마음을 채우게 됨으로써 행동으로 이어지게 할 수 있다.

미디어만이 아니라 브랜드도 인간의 확장을 넘어 문화가 된다. 미국의 문화인류학자인 그랜트 매크래켄은 "제품에는 독특한 문화적 요소가 있다"고 전제하고, 브랜드란 바로 제품에 '문화적 의미를 담보하는 것'이라고 정의했다. 결국 기업은 단순히 제품을 파는 것이 아니라 브랜드가 가지고 있는 문화적 의미를 판매하고자 하며, 유명인(celebrity)을 이용한 커뮤니케이션은 바로 이 의미를 소비자에게 전이하여 동질의 문화를 공유시키려는 노력이기도 하다. 이에 대한 실증적인 사례라면 아이폰의 액세서리 데코레이션이라든가, 애플의 문신, 할리데이비슨의 호그족 등 좋아하는 모임을 스스로 만들고 경쟁까지 벌이는 것 등을 들 수 있다.

브랜드를 만들어내는 일은 매우 복잡한 작업이다. 그러나 1가지 분명한 것은 브랜드 가치의 결정 주체가 바로 고객이라는 점이다. 기업이 오랫동안 고객과 쌓아온 신뢰야말로 브랜드 파워의 원천이 된다. 따라서 고객이 무엇을 말하고, 무엇을 원하고 있는지 파악하는 것이 브랜드를 만드는 첫걸음이다.

1) 브랜드 퍼스낼리티

수많은 브랜드 가운데에서 나의 브랜드가 기억되기 위해서는 브랜드 퍼스낼리티Brand Personality를 만들어야 한다. 브랜드 퍼스낼러티는 브랜드를 사람이라고 보았을 때 어떤 사람이냐를 규정하는 것이기 때문에 이미지적으로 규정을 짓는 경우가 많다.

미국 맥주 회사인 버드와이저는 너도밤나무 통에서 맥주를 숙성한 것을 강조한다. 그러나 아울러 애국심과 남성성 그리고 '의리'라는 정서적이면서 심리적인 편익을 함께 강조하는 것은 브랜드 퍼스낼리티를 나타내고자 함이다.

브랜드 퍼스낼리티는 이 브랜드가 고객에게 제공하는 사회적인 자기표현으로, 브랜드의 인격이기도 하다. 물론 마케팅 광고 목표에 따라 속성을 강조할 수도 있고, 고객혜택에서 출발한 U.S.P.를 제시할 수도 있다. 소비자에서 출발한 이익과 혜택, 그리고 경쟁사의 제품보다 더 큰 혜택의 발견이 중요하지만, 그 혜택을 시대적 가치와 결합시키고 사회적 가치로 승화시키면 더 큰 공감을 끌어낼 수가 있다.

오리온 초코파이는 몇백 원으로 더 맛있는 것을 먹을 수 있다는 혜택을 강조하지 않았다. 몇백 원으로 나눌 수 있는 '정情'이라는 사회적 가치와 연결시킨 것이다. 메마른 사회에서 어쩐지 따스함과 남을 배려하는 고마움이 느껴진다. 이것이 브랜드 퍼스낼리티인 것이다.

일본의 철도 회사인 JTB를 보자. JTB의 속성은 '일본 제일의 철도 회사'라고 말할 수 있다. 고객혜택은 "다른 교통수단으로 여행할 때보다 여행의 편안함과 여유와 사색을 즐길 수 있다"는 것이다. 이 단계에서 머무르면 평범한 광고가 되었을 것이다. 하지만 JTB는 사회적 가치와의 연결을 생각했다. 그 결과, 바쁘게 살아온 일본인들의 정서와 연결시켜 "일본을 쉬게 하자"라는 성공적인 광고캠페인이 탄생하게 되었다. 이와 같이 사회적 가치로 승화될 때 사회적 공감을 이끌어낼 수 있다.

2) 브랜드 이미지

브랜드 이미지가 중요하다는 데는 의심의 여지가 없다. 스타벅스의 성공 요인 중 하나도 브랜드 이미지니까 말이다. 고급스럽고, 향기롭고,

세련된 이미지가 스타벅스의 성공의 중요한 요인으로 손꼽힌다.

그런데, 색다른 예를 하나 살펴보자. 닛산자동차가 미국의 고급차 시장에 인피니티라는 새로운 브랜드를 출시했다. 경쟁 브랜드는 도요다의 렉서스였다. 고급차 시장에서의 새로운 모델인 인피니티는 호의적이고 고급스러운 이미지 제고를 위하여 실제 제품은 전면에 등장시키지 않고, 새, 들판, 잔디, 호수 등의 자연 경관만 제시했다. 그 결과 브랜드 인지도가 90%까지 높아지면서 인피니티만의 독특한 브랜드 이미지를 형성하게 되었다. 하지만 높은 브랜드 인지도에도 불구하고 인피니티의 판매는 매우 부진했다. 왜 그랬을까?

인피니티에 대한 이미지는 멋있고, 우아하고, 세련됨이었다. 하지만 소비자들이 그것을 직접적인 혜택으로 느끼지 못한다는 것이 문제였다. 즉 제품의 브랜드 콘셉트가 직접적으로 제시되지 않았기 때문에 소비자들은 인피니티 구입의 당위성을 느끼지 못했던 것이며, 엉뚱하게도 조경과 관련된 제품들의 판매가 증가했다고 한다.

이렇듯 이미지만으로는 고객의 기억 속에 남아있기가 힘들다. 고객들과 연관시킬 수 있는 그 무엇을 찾아야 한다. 제품은 무엇이고 누구를 위한 것인지 직접적으로 말하는 것이 좋다. 한번에 알아들을 수 있게 해야 한다. 왜냐하면 소비자는 수많은 정보에 파묻혀있기 때문이다. 그리고 브랜드 콘셉트가 광고에 충분히 녹아있어야 한다. 소비자들은 수많은 브랜드들이 얘기하는 것에 대하여 일일이 신경 쓸 여유가 없기 때문이다.

그래서 브랜드의 콘셉트은 아주 간결하게 단도직입적으로 정리되어야 한다. 예를 들면, "깨끗한 맥주 하이트", "언제 어디서나 애니콜", "작은 차이가 명품을 만듭니다, 필립스” 같은 식이다. 브랜드 콘셉트은 가급적 직설적으로 전달하는 것이 좋다.

브랜드 이미지는 브랜드 퍼스낼러티의 총합이다. 브랜드 이미지를 만들려고 한다면 마케팅 광고는 어떻게 만들어야 하는가? 당연히 마케팅 광고는 제품을 팔기 위한 것이다. 그러나 소비자가 제품을 사주지 않으면 소용이 없다.

최근에는 브랜드 인지(awareness)보다는 브랜드 인식(cognition)이라는 개념이 더 중요해지고 있다. 그냥 아는 것보다 “어떻게 알고 있는가”가 더 중요하다는 의미다. 브랜드 인식 상태란 소비자의 구매 충동을 일으킬 수 있을 정도로 해당 브랜드를 다른 브랜드와 상세히 구별할 수 있는 상태다. 브랜드 인식 상태는 “어느 요소를 전달할 것인가?”와 “어떤 수준으로 전달할 것인가?”에 따라 좌우된다.

브랜드의 요소란 제품·서비스가 갖고 있는 다른 제품과는 구별되는 단서로서, 브랜드명이라든가 제품의 패키지, 기업의 이름은 물론 판매가 이루어지는 매장의 위치, 상호, 광고의 모델, 제품의 슬로건, POP 등도 포함된다. 브랜드명이나 패키지는 기억하지 못하더라도 광고의 모델을 기억하고 있다면 그 모델의 얼굴이 그려진 매장의 POP에 의해 해당 제품을 찾을 수도 있다.

브랜드의 인식 수준은 다음과 같이 크게 ‘상기’와 ‘재인’ 등 2가지로 나눌 수 있다.

① 상기(recall)는 학습한 것을 재현하는 것으로, “당신이 알고 있는 ○○○라는 제품의 브랜드명은?”과 같은 질문에 바로 대답할 수

있을 정도의 인식 수준이다. '순수 상기'라고도 한다.

② 재인(recognition)은 "다음의 브랜드명들 가운데 당신이 알고 있는 브랜드 이름은?"과 같은 질문에 바로 대답할 수 있을 정도의 인식 수준이다. '보조 상기'라고도 한다.

슈퍼마켓의 진열대에서 동일한 제품군의 제품들 가운데 하나를 선택하는 경우에는 브랜드 재인만으로도 충분하다. 그러나 제품을 보지 않은 상태에서 지명에 의해 구매가 이루어지는 경우에는 브랜드 리스트가 없어도 브랜드명을 말할 수 있는 상태가 되어야 하기 때문에 재인과 상기가 모두 필요하게 된다.

상기된 브랜드 전체 중에서 처음 떠오른 브랜드가 '최초 상기 브랜드(Top of mind)'이다. 몇 가지 브랜드가 상기되었다 하더라도 실제 구매 시점에서는 처음 떠오른 브랜드가 선택될 가능성이 크기 때문에 최초 상기 브랜드는 그만큼 중요하다. 그러므로 자사 브랜드가 최초 상기 브랜드가 되는 것을 광고 목표로 설정하는 경우가 많다. 이 경우 같은 카테고리 안에서 경쟁하는 브랜드들과의 관계에서 보면, 각 개인의 최초 상기 브랜드 중에서 자사 브랜드가 차지하는 비율이 어느 정도인가를 지표로 삼는데, 이것을 마인드 셰어Mind share라고 한다.

대중 여론 연구가인 에드워드 크루그먼 교수는 저관여학습이론으로 주장하기를, "브랜드를 인지하고 있다"는 것만으로 구매가 일어날 수도 있다고 했다. 그러나 일반적으로 소비자에 의해 브랜드가 선택되는 과정은 제일 먼저 서로 구별되지 않은 모든 제품군(Total set)에서 소비자가 인지할 수 있는 제품군(Awareness set)으로, 그 다음에는 구매를 할 때 떠올릴 수 있는 제품군(Consideration set)[24]으로 들어갈 수 있어야 다음 단계인 선택제품군(Choice set)을 거쳐 구매(Purchase)로 이어지는 식이다.

브랜드에 대한 이해에는 브랜드가 어떤 제품군에 속하는가와, 브랜드가 갖고 있는 속성에 대한 이해가 전제되어야 한다. 브랜드가 특정 제품군에 속한다는 것은 그 브랜드의 기능, 용도, 나아가서 사용하는 사람, 경쟁사의 제품까지도 연상할 수 있기 때문이다. 신제품의 경우에는 기존의 어떤 카테고리에 포함시켜 용도나 사용 상황을 명확히 하거나, 제품군 자체를 새롭게 함으로써 새로운 시장에 포지셔닝을 할 수 있다. 기존 브랜드의 경우에는 그때까지 이해하고 있는 사용 상황 이외의 새로운 상황을 제시함으로써 해당 브랜드의 용도를 확장시킬 수 있다.

예를 들면, 유아용 샴푸를 "유아가 사용할 수 있도록 자극을 최소화했기 때문에 피부가 약한 성인에게도 적합하다"라는 점을 강조한다든가, "피부가 거칠어졌을 때에도 유용하다" 같은 새로운 사용 상황을 제시하여 새로운 소비자를 획득하는 것이다.

P&G의 팸퍼스기저귀는 원래 '빠른 흡수'에 포커스를 맞춰 개발되었다. 그러나 팸퍼스기저귀 개발자들은 부모들과의 심층대화로 새로운 사실을 알게 됐다. 기저귀의 흡수능력은 뛰어나지만 이것이 아이들의 배변을 조절하는 능력을 키우는 데는 문제가 되고 있다는 것이다. 부모들이 원하는 가치는 아이들의 배변교육이었던 것이다. 팸퍼스기저귀 개발자들은 2분 동안 축축한 느낌을 줘서 아이들이 스스로 배변훈련을 할 수 있도록 제품의 콘셉트를 바꿨다. 타깃(고객)인 부모가 원하는 가

치를 찾아 포지셔닝함으로써 브랜드의 가치를 높인 것이다.

3) 강력한 브랜드 구축 전략

CBBE(Customer Based Brand Equity) 모델에서는 강력한 브랜드를 구축하기 위한 다음과 같은 4단계를 제시하고 있다.

① 브랜드 인지 - 소비자들에게 그 브랜드를 인지시킬 수 있도록 해야 하며, 그 브랜드가 어떠한 제품군에 속하고, 어떠한 고객 니즈를 충족시켜주는지를 명확하게 전달해야 한다.

② 브랜드 의미 - 그 브랜드가 도대체 어떤 의미(Meaning)를 가지고 있는지를 소비자들의 마음속에 전달해야 한다.

③ 브랜드 공감 - 이러한 브랜드 아이덴티티와 브랜드에 대한 의미가 소비자들의 공감을 이끌어낼 수 있도록 해야 한다.

④ 브랜드 충성도 - ③의 브랜드 공감으로 소비자와 브랜드 간의 관계를 강력하고 활동적인 충성도로 바꿔주는 것이다.

– 강력한 브랜드 구축을 위한 6가지 요소

1. 브랜드 아이덴티티의 현저함(Salience)

브랜드 아이덴티티가 적절한 수준에 도달하기 위해서는 소비자들에게 우리 브랜드에 대해 현저한 차이를 인식시켜야 한다. 브랜드에 대한 현저함은 브랜드 인지(Awareness)의 관점과 관련이 있다. 브랜드 인지는 브랜드를 상기(Recall)하거나 재인지(Recognition)하는 데 필요한 소비자의 능력이다. 브랜드 인지를 높이기 위해서는 해당 브랜드가 어떤 제품 카테고리에 속하는지, 어떤 제품/서비스와 관련이 있는지를 소비자들이 명확하게 알 수 있도록 해야 한다.

2. 제품 실체(Performance)

제품 실체는 소비자들이 1차적으로 브랜드를 경험하게끔 하는 것으로, 브랜드 충성도와 장기적 관계를 구축하기 위해 우선적으로 소비자들의 기대와 일치하는 수준의 제품 실체를 구현하는 것이다. 브랜드 실체는 제품·서비스가 소비자들의 기능적 니즈를 해결해주는 방법으로, 다음과 같은 브랜드의 5가지 본질적 속성(Property)과 관련이 있다.

  a. 1차적 특·장점과 부가적 특징
  b. 신뢰성, 내구성, 서비스 가능성(A/S를 원하는 경우 언제든 가능)
  c. 서비스에 대한 효과성, 효율성 그리고 공감
  d. 스타일과 디자인
  e. 가격

3. 연상 이미지(Imagery)

연상 이미지는 한 개의 브랜드가 소비자들의 심리적·사회적 니즈를 만족시켜주는 외재적 속성과 관련이 있다. 브랜드 연상 이미지에는 다음과 같은 4가지 요소들이 있다.

a. 사용자의 프로파일

b. 구매와 사용 상황

c. 개성 및 가치

d. 역사, 유산, 경험

4. 이성적 평가(Judgment)

브랜드에 대한 이성적 평가는 어떤 브랜드가 가지고 있는 제품의 우수성과 그로 인해 떠오르는 이미지에 대한 소비자 개인의 판단이다. 강력한 브랜드를 창출하기 위해서는 다음과 같은 4가지 요소에 대한 이성적이고 긍정적인 평가가 있어야 한다.

a. 제품의 품질

b. 신뢰성

c. 고려 가능성(Consideration)

d. 제품 성능의 우수성

5. 감성적 반응(Feeling)

브랜드에 대한 소비자들의 감성적 반응은 소비자가 특정 브랜드를 환기(evoke)하는 순간과 관련이 있으며, 다음과 같은 6가지 타입이 있다.

a. 따뜻함(Warmth)

b. 즐거움(Fun)

c. 흥분(Excitement)

d. 안전(Security)

e. 사회적 승인(Social approval)

f. 자존감(Self-respect)

6. 브랜드-고객 간 장기적 관계(Resonance)

강력한 브랜드를 구축하기 위한 마지막 단계는 브랜드와 고객 간의 관계에 초점을 맞추는 것이다. 브랜드-고객 간의 관계는 소비자들이 특정 브랜드와 관계를 맺고, 그 브랜드와의 일치감을 느낄 때 가능하다. 브랜드-고객 간의 관계에는 다음과 같은 4가지 세부 요소들이 있다.

a. 행동적 충성심
b. 태도적 애착(Attachment)
c. 커뮤니티에 대한 반응(Sense of community)
d. 적극적 구매(Active engagement)

2. 콘텐츠 기획력

기획이노베이터그룹이 집필한 《한국의 기획자들》에서는 설문조사에 응한 사람들 중 70% 정도가 뛰어난 기획을 이끌어낼 수 있는 가장 중요한 요소로 '통찰력'과 '분석력'을 꼽았다고 한다. 그 다음은 '커뮤니케이션능력'이었다.

기획 과정에서 통찰력이 핵심 요소가 되는 이유는, 기획 과정에서 쓰이는 여러 시장 분석 도구를 활용하여 아무리 과학적으로 접근해도 인간의 직관과 바꿀 수 없는 부분이 있기 때문이다.

'통찰'이란 정보와 지식을 처리하는 인간 고유의 창조적 상상력이며, 이러한 상상력으로 사물·행동·사건 등의 본질 속에 숨겨진 '새로운 의미'를 해석해내는 과정이기도 하다. 즉, 기획의 본질은 통찰의 결과인 것이다.

기획 업무에서 통찰력에 이르는 7가지 습관으로 다음과 같은 것들을 꼽을 수 있다.

a. 전문가를 믿지 말 것

b. 고정관념 속에서도 답을 찾으려고 할 것

c. 성급하게 정의하거나 분류하지 말 것

d. 말도 안 되는 소리에 오히려 귀를 기울일 것

e. 프로세스(과정)의 노예가 되지 말 것

f. 원인을 찾으려고 할 것

g. 조사결과를 믿지 말 것

포털사이트 네이버로 유명한 회사인 NHN의 직군은 2가지뿐이라고 한다. 하나는 '개발자'이고. 다른 하나는 '기획자'라고 한다. 네이버의 지식iN이나 블로그 등 NHN에서 이루어지는 업무의 대부분이 통찰력에 기반을 둔 첨단의 기획력을 요구하기 때문이다.

출판인도 기획력이 있는 출판인과 기획력이 없는 출판인, 이렇게 2가지로 분류된다고 한다. 사계절출판사의 《한국생활사박물관 시리즈》는 읽는 역사에서 보고 체험하는 역사로 역사책의 패러다임을 바꾸어놓았다. 보리출판사의 《생태동화 시리즈》는 사진보다 더 생동감 있는 세밀화로 상업성과 작품성 모두를 충족시켰다는 평을 들었다. 기획에서 통찰력의 효력이 발휘된 사례인 것이다.

영화 분야에서 기획은 마치 공기와도 같은 존재가 되었기 때문에 영화 분야에서는 기획력을 아무리 강조해도 모자람이 없다. 시대와 소통하는 통찰력을 갖춘 기획은 영화가 개봉되자마자 바로 드러난다. 영화 〈장화, 홍련〉은 "아이디어의 원천은 한국 고전이지만, 엄마와 가족에 대한 소녀들의 심리적 공포나 억압기제를 적절히 간파한 결과 가장 젊은 관객인 10대들에게 어필할 수 있었다"는 호평을 들었다.

문학·음악·미술 등의 분야뿐 아니라 신문에 나온 한 줄의 헤드라인에서도 시대의 흐름을 읽는 통찰력을 얻을 수 있고, 그것 자체가 기획의 핵심 요소가 될 수도 있다. 영역 간 경계를 넘어서 통찰력 있는 기획을 위해서는 틀에 박힌 마케팅 툴tool보다 일상의 삶 속에서 소통할 수 있는 통찰력이 더 필요하다. 그에 바탕한 기획이 장기적으로 소비자들과 호흡할 수 있기 때문이다.

1) 네이티브 광고/브랜드 저널리즘의 이해

미디어를 통한 기업의 마케팅 활동이 증가할수록, 소비자들은 역으로 설득지식이 활성화되어 마케팅 효과를 반감시킬 수가 있다. 이 때문에 기업들은 소비자의 미디어 활동에 자연스럽게 녹아들어가 소비자들의 자발적인 참여와 반응을 이끄는 방식의 마케팅 전략을 선호하고 있다. 네이티브 광고(native ad)와 브랜드 저널리즘은 자사 브랜드의 마케팅메시지에 대한 소비자들의 거부감을 최소화하면서 브랜드에 긍정적인 이미지를 심어줄 수 있는 마케팅 전략 가운데 하나다.

기존의 미디어나 콘텐츠에 브랜드를 접목시키는 게 아닌, 광고와 콘텐츠의 경계가 허물어지는 형태로 브랜드를 노출시키는 네이티브 광고는 언론사의 기사로 쉽게 접할 수 있다. 또한 신문기사 이외의 디지털 플랫폼과도 결합되면서 형식과 내용이 매우 다양해지고 있다. 그러나 광고 같지 않은 광고의 증가는 오히려 소비자들의 외면을 당한다. 넘쳐나는 광고성 메시지들은 소비자들로 하여금 경계심을 높이도록 만들고, 상업적 의도가 읽혀지는 네이티브 광고는 더더욱 불신감을 높인다.

사적 채널이던 소셜미디어(SNS)는 비즈니스채널로 변질되어 개인 간 커뮤니케이션은 축소되고 마케팅 공간이나 비즈니스 관계 구축의 장으로 바뀌었다. 과도한 정보 제공이 오히려 피로사회를 만드는 것이다. 따라서 진정 소비자들이 목말라하는 정보와 콘텐츠를 바탕으로 기다림을 통한 장기적인 관계를 만들도록 노력해야 한다. 또한 마케터/광고인들은 소비자들의 삶 속에 들어가 응원하고 영감을 주는 진정성 있는 콘텐츠로 승부를 걸어야 한다.

2) 브랜디드 엔터테인먼트의 이해

음악이나 공연·영화 등 실로 다양한 엔터테인먼트 활동들이 브랜드와 협업함으로써, 즉 브랜디드 엔터테인먼트Branded Entertainment를 이룸으로써 다양한 분야의 영역을 넘나들게 되니 고객들과의 접점이 넓어지고, 이로써 광고 효과가 극대화된다. 특히 브랜드 콘텐츠의 경우 소비자(수용자)의 입장에서 그 정보가 유익할 때 좋은 반응이 나타난다.

기업의 상품·서비스에 관한 내용도 고객 자신이 해결하고자 하는 문제로 치환하면 훨씬 쉽게 받아들여진다. 그러나 호응도 높은 콘텐츠를 선보이기 위해 정보와 감동, 재미를 추구하더라도 '브랜디드branded'라는 본질에서 멀어지는 건 경계해야 한다. 즉, 단순히 콘텐츠 자체로 얘깃거리를 만드는 것이 아니라 상품·서비스, 고객 경험이 곧 콘텐츠가 돼야 한다.

불특정 다수에게 의미 있는 콘텐츠도 좋지만, 한 사람 한 사람에게 개인화된 DIY적 요소를 심는 것도 중요하다. 그래야 고객들이 소셜미디어(SNS) 같은 자신의 채널을 활용하여 자발적으로 입소문을 내기 때문이다.[25]

3) 무버셜과 PPL의 이해

무버셜Movercial은 영화와 광고를 결합한 하이브리드 장르다. 고관여 제품의 경우, 정보의 제공에 그치는 광고로는 수용자(소비자)와 온전하게 소통할 수 없기 때문에 개발된 미디어 형식이다. 종래의 PPL(product of placement)이 광고메시지를 직접 보이면서 개입하는 대신 영화의 주요 장면에 상품을 교묘하게 배치하는 간접 광고 방식이라면, 무버셜은 드러내놓고 제품을 등장시키는 직접 광고 방식이다. 이는 잠재적·암시적인 홍보가 아니라 노골적이고 적극적인 판촉으로서 방송이 도저히 엄두를 못 낼 위력을 웹캐스팅web-casting으로 수행하는 것이다.

BMW가 인터넷 캐스팅의 형식으로 제작한 무버셜은 더 이상 제품의 기능이나 품질에 연연하지 않는다. 철저히 브랜드 이미지에 초점을 맞추고 있다. 할리우드의 유명 아티스트들, 이를테면 영화 〈해피투게더〉, 〈중경삼림〉, 〈타락천사〉의 왕가위 감독, 〈결혼피로연〉, 〈음식남녀〉, 〈와호장룡〉의 리안 감독, 〈스내치〉의 가이 리치 감독, 〈로닌〉의 존 프랑켄하이머 감독 등을 섭외하여 연출을 맡겼을 정도다.

PPL은 브랜드가 콘텐츠 안으로 뛰어드는 형식이다. 그래서 어떠한 플랫폼에서 재생산되더라도 꾸준히 소비자와 같이 할 수 있다는 장점이 있으며, 일정 시간이 지나더라도 지속적인 커뮤니케이션의 효과를 이끌어낼 수 있고, 국내뿐 아니라 해외로 뻗어나가는 콘텐츠를 통해 그대로 메시지를 전달할 수 있다는 점도 덤으로 얻을 수 있다. 콘텐츠 안에 자연스럽게 묻어있는 크리에이티브일 때 광고 효과는 더욱 커질 수 있다. 단순 노출이 아니라 공감하고 공유할 수 있는 장이 마련되는 셈이다.

물론 해당 콘텐츠의 시청률이 높다면 무버셜이나 PPL의 비용효율성 또한 극대화될 수 있지만, 그렇지 않은 경우에는 해당 콘텐츠와 함께 묻혀버릴 가능성도 크다. 그러므로 무버셜이나 PPL을 할 때에는 콘텐츠의 선택이 매우 중요하다. 아울러 여기에서도 맥락 효과가 작용하기 때문에 브랜드와 관련된 스토리라든가 타깃(소비자)과 연관된 콘텐츠일 때 무버셜이나 PPL의 효과도 배가 될 수 있을 것이다.

4) 팬덤 마케팅의 이해

자발적으로 형성된 팬덤fandom(팬 층)은 해당 브랜드(기업)의 홍보·마케팅 활동은 물론, 상품·서비스 개발에까지 관여하며 진화하는 추세다. 팬덤은 단순한 추종자 수준을 넘어 '새로운 콘텐츠의 생산자'이자 '문화창조자'로서 트렌드를 주도하고, 때로는 기업 평판을 좌우할 정도로 중요한 존재로 부상했다. 신제품 출시 때마다 빨리 사기 위해 줄을 길게 늘어서는 이른바 '애플족'들, 콘셉트카 공개에 고객들이 예약금을 모금하고 광고영상까지 만들어주는 테슬라, 흑자 달성과 같은 기업 성장을 함께 축하하고 즐거워하는 배달의 민족. 이러한 기업들의 공통분모는 모두 저마다의 팬덤이 있다는 점이다.

배달의 민족(이하 '배민')은 최근 자체 브랜드인 '배민문방구'의 신제품 개발을 팬덤과 함께 했다. 배민의 B급 정서와 키치 감성을 좋아하는 팬덤은 지난 2016년에 스스로 '배짱이(배민을 짱 좋아하는 이들의 모임)'라는 이름의 팬클럽을 결성해 활동 중이다. 이들은 배민문방구의 여행용 캐리어에는 '짐캐리', 지우개에는 '흑역사를 지우개', 포크숟가락은 '찍먹'이라는 기발한 이름을 붙여주었다.

팬덤 마케팅으로 성공한 대표적인 브랜드는 미국의 오토바이 회사인 할리데이비슨이다. "할리데이비슨은 오토바이를 팔지 않는다. … 이들은 경험을 판다"를 내세우는 바로 그 회사다. 오늘날의 할리데이비슨은 1983년에 결성된 '호그족(H.O.G.)'이라는 글로벌 팬클럽을 중심으로 고객과의 PR적 가치를 중시하는 전략으로 만들어졌다.

'비정규직 없는 기업'인 오뚜기는 소비자들에 의해 갖가지 미담이 온라인으로 확산되고 있으며, '갓뚜기'라고 불러주는 소비자들의 지지는 곧 매출에도 큰 영향을 미치고 있다.

이렇듯 스스로를 해당 브랜드의 팬이라고 내세우며 이러한 브랜드들을 열성적으로 지지하는 소비자들의 공통점은 '자발성'에 있다. 그러한 행동에 대해 스스로 재미를 느끼면서 마치 놀이하듯이 브랜드를 즐기는 것이다. 기업 입장에서는 마케팅 효과를 극대화하면서도 충성도 높은 고객들을 결집시키는 효과를 기대할 수 있다.[26]

5) 브랜닉 마케팅의 이해

브랜닉Brannic은 브랜드Brand와 피크닉Picnic을 결합한 합성어로, 브랜드를 노골적으로 강요하지 않는 브랜드 경험이나 공간, 매장을 만드는 것이다. 단순히 물건을 파는 것이 아니라 '즐거운 경험이자 체험을 제공하는 것'이 브랜닉인 것이다. 도서관이 시를 낭송하고, 장난감을 만들고, 춤을 추고, 공연을 볼 수 있는 문화공간으로 탈바꿈하는 것도 브랜닉 마케팅의 맥락으로 해석할 수 있다.

코카콜라는 리투아니아의 수도 빌뉴스에 콜라병 모양의 공원을 만들어 시민들에게 일상의 즐거움과 새로운 휴식처를 제공했다. 이 캠페인은 공원을 찾는 사람들에게 특별한 경험을 선사하여 빠른 입소문과 더불어 많은 호응을 얻었다(《그림 14》 참조).

그림 14. 코카콜라가 빌뉴스 시민들의 휴식을 위해 만든 공원

1. 구매 의사결정 과정의 변화

마케팅 광고 분야에서 많이 활용하고 있는 구매의사결정 과정(Consumer Decision Journey)은, 고객의 구매 동선을 파악하고 공략하기 위한 대표적인 전략 프레임이다.

일본의 1위 광고 회사 덴쓰Dentsu에서는 고객의 구매의사결정과 자신의 의견을 활발하게 공유하는 과정을 AISAS(Attention[주목] - Interest[관심] - Search[조사] - Action[행동] - Share[나눔]) 모델로 제시하고 있다. 또한 덴쓰는 소셜미디어(SNS) 시대의 새로운 소비자 행동 모델의 개념으로 SIPS(Sympathize[공감] - Identify[확인] - Participate[참여] - Share & Spread[나눔과 확산])를 제시했다.

지금도 새로운 변화에 대응하기 위한 해법으로 계속 다양한 모델과 사례가 소개되고 있다. 최근에는 느낌이 오면 일단 구매하고 본다는 'FA' 모델 즉, 'Feeling(느끼고) - Action(행동하는)'의 개념까지 대두되고 있다. 변화하고 있는 고객의 행동에 맞춰 기존의 지식이나 일하는 방식도 변화해야 한다는 것이다.

고객의 행동이 특정한 과정이나 경로를 따라 단계적으로 이루어진다는 '선형 모델(Linear Model)' 또는 소비자가 브랜드를 인식하고 충성고객이 되기까지 깔때기형의 과정을 거친다는 '마케팅 퍼널Marketing Funnel' 등의 기존 이론으로는 해결하기 어려운 상황이 점점 증가하고 있다. 이에 대한 새로운 방안이 필요하게 되었다.

2. IMC적 접근의 필요성

IMC(Integrated Marketing Communications)란 광고·DM·SP·PR 등 다양한 커뮤니케이션 수단들의 전략적인 역할을 비교·검토하고, 명료성과 일관성을 높여 최대의 커뮤니케이션 효과를 제공하기 위해 이러한 다양한 수단들을 통합하는 마케팅 커뮤니케이션 개념이다.

1980년대 후반 미국에서 처음 제기되어 마케팅 광고계의 주목을 받아온 IMC는 그 정의·실행 방안을 둘러싸고 전 세계적으로 많은 논쟁과 관심을 불러일으켜왔다. 그러나 현재, IMC가 마케팅 광고의 실무 현장에서의 중심 전략으로 자리 잡게 된 배경으로는 인터넷, 스마트폰, 디지털 TV 등의 디지털/쌍방향 미디어의 확산으로 인한 소비자 커뮤니케이션 환경의 변화, TV·신문 등의 전통적 매스미디어를 통한 광고 효과의 저하, 마케팅에 있어서의 고객에 대한 체험 가치(Value of Experience) 제공의 중요성 증가 등을 들 수 있다.

IMC의 효과적인 전개를 위해서는 광고·SP·PR 등 개별적 프로모션 차원을 뛰어넘어 메시지·미디어 차원에서의 통합적인 커뮤니케이션 전략 수립이 요구된다. 이는 곧 소비자와 만나는 모든 접촉점을 관리한다는 의미이며, 덴츠는 이러한 문제인식에 입각해 메시지의 차원에 바탕을 둔 콘텍스트 브랜딩Context Branding과 미디어의 시점을 반영한 컨텍트포인트 매니지먼트Contact Point Management를 개발하여 업무에 적용하고 있다. 일본의 또 하나의 주요 광고 회사인 하쿠호도Hakuhodo도 역시 BCM(Brand Cycle Management)과 TPM(Touch Point Management) 같은 모델들을 비즈니스에 활용하고 있다.

3. 덴츠의 콘텍스트 브랜딩

덴츠에서는 단기적인 매출액 증대 및 중장기적인 브랜드 구축이라는 커뮤니케이션 목표를 달성하기 위해 콘텍스트 브랜딩Context Branding을 제안했다. 콘텍스트 브랜딩은 커뮤니케이션메시지를 크게 '브랜드 개성', '가치 제안', '스토리' 등 3가지 영역을 기점으로 한 '콘텍스트'로 나누어서 브랜딩 작업을 한다. 즉 기업의 브랜드 아이덴티티, 소비자의 브랜드 이미지, 그리고 이를 연결하는 커뮤니케이션 등 3가지 영역을 콘텍스트라는 개념으로 통합해 브랜딩 시스템을 구축한다는 것이다.

이를 통합하는 IMC 전략 모델이 접촉점 관리(Contact Point Management)인데, 이는 다음과 같은 프로세스로 진행된다.

① 캠페인 과제의 발견

시장의 환경/브랜드/고객/캠페인 등의 각 영역에 있어서의 여러 가지 문제점 및 가능성을 추출해 전략적 고객, 전략적 경쟁 상대 및 캠페인 과제를 발견한다.

② 통합 전략 목표의 설정

도출된 캠페인 과제에 입각해 최적의 통합 전략 목표를 설정한다.

③ 효과적인 컨텍트포인트의 발견

최적의 캠페인 전략을 수립하기 위해서 어떤 컨텍트포인트Contact Point를 사용할 것인가, 어떠한 타이밍에 전개할 것인가라는 2가지 관점을 중심으로 가장 효과적인 컨텍트포인트를 발견하는 과정이다. 컨텍트포인트의 발견을 위해 다음과 같은 3가지 분석 시스템을 활용하고 있다.

a. 컨텍트포인트의 가치를 카테고리별, 캠페인 목표별로 측정해 지표화하는 분석 시스템 활용
b. 소비자의 미디어 접촉 및 생활행동에 있어서의 시간/장소/기분 등에 관한 데이터베이스 분석 시스템 활용
c. 자유응답을 통한 설문조사의 결과를 토대로 비슷한 의미의 카테고리별로 군집화함으로써 소비자(고객)의 의식을 보다 체계적으로 분석하는 시스템

④ 컨텍트포인트 전략의 입안

설정된 통합 전략 프레임워크에 입각해 컨텍트포인트Contact Point 전략을 입안하는 단계다. 이 단계에서는 캠페인 목표에 적합한 효과적이

고 효율적인 컨텍트포인트를 취사선택하고, 적절한 타이밍에 적절한 메시지 전달과 해결 방안(Breakthrough)을 창출해내는 가치 컨텍트포인트(Value Contact Point)를 설정한다.

⑤ 컨텍트포인트 전략 실시

입안된 컨텍트포인트 전략에 따라 개별 시책(광고 매체의 선정, SP, 이벤트 개최 등)의 구체적 계획을 수립해 실행하는 단계다. 이 단계에서 중요한 점은 전 단계에서 수립한 전략을 크리에이티브를 포함한 팀 전체가 공유함으로써 최대의 시너지 효과를 달성하는 것이다.

⑥ 투자 효과/효율(캠페인 성과)의 평가

최초에 설정한 캠페인 목표의 달성도, 각 컨텍트포인트별 투자 효과/효율, 경쟁하고 있는 타사와 비교한 심적 점유율(Share of Mind) 등을 평가하는 단계다. 캠페인 실시 후에는 물론, 캠페인이 진행되는 중간 과정에서도 평가가 이루어진다.

⑦ 차기 캠페인에의 반영

캠페인 성과의 평가결과를 토대로 차기 캠페인에의 활동으로 이어지는 검토 과제를 정리하는 단계다. 이 단계에서는 "전략적 고객, 전략적 경쟁 상대는 적절했는가?" "보다 효과적이고 효율적인 컨텍트포인트는 무엇인가?" 등에 관해 모든 멤버가 정보를 공유, 차기 캠페인에 연속적으로 진화시켜나가는 노력을 기울여야 한다.

4. 하쿠호도의 BCM과 TPM 모델

일본의 2위 광고 회사인 하쿠호도는 IMC 전략의 실천 모델로서 BCM(Brand Cycle Management)을 활용하고 있다. BCM은 클라이언트의 기업/브랜드 가치를 창조하기 위해 브랜딩에 관련된 모든 마케팅 활동을 통합적으로 관리하는 모델이다.

BCM의 주요 요소로서 브랜드 가치(Brand Value), 브랜드 스타일Brand Style, 브랜드 터치포인트Brand Touch Point, 브랜드 실행(Brand Execution) 등을 설정하며, 그 구체적 실행 방안의 중심축으로서 TPM(Touch Point Management)을 제시하고 있다.

TPM은 소비자와 기업/브랜드와의 모든 터치포인트를 보다 효과적·포괄적으로 활용함으로써 최대한의 시너지 효과를 창출하려는 취지에서 제안된 IMC의 구체적 실행 방안이다.

① 터치포인트의 분석틀

접촉/기억(분석 차원) – 터치포인트Touch Point의 영향력을 파악하기 위해서는 접촉 차원과 기억 차원으로 구분하여 접근해야 한다. 접촉 차원의 데이터는 소비자가 일상생활에서 어떠한 미디어에 접촉하여 브랜드와 관련한 정보를 취득하는지를 측정하는 것이며, 기억 차원의 데이터는 소비자의 기억 차원에서 터치포인트의 영향력을 파악하는 것을 뜻한다.

② 터치포인트에 접근하기(Touch Point Approach)

브랜드와 고객과의 터치포인트의 전체적인 모습을 정량적·구조적으로 파악함으로써 향후를 위한 컨텍트포인트 전략을 수립하는 데 활용한다. 이에 대한 분석 툴Tool로서 'HABIT'라는 조사데이터를 구축하고 있다. HABIT는 '브랜드 인지-정보 탐색-브랜드 이미지-브랜드 평가-매장에서의 구매' 등 소비자들의 구매행동 단계별로 어떠한 터치포인트가 이루어지고 있으며, 어떠한 정보내용이 전달되고 있는지에 대해 약 40종류에 달하는 제품별 터치포인트 데이터를 수집하고 있기 때문에 언제든지 검색·활용할 수 있다.

③ 터치포인트 분석(Touch Point Analyzer)

각각의 터치포인트를 진단하기 위한 정량 조사·분석 기법으로, 주요 분석내용은 다음과 같다. 하쿠호도는 아래와 같은 분석내용을 바탕으로 실질적이고 통합적인 브랜딩 작업을 실행하고 있다.

a. 터치포인트의 참조도(%) – 구매 전 및 구매 시점에서의 각 터치포인트의 참조도
b. 정보 니즈(%) – 각 터치포인트에서의 소비자들의 정보 니즈, 브랜드 평가 및 구매에 영향을 미치는 정보내용은 무엇인가?
c. 터치포인트의 중요도 – 각 터치포인트의 구매 공헌도
d. 브랜드의 구매 과정에 관한 지표 분석 – 브랜드가 구매의사결정 과정의 각 단계에서 소비자들에게 어떻게 인식·이해되고 있는가?
e. 터치포인트별 브랜드 상기도 – 각 터치포인트에서 소비자의 기억에 강하게 남아있는 브랜드는 무엇인가?
f. 터치포인트 스코어Score와 브랜드 평가 – 터치포인트 스코어와 소비자의 브랜드 평가와의 사이에 어떠한 상관관계가 존재하는가? (터치포인트 스코어Touch Point Score = 터치포인트의 중요도 × 터치포인트에 있어서의 개별 브랜드의 인상도 점유율)

3. 8가지 기획 발상과 솔루션

1) 체험 발상의 기획 솔루션

　우리는 편의점 같은 데에서 커피를 살 때 가격에 민감해진다. 그때는 커피 자체에 목적이 있기 때문이다. 그러나 호텔커피숍이나 분위기 좋은 카페에서는 가격에 대해 갑자기 관대해진다. 그때는 커피를 마시는 것이 목적이 아니라 호텔이나 카페의 분위기를 즐기고, "나는 이런 곳에서 커피를 마신다"는 '경험'을 구매하기 때문이다. 이러한 상황에서는 소비자가 커피를 구매한다는 행위보다 그러한 과정에 능동적으로 개입한다는 경험의 의미가 강한 것이다.

　이제 우리의 소비자는 광고주의 메시지를 그대로 믿지 않는다. 소비자는 경험하지 않고는 만족하지 못한다. 스스로 경험해본 것만 신뢰하고 받아들이려는 경향이 강해졌다. 마케터/광고인이 제품에 대한 정보나 스토리를 담아 감정에 호소하는 방법만으로는 경쟁에서 이기기 힘든 상황이 된 것이다.

시장에서의 경쟁이 거세어질수록 소비자들의 경험이라는 요소는 더 더욱 중요해지고, 제품에 대한 정보나 스토리를 마케터/광고인이 직접 전달하기보다 소비자들이 직접 경험하고, 그 경험을 주위에 전달하게 하는 것이 더 유용하게 되었다. 동일한 제품/서비스에 대한 경험 제공의 여부에 따라 소비자들의 만족은 크게 변화한다. 심지요 최근에는 '경험'이라는 콘텐츠만이 고객을 움직일 수 있는 힘을 가지게 되었다.[27]

미디어 전략가인 라이언 홀리데이는 저서인《그로스 해킹》에서 "경험에 대한 관심과 세심한 관리만이 이미 확보한 고객을 평생 고객으로 만들 수 있다"고 주장했다.[28] 홀리데이가 말한 경험은 소비자들의 마음 속에 간직되기보다는 하나의 승거가 되어 타인들에게 옮겨진다. 그래서 경험은 정보적(informative)이면서 전염된다(contagious)는 특성을 가지고 있다. 타인의 경험이지만 실제로 겪어본 경험만큼이나 풍부하고 신뢰할만한 정보는 찾기 어렵기 때문이다. 인터넷 쇼핑몰에서 상품에 대한 댓글란에서의 평가가 나에게 그대로 영향을 미치는 이유가 여기에 있다.

우리는 TV 광고로 어떤 브랜드를 기억했더라도 구매 시점에서 그 브랜드를 기억해내기가 쉽지 않다. 내게 필요할 때 정작 없는 정보는 더 이상 정보가 아니다. 그렇기 때문에 체득된 경험은 언제 어디서나 정보 이상의 역할을 하게 된다.

이제 경험의 의미를 단순히 샘플링, 시음회, 체험 쿠폰, 입소문 등의 좁은 시각이 아닌 넓은 의미로 생각해볼 필요가 있다. 우리 각자는 미디어이자 경험을 담은 그릇이면서 통로이기도 하다. 그래서 경험이 곧 메시지가 되어 '우리'라는 미디어로 타인에게 확산된다. 우리의 경험은 초연결시대에 서로의 문제를 해결해주는 조력자로서 그 어떤 광고보다 강력한 힘을 가지게 된 것이다. 마케팅 광고도 이제는 제품의 발견, 선택, 소비, 공유가 끊임없이 연결되는 과정 전체를 포괄할 수밖에 없기 때문에 경험의 역할과 힘이 더욱 커진 것이다.[29] 그래서 인터넷 서비스와 어플리케이션 관련 기획자인 윤지영은 저서 《오가닉 마케팅》에서 제품과 경험의 관계에 대해 다음과 같이 주장했다.

a. 제품은 구매(판매)할 대상이 아니라 경험할 대상으로 보아야 하고,
b. 제품에 대한 경험이 마케팅 광고이며, 마케팅 광고는 경험을 연결하는 것이다.
c. 경험의 연결은 고객의 문제를 해결하는데 유효하며,
d. 고객-경험-제품의 네트워크가 마케팅 광고의 유기적 성장을 만든다.

이렇듯 모든 제품·서비스가 단순히 소비되는 것을 넘어 인상 깊은 경험을 연출하는 방향으로 진화하고 있는 것이다.

예를 들면, 나이키는 브랜드의 가치를 제품에서 체험으로 이동시켰다. '운동화'라는 제품보다 '운동'이라는 체험 과정에서의 즐거움이나 성취감으로 가치를 전달하고자 한 것이다, 그래서 나이키의 운동화는 오감을 즐기기 위한 운동게임기로 변신했다. 그 이전까지 나이키는 스타마케팅이라든가 "Just do it(일단 해봐)" 같은 캠페인 등으로 매년 15% 이상의 성장을 지속했다. 그러나 2000년대 초부터 매출이 정체되기 시

작했다. 이유는 컴퓨터게임 문화의 확산 때문이었다. 그래서 나이키는 경쟁사를 게임기 회사인 닌텐도로 변경했다.

나이키는 운동화에 디지털기기를 부착한 나이키플러스 시리즈를 발매하는 등 운동화를 게임기구화했다. 나이키플러스 시리즈 중 나이키 러닝은 GPS로 운동경로를 추적하고, 스마트폰 앱을 설치하여 소셜미디어(SNS)로 친구들과 그 정보를 공유할 수 있게 했다. 또한 유명한 선수의 신체 움직임을 추적해 비슷하게라도 따라할 수 있도록 하고, 스마트폰과 연동하여 운동성과를 체크해봄으로써 운동에 대한 의욕을 촉진한다. 이러한 경험을 눈으로 보고 느낄 수 있게 만드는 것이 바로 나이키휴얼밴드Fuel Band로 걷기, 점프, 댄스, 달리기 등을 통일된 단위로 측정할 수 있게 하여 동료들 간에 일상생활을 소재로 게임을 할 수 있도록 했다. 또한 나이키는 유명도시들을 순회하면서 온월드캠페인 행사를 열고 있다.

레고는 움직일 수 없는 장난감에서 자유자재로 움직이는 로봇으로 주 고객층을 확대했다. 최고의 로봇기술을 보유한 MIT 대학과 제휴하여 출시한, PC와 연동해 프로그래밍하는 마인드스톰Mindstorm 시리즈가 그 결과물이다. 레고의 홈페이지에 들어가서 프로그램을 다운로드한 뒤 블록을 이용해 자신이 원하는 로봇을 디자인할 수 있도록 한 것이다. 즉, 온라인상에서 자신이 직접 디자인한 것을 오프라인에서 배송받을 수 있도록 시스템화함으로써 취미생활에 많은 돈을 사용하는 청소년과 성인 매니아층까지 고객이 급증하게 되었다. 성인 매니아들은 동호회를 통한 활동까지 지원하고, 유아부터 초중고생까지를 대상으로 하는 온오프라인 체험학습장인 레고 에듀센터의 운영과, MSN과 연계된 레고게임으로 고객들 간 승부의 즐거움까지 제공했다.

프라다는 패션제품 중심에서 혁신적 체험매장 중심으로 변모했다. 혁신적인 디자인을 발표해온 IDEO와 제휴하여 360도 인터렉티브 드레스룸을 도입한 것이다. 이 드레스룸에는 매직미러가 설치되어있어서 360도 피팅 모습을 동영상으로 볼 수 있으며, 전자태그 인식 시스템으로 고객 자신이 착용한 옷에 대한 정보를 볼 수 있고, 해당 옷의 가격은 온라인으로 고객의 카드에 입력되게 함으로써 인터넷상에서도 구입할 수 있도록 했다. 프라다의 홈페이지는 고풍스러운 갤러리 스타일의 3D 공간으로 디자인되었기에, 프라다 제품의 예술성을 돋보이고 있다.

크라제버거의 매장에서는 어느 곳에 앉아있더라도 요리 과정의 한복판에 고객 자신이 있는 듯하다. 한쪽 라인에서 주문을 하면, 반대쪽 라인에서 요리가 시작된다. 고객의 눈앞에서 햄버거가 완성된다는, 재미있는 경험을 제공해주는 것이다. 그래서 고객은 나도 모르게 흥이 나고, 뭘 주문할까 고민하게 되고, 주문하고 나면 요리의 과정을 즐기게 되는 것이다.

경험의 중요성은 다양한 곳에서 증명되고 있다. 특히, 소비자와 직접 만나는 서비스 제품의 경우, 제품에 대한 경험도 중요하지만 인적 경험은 더욱 중요하다. 고객 자신이 서비스맨으로부터 받은 특별한 경험은 그 브랜드 전체에 대한 평가로 이루어진다. 그래서 서비스맨과 고객과의 만남의 순간을 '진실의 순간(Moment of Truth)'이라고 하는 것이다. 즉, 진실의 순간에 어떠한 경험을 주느냐가 고객의 만족을 유도하는 결정적 역할을 하는 것이다.

최근에는 전시를 통한 체험의 기회도 증가하고 있다. 과거에는 제품의 성능이나 스펙을 강조하는 것으로 충분했지만, 이제는 "이 제품이 내 삶에 얼마나 의미가 있는가?"가 고객에게 점점 중요해지고 있기 때문이다. 사물인터넷시대가 되면서 디지털 기기들은 서로 데이터를 주고받으며 생활에 유용한 정보를 제공하는 하나의 '시스템'이 되어가고 있기 때문이다. 그래서 전시에서도 각각의 제품에 대해 설명하되, 일관된 메시지를 전달하도록 하는 게 관건이 되었다.

그래서 주목한 것이 '사용자 경험'이다. 관람객들에게 "이 제품의 디자인과 기술이 나한테 이렇게 유용한 거구나!"라는 기억과 느낌을 남겨줄 수 있도록 하는 것이다. 기존의 백화점식 진열 대신, 예를 들면 관람객 스스로 사용자 시나리오를 짜게 하는 식이다. 즉, 아침에 기상했을 때부터 출근 그리고 퇴근 후 집 청소와 TV 시청, 취침에 이르기까지 스마트 가전제품들이 관람객 자신의 생활을 어떻게 편리하게 해줄 것인지를 상황별로 보여주고 체험할 수 있도록 하는, 체험적인 기법을 도입한 것이다. 삼성의 세탁기인 '액티브워시'는 애벌빨래 기능을 위하여 손빨래용 보드를 하나 더 얹었을 뿐이지만 '기술을 위한 기술이 아닌, 생활을 이해하는 감성적 가치'를 전시회에서 전달함으로써 소비자들의 마음을 움직였다.

2) 데이터 발상의 기획 솔루션

① 빅데이터의 중요성

"나는 네가 어제 한 일을 모두 알고 있다." 이렇게 소비자의 일거수일

투족은 데이터로 저장된다. 바야흐로 빅데이터Big-Data의 시대인 것이다. 그렇기에 데이터를 어떻게 활용할 것인가가 중요한 화두로 떠올랐다.

소비자에게 도움이 되는 데이터, 즉 구체적인 정보를 만들기 위해서는 먼저 데이터를 조직화·구조화·체계화하는 과정이 필요하다. 데이터의 겉만 가공해 쓰기 쉽게 만든 것이 정보라면, 정보의 속을 탐색해 숨은 뜻을 찾아낸 것이 지식이다. 그리고 정보는 데이터보다 미래 현상을 예측할 수 있는 힘이 크다. 기존 정보를 실제 상황에 적용해보는 과정에서 나의 몸에 각인되는 것이 바로 지식이다. 정보에 나의 체험과 다양한 기존 사례를 통한 깨달음, 그리고 느낌이 추가될 때 비로소 정보가 지식으로 바뀌는 것이다.

이런 지식이 계속 축적되면 지혜가 생기기 시작한다. 지혜는 영감이며, 문제해결을 위한 통찰력(insight)이자 직관이다. 조목조목 따지고 분석하지 않아도 느낌으로 알 수 있는 고도의 안목이자 혜안이다. 지식이라는 광산에서 지혜라는 광맥을 찾아내기 위해서는 직관적 통찰력과 기술적 전문성이 필요한 이유다.

데이터 분석력은 날로 중요도를 더하고 있다. 데이터는 시장과 소비자 성향을 분석해 전략을 수립하고, 성과 측정을 거쳐 다시 전략을 짜는 데 최적의 근거가 된다. 또한 설득의 근거로써도 중요한 역할을 한다. 그렇기 때문에 마케팅 광고기획자는 방대하고 복잡한 데이터를 쉽게 풀어내는 능력이 필요하다. '데이터→정보→지식→지혜'의 단계로 넘어가는 문제해결의 통찰력은 결국 데이터가 쥐고 있는 셈이다.

빅데이터 분석은 '마인드 마이닝Mind Mining'으로 진화하고 있다. 사용자가 그동안 소셜미디어(SNS)에서 활동했던 내용들을 분석하여 사용자의 성향에 맞는 음악, 영화, 책 등을 추천하는 맞춤형 큐레이션 서비스가 마인드 마이닝에 속한다. IPTV 서비스 브랜드인 올레TV는 나만의 맞춤 편성관으로 '감성 큐레이션' 서비스를 운영하고 있다. 시청자 개개인의 취향에 맞는 콘텐츠를 분석하고 선별해 매일 100여 편의 영화와 드라마, 예능 프로그램을 TV 첫 화면에 띄워주는 식이다. 모든 이용자에게 동일하게 적용됐던 TV화면이 개인의 취향을 분석해 맞춤형 콘텐츠를 추천하는 큐레이터로 변신하게 된 것이다.

개인의 취향을 분석해 음식점을 추천하는 스마트폰 앱인 '두포크Dofork'도 있다. 사용자는 자신이 직접 가본 음식점을 평가하고, 두포크는 이 정보를 활용하여 학습형 엔진 분석으로 사용자들이 만족할 만한 음식점을 추천해준다. 또한, 기존의 제한적인 맛집 추천에 불만을 가진 사용자들을 위해 빅데이터 분석으로 전국 40여만 개 음식점에 대한 공정한 순위도 제공하고 있다.

② 스몰데이터가 왜 필요할까?

당신은 '여자/남자친구'가 왜 좋은지를 숫자로 표현할 수 있는가? 스몰데이터Small-Data는 개인의 취향이나 필요, 건강 상태, 생활양식 등 사소한 행동에서 나오는 정보들이다. 개인에 대한 관찰로 정확한 추리를 해내는 명탐정 셜록 홈스는 뛰어난 스몰데이터 분석가인 것이다.

스몰데이터는 방대한 양의 디지털데이터를 분석해서 나오는 빅데이터와는 접근 방식이 다르다. 스몰데이터의 의미는 놓치기 쉬운 작은 것을 찾고, 틈새 시장을 발견하고, 숨은 의미를 찾는데 유용하다. 또한 역발상의 시각, 감성의 눈, 경박단소의 디테일하고 집중적인 접근, 스쳐지나간 것을 다시 보는 관점이다. 새로운 통찰력인 셈이다.

스몰데이터로 위기에서 탈출한 대표적 기업이 레고다. 1990년대 후반부터 소니의 플레이스테이션, 마이크로소프트의 엑스박스X-box 등 비디오게임이 유행했고, 중국산 저가 장난감도 레고를 위협했다. 레고는 아동복, 미디어, 출판, 게임, 테마파크 등으로 사업을 확장하고, 제품 종류도 160종에서 1998년까지 347종으로 늘렸다. 그런데 오히려 실적은 곤두박질쳤고, 2004년에는 마침내 파산 위기에까지 몰렸다. 레고는 실적 악화의 원인을 빅데이터로 분석했고, 그리하여 레고 블록이 더 커져야 한다는 결과에 따라 신제품을 출시했다. 그러나 판매는 오히려 30% 급감했다.

이때 레고의 경영진에게 해답을 준 사람이 독일의 한 11세 소년이었다. '레고마니아'이면서 열정적인 스케이트보드 선수인 이 소년에게 "자네가 가장 자랑스러워하는 게 뭔가?"라고 물었더니 소년은 "저기 있는 오래된 스케이트보드요"라고 대답했다. 소년은 그 낡은 스케이트보드를 최신 게임기보다 더 소중하게 여긴 것이다. 레고의 경영진은 이로써 '레고만의 특성과 스토리텔링'이 중요하다는 걸 깨달았다. 레고마니아라는 돌파구를 스몰데이터에서 찾은 것이다.

이때부터 레고는 "블록으로 돌아가자(Back to the Brick)"는 슬로건을 세웠다. '레고다움'을 회복하기 위해 창립 당시의 '놀이철학'으로 돌아가서 '블록'의 크기를 다시 줄이고 조립설명서를 상세하게 만들었다. 고객들이 시간을 더 들여 '작품'을 만들어내고, 주변 사람에게 자신의 '업적'을 인정받을 수 있도록 했다. "기본에 충실하자"는 점은 같지만, 위기를 겪기 전과 겪은 후의 다른 점은 과거의 레고가 단순한 장난감 회사

그림 15. 레고 블록으로 만든 영화 〈레고 무비〉의 캐릭터 (출처: 블룸버그)

었다면, 지금의 레고는 스토리텔링을 하는 엔터테인먼트 회사가 됐다는 것이다(〈그림 15〉 참조).[30]

데이터는 문제해결을 위한 하나의 소스일 뿐이다. 중요한 것은 데이터가 말하는 이야기를 듣는 것이다. 최근에 인문학이 관심을 받는 이유도 이와 비슷하다. 데이터 분석을 통한 접근이 아닌, 우리들의 삶에 대한 이야기(오래된 삶의 무늬)를 들여다보자는 것이다. 인문학은 책 속에 존재하는 그 무엇이 아니라 삶을 바라보는 하나의 시각이다. 책 속의 글귀 하나, 영화의 한 장면, 빛바랜 사진 한 장을 통해서도 지적 성찰을 이룸으로써 오늘 나의 행동에 미세한 변화를 이끌어내는 것, 이것이 인사이트이고 창조적 시각인 것이다.

펩시콜라에서 만드는 스포츠음료인 게토레이의 리플레이Replay(재현)라는 캠페인은 사람의 이야기에서 아이디어를 찾았다. 운동이 부족한 30~40대 타깃의 시장을 확장시키기 위하여 예전에 벌어진 유명한

그림 16. 게토레이의 리플레이캠페인

경기에 대한 추억을 재현하는 식으로 끄집어낸 것이다. 진정성 그리고 "그때 그 순간으로 돌아갔으면" 하는 추억에 대한 갈망과 가슴속에 품고 있던 열정을 건드린 것이다. 그리고 그것을 광고에 활용하여 화제를 만든 것이다(《그림 16》 참조).

3) 감성적 발상의 기획 솔루션

전략이란 싸워서 이기는 방법이다. 그동안 우리는 지나칠 정도로 전략 패러다임의 세상에서 살고 있었다고 해도 과언이 아니다. 전략적 시각에서 마케팅 광고기획서를 쓰게 되면 딱딱한 기획서가 나올 수밖에 없다. 즉, 자기주장을 밝히는 논술문이 되고 만다. 논술이 자기주장에 대한 논리적인 근거를 대는 수직적 글쓰기라면, 감성이 담겨있는 글, 즉 '감술'은 사소하지만 생생한 이야기 안에 자신의 생각을 자연스럽게 얹은 수평적 글쓰기다. 그런 글쓰기는 상대방의 공감을 훨씬 더 잘 얻을 수 있다.

마케팅 광고기획도 이젠 딱딱한 틀에서 벗어나야 한다. 브랜드의 미래를 다룬《러브마크》의 저자이자 세계적 광고 에이전시인 사치&사치 Saatchi&Saatchi의 CEO인 케빈 로버츠는, 저서《시소모》에서 Sight(시각), Sound(소리), Motion(움직임)이 세상을 움직인다고 했다. 그의 말대로 오늘날과 같은 스크린시대에는 감성이 그리고 유튜브와 인스타그램 등으로 통하는 비주얼과 이미지가 중요해질 수밖에 없다. 그러니 광고도 새로운 미디어툴로 소통하는 새로운 소비자들을 끌어들이려면 감성에 바탕을 둔 비주얼 솔루션에 관심을 두어야 한다.

광고의 역할은 제품을 일차원적으로 전달하는 것이 아니라 사람들에게 감동을 전달함으로써 강한 인상을 남기는 일이다. 강한 인상을 남기는 방법으로는 다음과 같은 2가지가 있다.

① **소비자의 이기심에 호소한다.** 즉, 이성적이며 논리적으로 설득하는 방법이다. 메시지 중심의 광고가 여기에 속하는 바, 소비자들에게 어떻게 기억시킬 것인가가 가장 중요한 목표다. 논리적이며 직설적이고 명시적인 광고가 더 효과적이라는 연구결과도 있다. 이러한 광고메시지는 소비자의 문제를 해결해주고 이익까지 제공한다는 점을 강조한다. 마치 소의 발바닥에 박힌 가시를 빼주듯이 문제를 해결해준다는 것이다. 인간을 경제적 동물로 본다면, 그리

고 소비자에게 무엇을 말할 것인가에 중점을 둔다면 이렇듯 이성
에 호소하는 방법이 더 효과적일 것이다.

② **인간의 감성에 호소한다.** 감각적이고 간접적이며 이미지적으로 접
근하는 방법이다. 비주얼 중심의 광고가 여기에 속하는 바, 소비
자들이 해당 광고를 좋아하게 만드는 것이 가장 중요한 목표다.
TV 광고의 개척자 로저 리브스는 저서 《광고의 실체》에서 "이성
적 주장(claim)을 감성적 느낌(feeling)으로 감싸는 것이 좋은 광고
다"라고 주장했다. 감성에 호소하더라도 메시지에 대한 주장이 있
어야 한다는 의미다. 이 말은 "무엇을 말할 것인가(What to say)"는
논리적이고 이성적으로, "어떻게 말할 것인가(How to say)"는 감성
적이고 이미지적으로 표현하라는 의미를 담고 있다.

이성적 접근은 인지와 이해에 유리하다. 하지만 소비자들이 행동하
게 하려면 감성에 호소하는 것이 더 유리하다. 아리스토텔레스도 "마음
에 호소하는 연설은 머리에 하는 연설보다 우월하다"고 했다. 《플루타
르크 영웅전》에 나오는 말더듬이 웅변가 데모스테네스가 당대의 타고
난 웅변가들을 이길 수 있었던 비결은 무엇이었을까? 데모스테네스의
경쟁자 에스키네스의 연설이 끝났을 때 군중은 "웅변을 정말 잘 하는구
나" 하며 감탄했지만, 감성적 연설로 마음에 호소한 데모스테네스의 웅
변이 끝났을 때는 "우리 모두 침략자인 마케도니아의 왕을 타도하러 갑
시다!" 하며 달려 나갔던 것이다. 이렇듯 감성은 행동을 유도하는 데 유
리한 속성을 가지고 있다.

그림 17. 코카콜라의 캠페인인 '코카콜라 나누기'

코카콜라는 감성 가치를 파는 대표적 브랜드다. 2011년부터 코카콜라의 병 표면에 자신의 이름이나 가족의 이름, 친구의 이름을 라벨에 넣는 '코카콜라 나누기(Share a Coke)'라는 캠페인을 진행했다. 고객들은 자기 이름을 적은 코카콜라 병을 찍어서 소셜미디어(SNS)에 공유하기 시작했고, 그러한 이름에 얽힌 감성적인 스토리들이 소셜미디어(SNS)로 확산되었다. 코카콜라는 이 캠페인으로 미국에서 10년간 이어진 이익 감소를 넘어 2% 매출 상승이라는 놀라운 결과를 거뒀으며, 우리나라에서는 "힘내", "사랑해" 등 새기고 싶은 단어들을 공모받아 캠페인을 진행하기도 했다(〈그림 17〉 참조).

담배 회사인 말보로의 광고는 1954년부터 1999년까지 무려 45년간 동일한 콘셉트를 유지하면서 세계 광고계에 이미지의 중요성을 알려준 대표적인 캠페인이다. 자유와 독립, 그리고 서부개척시대를 동경하는 미국인들의 심리를 정확하게 꿰뚫어서 카우보이 이미지를 활용한 '말보로맨Marlboroman'이라는 캠페인을 만들었다. 그러나 말보로는 캠페인을 시작하고 몇 년 후 조사결과를 바탕으로 카우보이 이미지를 포기하라는 컨설팅사의 권유를 받았다. 대다수 미국인들은 자신이 카우보이가 아니라고 생각한다는 사실을 밝혀냈기 때문이다. 하지만 컨설팅사는 소비자의 숨어있는 내면심리를 미처 파악하지 못했다. 겉으로만 드러난 소비자의 모습만 보고 섣불리 포기했다면 오늘날 '말보로'라는 세계적 브랜드는 존재할 수 없었을 것이다. 이렇듯 감성에 기반을 둔 기획을 하기 위해서는 소비자의 마음속에 숨어있는 감성의 실마리를 잘 발견해야 한다. 또한 이미지의 확고한 정착을 위해서는 장시간에 걸쳐 일관된 전략의 집행이 뒤따라야 한다는 사실도 잊어서는 안 된다.

소비자의 머릿속에 기억을 시킬 것인가? 마음속에 기억을 시킬 것인가? 제품에 따라, 목적에 따라 그 답이 다를 수는 있다. 그러나 소비자의 마음속에 기억시키기 위해서는 '감동'이라는 전제 조건을 충족시켜야만 한다. 단순히 소비자의 머리에 남기기보다는 마음속 감정에 오래오래 남기는 광고가 한 수 더 높은 광고인 것이다.

4) 디자인적 발상의 기획 솔루션

사람들은 '물건'을 구매하기보다는 '의미(Meaning, 존재적 가치)'를 구매한다. 제품의 실용성·목적성뿐만 아니라 감정적·심리적·사회문화적인 이유로 물건을 구매하기 때문에 마케터/광고인에게는 디자인 시각의 사고가 필요하다.

일반적으로 사용자를 관찰하여 얻는 시장 중심(혹은 사용자 중심)의 변화가 점진적 변화를 이끌어낸다고 하면, 혁신적인 변화를 이끌어낼 수 있는 것은 의미의 변화, 즉 디자인의 혁신이다. 예를 들면, 애플이나 알레시 같은 디자인 혁신 기업은 사용자 조사를 하지 않고, 최고경영자(CEO)와 디자이너의 직관에 의해 사용자들의 기대를 뛰어넘는 급진적 혁신을 이루었다.

이에 따라 '의미의 변화'에는 닌텐도 Wii를 게임기가 아닌 '활동적인 신체오락기'라는 개념으로 바꾼 것도 포함된다. 아이팟이 아이튠즈를 통해서 음악을 선택하고 구매하는 체계를 바꿔놓은 것과, 홀푸드마켓이 건강한 자연식품의 의미를 '자연스러운 즐거움'으로 제안한 것 등도 여기에 속한다.

디자인의 목적이 형태적 아름다움의 추구에서 점차 '의미'를 찾는 디자인(마케팅 광고)으로 바뀌는 것도 같은 맥락이다. 디자인은 문제해결의 도구이며, 사물에 의미를 불어 넣는 작업이기 때문이다. 같은 사물이나 사건을 볼 때도 디자이너와 마케터·관리직군이 매우 다르다고 한다. 마케터·관리직군의 직원들은 매장의 상품 구성 등을 중심으로 말하는 반면, 디자인 담당자는 소비자가 이 매장에 왔을 때의 느낌을 중심으로 이야기를 꺼낸다.

마케터들은 오른쪽 뇌를 사용하도록 훈련받은 사람들이기 때문에 분석적이며 논리적인 사고에 익숙하고, 디자이너는 직관적이며 통합적인 시각을 갖고 있다. P&G는 이러한 '디자인씽킹(design-thinking)'을 회사에 도입함으로써 오늘날 세계에서 가장 훌륭한 디자인 지향적인 회사가 되었다.

디자인경영에서 말하는 '디자이너'는 단순히 그림을 잘 그리는 사람이 아니다. 난해하고 불확실한 상황을 보면서 패턴을 발견하고, 그 패턴을 눈에 보이는 구체적인 모습으로 형상화시키는(visualize) 능력을 가진 사람이다. 더 나아가 고정관념을 넘어 자유롭게 영역을 넘나들면서 융합적으로 사고한다. 경영학에서는 이 개념을 '혁신' 등으로 재해석하고 있다.

디자인경영의 성공 사례로 세계적인 사무용 가구 브랜드인 스틸케이스steelcase가 있다. 1912년 철제 책상·캐비닛을 만드는 회사로 출발한 이 회사는, 고품격 사무용 가구 브랜드로 도약해 비약적인 발전을 거뒀다. 스틸케이스에는 디자인 팀이 따로 없다. 직원들 모두가 디자인적 사고를 하기 때문이다. 이 회사는 단순히 가구만을 파는 회사를 너머 고객 회사의 업무 성격, 추구하는 가치 등에 따라 사무실 공간 배치를 달리하는 '사무 환경 디자인'을 파는 회사가 되었다.

일반적으로 제품의 가치사슬을 떠올려보라고 하면 '생산'이나 '마케팅' 등을 떠올린다. 그렇지만 생산 단계 이전에도 이미 어떤 제품을 만들겠다는 디자인 개념이 포함돼있음을 명심해야 한다. 따지고 보면 상품을 진열하는 것뿐만 아니라 백화점이 소비자에게 팔 상품을 준비하는 일도 일종의 디자인이다. 감성 마케팅의 중심이기도 하며, 감성적 접근으로 이익을 창출하는 것이 바로 디자인경영이다.

이러한 디자인경영의 일환으로 주목을 받는 것이 앞서 언급한 디자인씽킹Design-Thinking이다. 디자인씽킹은 개인(자영업자나 스타트업 창업자 등)이나 조직(기업이나 기관 등)이 고객들 자신들도 모르는 핵심 문제를 먼저 파악하고 해결해줌으로써 혁신적인 가치를 만들어내는 창의적인 문제해결 방법이다. 디자인씽킹 전문가이자 토론토 대학 로트먼 경영대학원의 학장인 로저 마틴은, 디자인씽킹에 대해 이렇게 정의했다.

a. 사람의 관점에서 출발한다. 그들이 무엇을 원하는지를 발견하는 것이다.
b. 통합적으로 사고한다. 즉, 다양한 관점에서 관찰하고, 귀납적·연역적 방법이 아닌 귀추논리(가설을 세우고 해결에 접근하는)를 통하여 분석적 사고와 직관적 사고의 균형을 꾀한다.
c. 무수한 실험을 해봄으로써 시행착오를 겪는다.
d. 지속적 반복으로 점진적으로 완성한다.

즉, 로저 마틴이 말한 디자인씽킹의 과정은 '고객에 대한 감정 이입(empathy) → 정의내리기(define) → 관념화하기(ideate) → 원형原型 만들기(prototype) → 테스트test'의 순서로 진행되는 것이다.

이렇듯 마케팅 광고기획자의 눈을 디자인적인 시각으로 바꿔보면 또 다른 기회를 엿볼 수 있다. 즉, 마케팅 광고기획을 분석에서 출발하지 않고 전체의 느낌으로 파악하여 형태로 발상하는 방법을 취하는 것이다. 아이디어란 책. 이론. 경험으로 얻은 것들을 수면 위로 떠올려 현재의 문제와 교차시킬 때 발생한다. 교차되는 순간의 직관으로 혁신적인 빅아이디어를 찾아낼 수 있는 것이다. 하나의 혁신적 아이디어가 전체 마케팅 광고 전략을 좌우할 수도 있다.

도미노피자의 경우는 30분 이내 배달'이라는 영업슬로건 하나가 기업의 존재를 결정하는 경영철학으로 발전한 대표적 사례다. 소니의 혁신적 카세트플레이어였던 워크맨Walkman도 작은 사이즈에 녹음기능과 재생기능 등 모든 기능을 넣는다는 디자인씽킹에서 출발하여 탄생된 제품이다. 좋은 아이디어가 있다면, 기획의 논리를 그 아이디어에 맞추는 것도 좋은 방법인 것이다.

5) 스토리 발상의 기획 솔루션

이야기(스토리, 서사, 내러티브)는 인류의 역사와 함께 시작되었다. 그래서 누구나 이야기를 갖고 있고, 무엇이나 이야기의 도구가 될 수 있다.[31] 커뮤니케이션의 의미도 '어떤 사건들에 대해서 자세하게 이야기하기 위한 것'이라고 해석할 수 있다.

이야기가 '진실'보다 큰 힘을 발휘하는 현상을 '이야기 편향(story bias)'이라고 한다. 인간은 본질적으로 스토리텔러이며, 청중이며, 논쟁보다는 이야기에 의해 설득당하기 쉬운 존재인 것이다. 문자나 논리, 통계는 인류사에서 보면 최근에 생겨난 도구들이기 때문에 우리는 추상적인 사실(fact)보다는 그럴듯한 이야기에 끌리게 된다. 그래서 우리가 사는 세상은 스스로가 선택한 일련의 이야기들이며, 이로써 끊임없이 우리의 삶을 재창조하는 것이다.

우리가 어떤 의사결정을 할 때 자신이 경험한 이야기를 반추해서 정보를 받아드리는 것을 내러티브 패러다임Narrative paradigm이라고 한다. 이는 새로운 이야기도 이미 기억 속에 구성되어있는 이야기와 연결되어있다는 의미다. 그래서 브랜드에 대한 새로운 정보가 유입될 때 기존에 자신이 경험한 기억 속의 에피소드와 연결시키려 하며, 이 과정에서 브랜드와의 관계를 형성하게 된다. 기업들이 고객과의 터치포인트를 찾기 위해 광고와 PR로 좋은 스토리를 만들어내고자 하는 이유가 여기 있으며, 그래서 스토리는 곧 같은 카테고리 안에 있는 브랜드들과의 차별화 요소로 작용하게 되는 것이다.

제품을 기능으로 팔던 시대는 지났다. 의미 없는 제품은 더 이상 팔리지 않는다. 소비자를 감동시키는 제품, 행복하게 해주는 제품, 즐거움을 주는 제품을 만들지 않으면 안 된다. 소비자가 감동하고, 즐겁고. 의미가 있다고 생각하면 소비자 스스로 제품 정보를 바이러스처럼 입에서 입으로 전염시키게 된다. 이렇게 제품 정보가 네트워크를 통해서 확산되기 위해서는 제품의 스토리에 힘이 있어야 한다. 누군가와 나누고 싶은 가치가 있거나 흥미 있는 이야기, 즉 '이야기 가치(story value)'가 있어야 제품 정보는 산을 넘고 바다를 건널 수 있다.

광고는 스토리에서 시작해서 스토리로 끝난다 해도 과언이 아니다. 광고 같지 않은 광고를 선호하는 이유도 사람들이 스토리만을 기억하기 때문이다. 즉, 바이럴viral(입소문)의 소스로서 스토리의 가치가 있기 때문이다. 콘텐츠 시장은 계속 폭발적으로 성장하고 있다. 스마트폰을 선두로 하는 디지털미디어의 힘은 '스토리'의 중요성을 재확인시켜주고 있다.

광고를 포함한 정보 과잉에 몸살을 앓고 있는 소비자들에게 강제노출형 매체 광고는 이미 한계에 직면해있다. 그래서 오늘날과 같은 스토리 융합의 시대는 광고 회사에게 큰 위기이면서 동시에 기회이기도 하다. 마케터/광고인들도 진정한 스토리 전문가로서 브랜드 스토리를 개발, 유통, 관리하는 콘텐츠 전략의 중심에 있어야 하는 이유다.

소비자의 입으로 거론된 정보(Customer-initiated Contacts)가 기업의 입으로 거론된 정보(Firm-initiated contacts)에 비해 26.7배의 판매 효과가 있다고 한다.[32] 결국 마케터/광고인은 강력한 스토리를 담은 광고로 소비자의 자발적 커뮤니케이션을 촉발해야 한다는 결론을 내릴 수 있다.

스토리텔링과 관련한 너무나도 유명한 사례가 있다.

미국 뉴멕시코 주의 고원지대에 있는 사과농장에서 수확을 며칠 앞두고 기상이변으로 우박이 쏟아졌다. 그래서 사과들이 모두 모과처럼 일그러졌을 뿐만 아니라 우박 맞은 자국이 시커먼 얼룩이 되었다. 뜻밖의 재난을 만난 이 농부는 1년 농사를 위해 융자를 받은 돈은 어떻게 갚으며 청과물 회사에서 받은 계약금 문제는 어떻게 해결할 것인가로 머리를 싸매야 했다. 그러자 이 농부의 아들이 아래와 같은 인쇄물을 만들었다.

"보내드리는 이 사과 표면에 있는 까만 점들을 잘 보아주십시오.
이것은 우박을 맞은 자국입니다.
이는 이 사과가 뉴멕시코 주 고원지대에서 생산되었다는 확실한 증거입니다.
높은 산에서는 가끔 결정적인 순간에 기온이 급강하하고
그 때문에 사과의 속살이 꽉 조여져서
고랭지高冷地 재배 농산물 특유의 놀라운 맛과 향이 만들어지는 것입니다.
이 단단하게 조여진 고랭지 사과 특유의 맛과 향을
특별하게 즐기시기 바랍니다.

_ 제임스 웹 영 드림

이 편지 한 장이 사료나 잼의 원료로 처분될 수밖에 없었을 망가진 사과에 높은 가치를 부여하여 전량 매진의 진기록을 만들어냈다. 이 농부의 아들이 바로 세계 최초로 '통신판매'를 생각해낸 '광고의 아버지' 제임스 웹 영이다.

일본에도 비슷한 사례가 있다. 일본의 혼슈 섬 최북단에 위치한 아오모리 현은 일본 최대의 사과 생산지로 유명한데, 1991년 가을의 큰 태풍으로 수확을 앞둔 사과의 90%가 땅에 떨어져 농사를 망칠 지경에 이르렀다. 낙담한 농민들은 땅에 떨어진 사과를 보며 망연자실하고 있었다. 이때 마을 이장이 기발한 제안을 했다.

"우리에겐 10%의 사과가 남아있습니다. 이 사과를 이용해 활로를 찾읍시다!"

마을 사람들은 태풍에도 떨어지지 않은 바로 그 10%의 사과들을 '시험에 절대 떨어지지 않는 합격 사과'라는 카피로 판매했고, 이 사과들은 보통 사과값의 10배 가격에 시험을 앞둔 자녀를 둔 부모들에게 팔려나갔다.

베네피트 화장품은 브랜드 네이밍에서부터 스토리텔링을 잘 활용했다. 향수 브랜드에는 'Something shout Sofia(소피아에겐 뭔가 특별한 게 있지)'라든가 'My place or yours. Gina(오늘밤 나의 집 아니면 너의 집으로, 지나)'라는 이름을, 바디크림 브랜드에는 'Touch me then Try to leave(나를 만져봐, 그리고 떠날 테면 떠나봐)'라는 독특한 네이밍으로 차별화한 것이다. '닥터 필 굿Doctor feel good'이라는 브랜드의 패키지에는 흘러간 옛 영화 속의 키스신을 넣고, '바디 소 파인Body So Fine'이라는 브랜드에서는 복고풍 일러스트를 활용하고. 광고에는 엔티크한 인형을 모델로 등장시켜 화제가 되었다. 매장은 고객들의 수다 공간으로 만듦으로써 고객들의 니즈를 수집하는 공간으로 활용했다. 이렇게 기발하면서 기능적인 기획으로 고객들 사이에서 '재미있는 화장품'으로 널리 알려지게 만든 것이다.

온라인 판매 대행 회사인 자포스는 감동 서비스와 행복 경영으로 유명한 기업이다. 콜센터call-center를 컨텍센터contact-center로 정의하는 등 고객들과의 관계에 공을 들인 회사이기도 하다. 그 계기는 이러하다.

어느 날, 고객이 어머니를 위한 신발을 주문해서 받았지만 어머니가 돌아가셔서 어쩔 수 없이 반품하겠다고 했다. 이에 자포스는 직원을 직접 보내 반품을 받고, 경영진이 위로의 편지를 보냈다. 이러한 사실을 바로 그 고객이 소셜미디어(SNS)에 소개함으로써 큰 화제가 되었다.

자포스는 재고가 없을 경우에는 타 매장을 안내해주고. 밤늦게 문을 연 피자매장까지 찾아서 알려주는 등 생활서비스까지 함으로써 고객들에게 많은 감동스토리를 만들어주었다. 고객들의 다양한 불평불만에 대한 매뉴얼까지 모두 담은 《컬처북》을 발간하고, 인트라넷에 접속할 때에는 동료의 사진을 보고서 그의 이름을 맞춰야 로그인이 가능하도록 함으로써 직원들 간의 교류에도 신경을 쓰는 기업이기도 하다. 아마존에 인수될 때 12억 달러라는 가치를 인정받게 해준 것도 바로 이러한 스토리의 힘이었다.

이렇듯 많은 기업들이 이야기로 홍보 효과를 톡톡히 누리기도 한다. 짓궂은 질문에도 재치 있게 답변해서 유명해진 해충 방제 전문 기업 세스코Cesco가 좋은 사례다. 어떤 고객이 인터넷상에 "바퀴벌레를 먹는 것이 문제없나요?"라는 질문을 올렸다. 다른 회사라면 이를 장난글로 보고 아예 무시했을 것이다. 그런데 세스코의 공식 답변은 이랬다.

"고단백이지만 세균이 많아 사전 처리를 잘 하고 드셔야 합니다."

세스코의 답글 이야기는 네티즌 사이에서 꼬리에 꼬리를 물었다. 수많은 사이트에 '세스코 유머'라는 콘텐츠로 소개되기도 했다. 사람들이 세스코에 대해 유쾌하고 좋은 이미지를 갖게 된 것은 당연한 결과였다.

소니는 우리 돈으로 12만 원이나 하는 고급 이어폰을 출시하면서 마니아로 마니아를 끌어들이는 전략을 활용해 기대 이상의 매출을 끌어냈다. 소니는 전자제품 마니아들이 추앙하는 어느 전문가에게 제품에 대한 이야기를 만들어달라고 의뢰했다. 그 전문가가 기술한 소니 제품 이야기는 마니아들의 관심을 끌면서 해당 제품의 품절 사태까지 만들었다. 또 그 제품을 어렵게 구입한 고객들은 다시 자신의 블로그에 그 제품에 대한 호평을 올려놓아 홍보의 선순환을 만들어냈다.

제품으로 화면을 빼곡히 채우던 온라인 쇼핑몰도 변하고 있다. CJ오쇼핑은 온라인 CJ몰에 '오트렌드O'Trend'라는 코너를 추가했다. 유행하는 라이프스타일을 쉽게 받아들이는 25~34세 소비자들을 공략하려면 어디에서나 볼 수 있는 제품과 콘텐츠로는 성공하기 어렵다는 판단에서다. 이 사이트는 패션·인테리어·여행·자동차·식품에서부터 애완동물·음악·영화에 이르기까지 최신 라이프스타일에 관한 정보와 스토리로 관련 상품을 추천한다. CJ몰에서 프랑스 여행기를 읽다가 프랑스행 여행 상품이 궁금해지면 옆 배너를 클릭해 여행상품 코너로 이동하는 식이다. 트렌드에 민감하고 요령 있게 쇼핑하는 데 익숙한 젊은 층을 타깃으로 쇼핑몰의 개념을 마음에 드는 라이프스타일을 고르는 곳으로 바꾼 것이다.[33]

6) 프레임 발상의 기획 솔루션

여러분은 '나 자신'에 대해서 얼마나 아는가? 스스로에 대해서도 아는 것보다 모르는 것이 더 많은 것이 인간이다. 그래서 소비자에 대한 이해가 그만큼 어려운 것이다.

소비자는 광고를 볼 때 어떤 브랜드의 광고인가를 인식하는 인지 반응과, 그 광고가 좋은가 나쁜가를 판단하는 정서 반응을 동시에 보인다. 그러한 정서 반응이 매개가 되어 브랜드에 간접적인 영향을 끼치게 된다. 그래서 광고가 좋으면 그 제품도 좋게 생각되는 것이다. 또한 우리가 어떤 행동을 했을 때 긍정적 결과로 이어진다면 그 행위들을 계속할 것이고, 부정적 결과로 이어진다면 그 행위들을 회피할 것이다. 결과가 좋다는 것은 곧 보상(Reward)이며, 보상에 의해 어떤 행동의 발생 빈도가 증가하는 것이 강화(Reinforcement)다.

강화에는 정적 강화(Positive Reinforcement)와 부적 강화(Negative Reinforcement)가 있다. 정적 강화는 특정 행동 뒤에 어떤 긍정적 보상이 주어지는 것이며, 부적 강화는 특정 행동을 하지 않는 경우에 부적 보상이 주어지는 것이다. 숙제를 하지 않아서 선생님께 혼이 났다면, 이후에는 선생님께 혼나지 않기 위해 숙제를 꼬박꼬박 해가는 경우가 부적 강화인 것이다. 사실, 어떤 행동 뒤에 처벌 같은 불쾌한 반응이 나타나면 그러한 행동을 반복하지 않는다. 처벌은 이렇듯 특정 행동의 반복을 막는 것이다. 새로 구입한 옷을 입고 갔는데 안 어울린다고 친구들이 놀려대면 그 옷을 더 이상 안 입게 되는 경우도 이에 해당된다.

처벌은 어떤 부정적 행동을 억제하는 것이 가능하지만, 지속적인 억제를 위해서는 처벌의 수준을 높여야 한다는 부작용의 우려가 있다. 대부분의 광고 내용이 정적 강화인 것도 같은 맥락으로 해석할 수 있다. 반면에 의약품 광고의 경우는 약을 사용하지 않았을 때의 아픔을 보여주고, 그 약을 사용함으로써 고통에서 벗어날 수 있음을 보여주는 부적 강화를 주로 활용한다.

음료수인 코카콜라에서 탄산은 몸에 좋지 않은, 피하고 싶은 회피동기의 요소다. 그렇지만 여름에는 탄산의 부정적인 면보다는 시원함이 더 우선이기 때문에 회피동기가 약해진다. 그래서 여름용 광고에는 "시원하게 마신다"는 것을 표현하는 긍정적 접근을 한다, 반면에 겨울에는 탄산에 대한 회피동기가 강해진다. 그래서 탄산을 연상시키지 않는 귀여운 북극곰이나 산타 할아버지가 등장하여 긍정적이고 친근한 이미지를 전달한다.

'나'에 대해서는 접근동기가 강하고, '우리'에 대해서는 회피동기가 더 강하게 나타난다. 그래서 상대가 무엇을 좋아하는지는 잘 모르지만, 무엇을 싫어하는지에 대해서는 잘 안다. 축구에서 페널티킥을 실패하는 이유도 "실패하면 어떻게 하나" 하는 회피동기가 작용하기 때문이다. 이럴 때는 "들어갈 것이다!"라는 확신, 즉 접근동기를 가지면 성공률이 높아진다.

여기까지의 이야기를 정리하는 차원에서 여러분 자신에게 다음과 같은 질문을 던져보자.

a. 정적 강화를 할 것인가? 부적 강화를 할 것인가?

b. 접근동기로 설득할 것인가? 회피동기로 설득할 것인가?

예를 들어 '생존율 30%'와 '사망률 70%'는 같은 의미의 말이지만, 소비자가 느끼는 감정은 크게 다르다. 이 말을 약 광고의 헤드라인으로 사용한다면 어떻게 될까? 사망률 70%라고 하는데 누가 그 약을 사겠는가? 생존율 30%라고 하면 "그래도 살 수는 있겠구나" 하는 실낱 같은 희망을 가질 것이니, 그것이 약의 구매로 이어질 것이다.

사람은 사물에 관한 지식을 받아들일 때 그 속성뿐 아니라 관점, 맥락, 모양, 움직임 등을 통합적인 틀로 인식하는데, 이를 프레임frame이라고 한다. 어떤 동기 요인을 자극하는 것이 효과적인가도 하나의 프레임으로 설명할 수 있다.

요즘 우리나라 정치에서도 프레임 전쟁이 한창이다. 사람들은 주어진 틀 안에서만 생각하려는 경향이 강하기 때문이다. 사람들은 '비싸고 좋은' 제품과 '싸고 나쁜' 제품 중에서 선택하라고 하면 대부분 '비싸고 좋은' 제품을 선택한다. 여기에 '싸고 더 나쁜 제품'을 추가하여 선택의 프레임을 바꾸면 '싸고 나쁜 제품'을 선택하는 사람들도 나온다는 것이다. 미국 고급 주방용품 메이커인 윌리엄 소노마William Sonoma가 출시한 제빵기의 가격이 279달러였는데, 비슷한 기능에 조금 큰 제품이 429달러에 출시되자 279달러짜리 제빵기의 매출이 2배로 껑충 뛰었다고 한다. 품질과 가격이 달라지지 않았는데도 매출이 늘어난 이유는, 소비자들의 비교프레임이 달라졌기 때문이다.

'세탁료 3천 원에 방충이 무료'라는 메시지보다는 '세탁료 무료에 방충이 3천 원'이 훨씬 효과적이다. 패스트푸드점에서 직원이 "콜라를 드시겠습니까?"라고 묻는 것보다 "콜라 사이즈를 라지로 할까요? 레귤러로 할까요?"라고 이미 콜라를 시킬 것이라는 프레임을 만들어놓고 물으면 고객이 콜라를 주문할 가능성이 높아진다. 즉, "어떤 프레임을 만들 것인가"는 기획을 하는 데는 물론 크리에이티브와 프레젠테이션에서도 유용하다.

7) 가치 중심 발상의 기획 솔루션

'가치'란 무엇인가? 가치는 비용 대비 혜택의 함수다. 즉, 투여한 비용에 대비하여 얼마만큼의 혜택을 얻었느냐의 문제인 것이다. 가치를 늘리기 위해서는 2가지 관리 변수가 필요하다. 즉, 비용을 줄이는 방법과 혜택을 늘리는 방법이다. 사람들은 최소의 노력으로 최대의 효과를 얻으려고 한다. 최소의 비용으로 얻는 것이 많아야 가치가 있다고 생각한다.

가치를 올리려고 한다면 가격을 내리기보다는 혜택을 늘리는 것이 훨씬 낫다. 값을 깎아줌으로써 가치를 높여주는 것은 다량의 판매를 전제하지 않고는 수익을 축소시키고, 브랜드 이미지를 하락시키는 결과를 초래하기 때문이다. 더군다나 사람마다 가치관이 다르듯이 한 제품에 대한 가치를 생각하는 방식도 사람마다 다르다. 즉, 가치개념화의 방식이 다른 것이다. 그러니 제품의 가치를 높여야겠다면 다음과 같은 방식들을 고려해야 한다.

① 기능 개선으로 가치를 높인다

과정에서의 기능적 측면으로 가치를 제고시키는 방안으로는 고객의 혜택을 증가시키는 방법이 있다. 예를 들면, 세계적으로 많은 지점들을 갖고 있는 메리어트 호텔은 '고객 인식 시스템(Guest Recognition System)'을 운영한다. 이 프로그램에 의해 '우수고객'은 전 세계 어느 메리어트 호텔에 투숙하더라도 그의 기호에 맞춰진 서비스를 제공받는다. 이전에 투숙했을 때의 다양한 정보들이 메리어트 호텔의 데이터베이스에 이미 입력되어있어서 다른 지역의 메리어트 호텔에 묵더라도, 일일이 원하는 사항을 얘기할 필요가 없는 것이다. 우수고객 자신이 원하는 딱딱한 베개와 차를 마시기 위한 따뜻한 물은 이미 그가 묵을 객실에 갖춰져있는 것이다. 정말로 큰 혜택이 아닐 수 없다.

은행의 VIP 고객을 위한 프라이빗 뱅킹 서비스Private Banking Service도 마찬가지다. VIP 고객들은 기다릴 필요가 없다는 커다란 혜택을 누리는 것이다.

② 경험으로 가치를 높인다

과정에서의 경험으로 가치를 제고시키는 방법은 인적 유통으로 이루어지는 경우가 많다. 인적 유통에 의해 고객과 만날 때 중요한 포인트가 '진실의 순간(MOMENT of TRUTH)'이다. 이는 회사의 직원과 고객이 만나는 시점이자 브랜드의 진실을 알리는 순간이다.

어느 정수기 회사의 방문 판매 전략은 진실의 순간을 보여주는 대표적 사례라 할 수 있다. 이들은 간단한 실험도구를 준비하고, 수돗물과 정수기물의 차이를 극명하게 보여주었다. 일반 수돗물에 시약을 넣으면 색깔이 빨갛게 변하고, 정수기물에 시약을 넣으면 색깔이 변하지 않는 것을 고객에게 보여주며 영업을 한 것이다. 정수기물이 더 깨끗하다는 것을 눈앞에서 증명한 것이다. 이 실험의 효과에 대해서는 과학 관련 논란이 있었지만, 고객의 입장에서는 제품의 효능을 알 수 있는 극적인 경험을 제공받은 셈이다. 정수기 영업사원과 고객이 만나는 순간이 '진실의 순간'으로 변화됨으로써 고객의 감동이 증가했고, 이는 곧 구매로 연결되었다.

같은 회사의 정수기 관리인 제도 또한 고객들에게 특별한 경험을 제공해준다. 이들은 약 3개월마다 집으로 직접 찾아온다. 3만 원 정도의 돈을 지불하면, 소비자가 직접 하기 어려운 정수기 관리를 대신해준다. 소비자와의 만남을 따뜻하게 유지하기 위한 영업매뉴얼도 있다. 그에 따라 소비자와 친해지면 공기청정기나 비데, 연수기 등 다른 제품도 권하는 등 타 제품의 판매로도 이어지는 것이다. 이렇듯 절내적인 효과는 모두 고객과 종업원이 만나는 순간에 이루어진다.

삼성전자의 애프터서비스 전략도 마찬가지다. 1980년대부터 삼성전자의 애프터서비스는 주부들에게 놀라운 경험을 제공했다. TV가 고장이 나서 애프터서비스를 신청하면, 먼저 전화가 온다. "00시에 도착하려 하는데, 시간 괜찮으십니까?" 꼭 이렇게 미리 전화를 걸고 방문하는 것이다. 일종의 비포어서비스before-service인 것이다.

문제를 일으킨 제품을 수리해주고 나면, "다 고쳤습니다. 뭐 다른 것 중에 문제 있는 것은 없습니까? 이왕 온 김에 손봐드리겠습니다"라고 또 묻는다. 당연히 서비스를 받은 주부는 깜짝 놀란다. 그냥 고쳐준 것도 고마운데, 다른 것도 봐주겠다니 놀랍지 않을 수 없다. 듀어링서비스During-Service인 것이다.

애프터서비스맨이 나가고 나면, 또 전화가 온다. "고객님, 저희 기사

님이 잘 고치고 가셨나요? 무슨 불편 사항은 없으셨나요?” 소비자는 또 놀란다. 애프터케어After-Service인 것이다.

이렇게 고객과 만나기 전의, 만나는 와중의, 만나고 난 후의 관계 관리가 소비자에게 놀라움과 감동을 준다. 삼성전자의 경우는 전형적인 과정 관리 사례라고 해야 할 것이다. 과정 관리는 고객의 가치를 제고하는 측면에서 매우 중요한 툴이며, 여기에는 기능적인 접근과 경험적인 접근이 모두 가능하다. 1960년대 미국 광고 시장에서 마케팅 전략의 핵심적 역할을 담당했던 로서 리브스는 이에 대해 다음과 같이 이야기했다.

a. 모든 광고는 소비자와 약속을 해야 한다 - 말로만이 아닌, 보여주기식이 아닌, “이 제품을 사세요. 그러면 구체적으로 이런 이득을 얻게 될 것입니다”라고 말할 수 있어야 한다.
b. 그 약속은 경쟁자가 할 수 없거나 하지 않고 있는 것이어야 한다.
c. 그 약속은 수백만 명의 소비자들을 움직이고 끌어올 수 있는 강력한 힘을 가져야 한다.

③ 절대 가치를 활용한다

이미 상품 출시에 맞춰 광고만 쏟아내면 되던 시대는 갔다. 물건의 포장에만 신경을 쓰고, 브랜드 관리만 잘 하면 되던 마케팅 시대도 저물고 있다. 경쟁사의 상품에 대항해 비교 우위만 차지하면 되던 시절도 갔다. 상품 자체의 사용 가치가 중요해지는 ‘절대 가치(absolute value)’의 시대가 온 것이다.

오늘날 많은 소비자들은 상품이나 서비스의 품질을 가늠할 때, 다른 소비자들이나 전문가들의 말과 평가에서 도움을 받을 수 있다. 그전까지 마케터들이 주로 제작했던 광고나 패키지, 기타 '주어지기만 하는 정보들'에 대한 고객들의 의존도가 많이 낮아졌다. 그 대신 고객들 자신이 관심 있는 물건이나 서비스의 품질에 관한 정보들을 빠르고 손쉽게 얻을 수 있게 되었다.

절대 가치의 개념이 떠오르고 있는 이유를 정리하자면 다음과 같다.

a. 브랜드 영향력이 감소했다 – 소비자들이 상품의 품질을 가늠해볼 수 없던 시절에는 브랜드도 품질 측정의 방법 중 하나였다. 하지만 이제는 사용자들이나 전문가들이 올린 리뷰가 많기에 브랜드는 더 이상 품질 측정의 척도가 될 수는 없다.

b. 정보를 선택적·효율적으로 다룬다 – 정보가 지나치게 넘쳐나는 시대이지만, 많은 소비자들이 다양한 정보 검색 도구들을 사용해 자신에게 필요한 정보를 취사선택해볼 수 있다.

c. "소비자는 비합리적이다"라는 전제가 바뀌고 있다 – 과거에는 소비자들이 상품의 절대 가치를 가늠할 수 없었다. 그렇기 때문에 진짜 품질 대신 브랜드나 가격, 원산지와 같은 대용물에 의존할 수밖에 없었다. 이제 소비자들은 상품·서비스에 대한 정보의 새로운 원천인 인터넷을 갖게 되면서 진짜 가치를 보다 쉽게 파악할 수 있게 되었다. 그럼으로써 제품 자체와는 관련이 없는 요인 때문에 A 대신 B를 선택하는 '비합리성'이 없어지게 되었다.

d. 상품의 포지셔닝이 어려워졌다 – 이전에는 기업의 마케터들이 상

품·서비스에 대한 소비자들의 주요 정보원이었다. 그래서 마케터들이 소비자들의 머릿속에 자사 상품의 브랜드와 특장점 등을 각인시킬 수가 있었다. 가령, '안전'하면 볼보자동차를 떠올리게 만들 수 있었다. 하지만 이제는 인터넷이라는 새로운 정보원이 생겼다. 예를 들면, 카메라를 살 때 소비자들은 어떤 제품의 성능이 실제로 얼마나 좋은지를 인터넷을 검색해 파악할 수 있게 된 것이다.

소비자들이 각 상품의 절대 가치를 가늠할 수 있게 된 결과, 마케터들이 바라는 대로 소비자들이 상품을 인식하게 하는 포지셔닝 전략의 영향력은 점점 줄어들고 있다. 소비자들은 마케터의 포지셔닝과는 무관하게 독자적인 판단을 내리는 것이다. 그럼 이쯤에서 소비자들의 의사결정 과정에서 서로 연결되는 3가지 개념들을 살펴보자.

a. **인지적 절약자**(cognitive miser) – 물건을 구매할 때 필요 이상으로 머리를 쓰고 싶지 않아 하는 경향이다. 사람들은 구매를 결정할 때 되도록이면 적은 양의 정보를 사용할 뿐만 아니라 접근이 가장 쉬운 정보만 택하는 경향이 있다. 가령, 가장 손쉽게 접근할 수 있는 사전(prior) 지식이나 그 순간에 우연히 접하게 된 지식에 의존할 가능성이 높다. 따라서 상품을 고르기 위한 정보를 찾을 때에도 곧바로 결론을 원하고 지름길을 바란다. 과거에는 인지적 지름길(휴리스틱heuristics)이 상품의 브랜드 같은 것이었다면, 오늘날에는 온라인 공간의 '별 다섯 개짜리 리뷰' 같은 것이 바로 그것이다.

b. **타협 효과**(compromise effect) – 소비자들에게 각기 다른 가격·품질

수준에 따라 3가지 혹은 그 이상의 선택지를 제시하면 중간 정도
의 것을 선택하는 경향을 보이는 것이다. 이런 연구결과는 "소비
자들은 비합리적이다"라는 주장의 증거로 사용돼왔다. '합리적' 소
비자들이라면 상품의 절대(실질) 가치에 따라 평가를 내릴 것이며,
자의적으로 선택지향의 중간 정도에 맞추지는 않을 것이기 때문
이다. 이런 '타협 효과'가 줄고 있다는 사실은 소비자들의 '상대적
(비교적) 가치 사고'가 '절대적 가치 사고'로 옮겨가고 있음을 보여
준다.

C. **카우치 트래킹**couch tracking - 상품·서비스에 대한 품질 높은 정보를
자기 방에서 손쉽게 실시간으로 챙겨볼 수 있다 보니, 애플과 삼성
같은 강력한 브랜드들마저 새로 출시한 상품의 품질이 볼품없을
경우에는 성공을 거두지 못할 가능성이 높아졌다. 해당 상품에 대
한 나쁜 소식이 삽시간에 퍼질 수 있기 때문이다.

브랜드는 사라지지 않는다. 하지만 이제 소비자들은 상품에 관한 더
나은 정보의 원천을 갖고 있기 때문에, '품질의 신호'로서 브랜드가 갖
는 중요성은 약해지고 있다. 다만, 브랜드는 이제 소비자들 사이에서
'소통 지위(communicating status)'와 같은 다른 기능을 발휘하고 있다.

최근 소비자들은 마케터들의 상품 묘사나 비교 정보에 의존하지 않
고, 있는 그대로의 품질을 평가하는 데 더 능하다. 온라인 공간의 많은
리뷰에서 사용되는 언어들은 대체로 이전보다 더 구체적이고, 보다 사
실적이며, 품질과 상품의 사용 체험에 초점이 맞춰져있다. 그 결과 소비
자들은 이제 마케터/광고인들의 과대·과장 광고에 덜 휘둘릴 수 있게

됐다.

예를 들면, 1990년대에는 자동차를 구매 시 마케터/광고인들은 자신들이 원하는 대로 감성적 호소력을 소비자들에게 불어넣을 수 있었다. 하지만 최근에는 소비자들이 자동차 구매를 최종 결정하기 전에 수십 가지 리뷰들을 먼저 살펴보기 때문에 그런 감성적 호소가 위력을 발휘할 여지가 상대적으로 줄어들었다.

앞으로는 사용자들과 전문가들의 리뷰가 품질에 관한 핵심적인 정보를 제공함으로써 소비자들은 절대 가치에 근거한 구매를 할 수 있을 것이다.[34]

8) 테크놀로지 발상의 광고기획

마케팅 테크놀로지란 고객들의 경험과 기업의 마케팅 활동을 효율적으로 연결하는 일련의 과정이다. 소비자와 시장을 분석하는 기술은 관계 마케팅이나 고객 타깃팅이 가능하도록 했고, 2010년대부터는 소비자들이 쓰고 보는 모든 것에 대한 타깃팅이 가능해졌다. 기술이 발전하면서 데이터의 중요성은 더욱 커지고 있고, 데이터를 가지고 만든 크리에이티브와 그렇지 않은 크리에이티브의 결과 차이는 확연해졌다.

이제는 크리에이티브 아이디어만의 경쟁이 아니라 기술과 결합된 새로운 유형의 크리에이티브가 필요하다. 크리에이티브를 전달하는 새로운 기술이 있어야 한다는 것이다. 스마트미디어로 개인의 니즈에 맞는 광고를 보낼 수 있게 되었고, 실시간으로 결과가 나오고, 그것을 지켜보고, 피드백이 가능해진 시대가 되었기 때문이다.

기획을 하는 일은 과거와 비슷하지만, 기획을 누구에게, 어떻게, 어떤 채널을 통해서 노출시킬 것인지에 대해 결정하는 것도 광고인들의 몫이 되었다. 그래서 기획을 담당하는 사람은 데이터를 값지게 해석하고 플래닝할 수 있는 능력이 필요해졌다.

크리에이티브는 스토리story, 예술(art), 기술(technology)로 이루어진다고 했다. 이제 '기술'도 하나의 아이디어가 되기에 이른 것이다. 디지털기술이 발전하면서 이제 아이디어와 기술의 결합은 당연해졌다. 아무리 좋은 아이디어라도 어떻게 보여지고 실현되는가에 따라 그 힘의 차이는 천차만별이 된다.

일본 최대 휴대전화 회사인 도코모Docomo가 진행한 음성초콜릿(VOICE CHOCOLATE)이라는 캠페인은 급격하게 감소한 음성통화의 필요성을 일깨우고자 발렌타인데이를 이용했다. 개인의 음성은 전 세계에서 단 한 사람만의 고유한 것이다. 그래서 목소리가 개인의 개성을 표현하고 다른 사람들에게 감정을 전달하는 가장 좋은 수단이라는 것을 확인시키기 위하여 "감정은 음성 프린트에 있습니다"라는 슬로건으로 캠페인을 진행했다. 먼저, 목소리를 눈에 보이게 시각적으로 바꾸기 위하여 도코모는 목소리의 진동을 측정하고 3D 모델링을 사용하여 초콜릿에 새길 문양을 만들었다.

고객의 목소리에 따라 각기 다른 독창적인 디자인으로 만들어진 초콜릿은 일본에서 가장 유명한 제과점과 협력하여 발렌타인데이에 사랑하는 사람들에게 줄 수 있는 보이스 초콜릿으로 만들어졌다. 이렇게 구매된 초콜릿은 발렌타인데이에 사랑하는 사람에게 배달되었고, 초콜릿을 스캔하면 사랑하는 사람의 음성 메시지가 흘러나오는 식이었다. 사랑하는 사람에게 나만의 목소리가 담긴 초콜릿으로 마음을 전달하는 세계 최초의 음성통신캠페인은 특히 젊은 타깃층에서 큰 반향을 일으켰다(《그림 18》 참조).

맥주 브랜드인 버드와이저는 술집에서 말이 통하는 사람을 만났을 때 가장 많이 하는 행동이 '건배 제의'라는 것에 주목했다. 그래서 건배를 하면 친구가 될 수 있는 '버디컵Buddy-Cup'이라는 캠페인을 탄생시켰다. 버드와이저는 그들의 타깃이 많이 가는 술집에 버디컵을 배치했다. 이 버디컵은 아래쪽에 QR코드가 부착돼있어, 버디컵을 사용하는 사람이 해당 컵의 QR코드를 자신의 스마트폰을 이용해서 읽으면 자동으로 버디컵과 페이스북 계정이 연결되도록 설정해두었다.

고객은 버디컵에 담긴 맥주를 마시다가 마음에 드는 상대방을 발견했다면 "우리 건배할까요?"라고 말을 건네면 된다. 술자리에서 버디컵을 가진 사람들끼리 건배를 하게 되면, 컵에서 빛이 나면서 건배를 한 사람들끼리 자동적으로 페이스북상에서 '친구 맺기'가 이루어진다. 간단한 기술과의 결합으로 온오프라인이 연결·확산되는 색다른 캠페인이 만들어진 것이다(《그림 19》 참조).

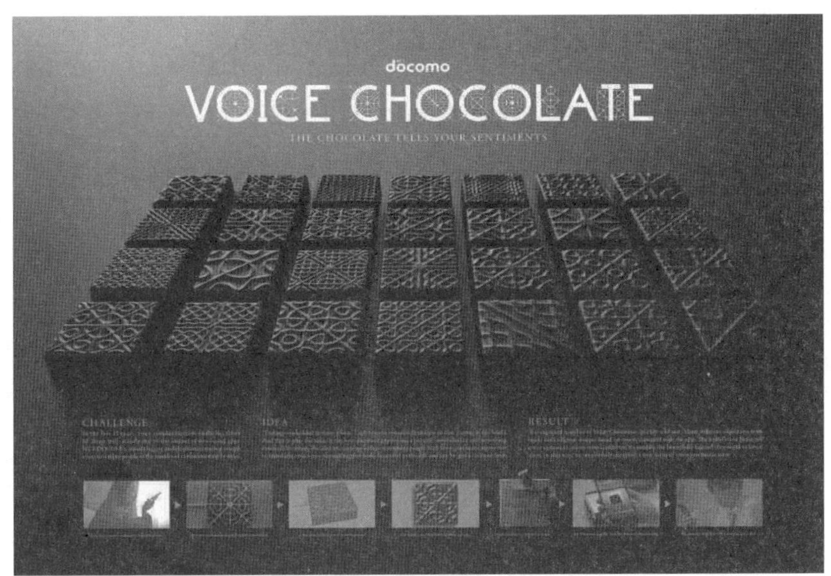

그림 18. 일본 도코모의 음성통신캠페인인 음성초콜릿

그림 19. 버드와이저의 버디컵캠페인

4. 마케팅 광고 전략 수립

1) 광고적 시각이란?

광고는 이제 아이디어 솔루션이 담긴 '플랫폼'을 제공하는 것으로 새롭게 해석되고 있다. 그래서 광고인은 스토리를 만들어 제품에 생명을 불어넣는 스토리텔러storyteller. 온오프라인의 모든 콘텐츠를 기획할 수 있는 큐레이터quarter. 새로운 미디어를 만들고 콘텐츠를 실행하는 미디어아티스트media-atist가 되어야 한다.

어떤 문제에 대한 나름대로의 해결책을 만드는 방법은 수없이 많지만, 얼마나 구체적으로, 새롭게, 차별화되고, 더 깊이 있는 해결 방안을 찾을 것인가가 문제다. 그리고 해결 방안에 대해 논리적인 이론적 바탕을 가지고 설명할 수 있고 실행할 수 있는 능력도 필요하다. 하나의 이론이지만 적용의 결과는 수십, 수백 가지가 되기 때문에 "어떤 눈(관점)으로 볼 것인가"에서 해결 방안이 나오는 것이다.

먼저 숲을 보는 거시적(macro) 시각을 갖는다. 전체를 볼 수 있어야 요소들 간의 관계를 볼 수 있기 때문이다. 크게 보면 모두 하나로 연결되어있음을 알 수 있다. 이는 프로젝트 전체를 기획하기 위해서 필요하다. 반대로 디테일한 부분을 볼 수 있는 미시적(micro) 시각도 가져야 한다. 관점의 차이, 디테일의 차이로 새로움을 발견하는 것이다. 이는 크리에이티브에서 더욱 필요로 하는 시각이다.

광고적 시각이란 '재해석으로 숨어있는 또 다른 의미를 발견하는 것'이다. 보이는 현상을 그냥 보기만 하는 것이 아니라 본질을 볼 수 있는 시각을 갖추는 것이다. 미국의 라스베이거스를 대표하는 '태양의 서커스(Circus of the Sun in Las Vegas)'는 매년 우리 돈으로 수천억 원의 수익을 벌어들이고 있다. 이는 사람들의 관심 밖으로 사라졌던 서커스를 뮤지컬로 재해석함으로써 가능했던 일이다.

광고적 시각이란 '숨어있는 소비자들의 잠재의식을 들여다볼 수 있는 시각'이다. 사람이 비합리적 판단을 하는 경우는 합리적 판단을 하는 경우에 비해 4배나 많다고 한다. 그러니 마케터/광고인은 소비자 자신도 모르는 심리를 읽어내야 한다. 소비자들은 자기 눈이 제일 먼저 미치는 매장 왼쪽에 놓여있는 '몸에 좋은 식품'을 먼저 구입하고 나면 과자나 냉동식품을 구매해도 된다고 생각한다. 그런 소비자들의 심리를 이용하여 매장 오른쪽에 이윤이 높거나 지금 팔고 싶은 제품을 진열해놓는 식이다.

광고적 시각이란 '맥락적 관계를 읽는 시각'이다. 비 오는 날, 밤길, 눈길에서의 운전에서는 지식보다는 오랫동안 운전하면서 생긴 경험에 따른 판단력과 지혜가 더 중요하듯이, 맥락에 따라 어떻게 의미가 바뀌는가를 읽어야 한다. 회계사에게는 결산능력도 중요하지만 숫자가 경영에 어떤 의미를 주는지를 분석하고 그에 따른 방향까지 제시할 수 있어야 한다. 아이들에게 빗자루를 주면 아이들은 절대 청소하지 않는다. 빗자루를 타고 마술사처럼 하늘을 나는 시늉을 한다. 빗자루의 정보적 맥락이 아이들에게서는 달라지는 것이다.

물론 답은 없다. 꿩 잡는 게 매라는 논리와 비슷하다. 크리에이티브 아이디어creative idea는 소비자의 충족되지 않은 욕구를 발견하고 이를 채울 수 있는 아이디어다. 그러나 같은 욕구를 새로운 방법으로 만족시킬 수 있는 아이디어가 있다면, 이 역시 크리에이티브 아이디어인 것이다.

디자인 전문 기업인 IDEO는 소비자들이 기업과 상품을 바라보는 시각 그 자체를 추구한다고 한다. IDEO의 이노베이션 방법은 인류학적 접근 방식으로, 이것은 관찰에서 시작된다. 이를 '인간지향적 접근 방식'이라고도 하는데, 예를 들면 "만약 기차역에서 청량음료를 더 팔려면"이라는 과제를 해결하기 위해서는 기차역에서 서성거리는 잠재소비자들을 관찰해야 한다. 그러한 잠재소비자들 중 대부분은 음료수를 파는 매점을 바라보고, 또 손목시계를 바라보면서 기차가 들어오는지를 살핀다. 뭔가 마실 것을 사고 싶은 욕망과, 기차를 놓치고 싶지 않다는 마음 사이에서 갈등하는 것이다. 그렇다면 청량음료 판매대 옆에 커다란 시계를 갖다놓는 것이 해결책이 된다.

마케터/광고기획자는 하늘을 높이 나는 새를 보면서 자유와 해방감만을 연상해서는 안 된다. 새의 입장에서는 날지 못하면 죽을 수밖에 없는, 생존을 위한 날갯짓이라는 사실도 볼 수 있어야 한다. 기분 좋은 쇼핑도 있지만, 귀찮은 쇼핑도 있다. 인간은 하나의 감정을 둘러싸고 동화同化와 이화異化를 동시에 일으킨다. 사랑을 하면서도 증오의 감정을, 증오하면서도 사랑의 감정을 동시에 느낀다. 마케터/광고기획자는 이러한 양면 가치(ambivalent)를 동시에 봐야 한다. 사물을 클로즈업close-up해서 봐야 한다. 그리고 쪼개서 봐야 한다. 그러면 숨어있는 의미들이 조금씩 보이기 시작한다. 광고적 시각이란 이렇게 숨어있는 의미를 발견하는 눈으로 이 세상의 모든 문제들을 바라보는 것이다.

2) 마케팅 광고기획 프로세스

프로세스를 안다는 것은 전체 흐름을 파악하고, 전략을 하나로 꿸 수 있고, 논리의 체계를 만들 수 있다는 것이다. 단계별로 내가 무엇을 해야 하고, 어떤 자료와 지식이 필요한지를 구체적으로 파악할 수 있게 되는 것이다. 또한 단편적인 지식들이 연결되고, 다듬어지고, 발전됨으로써 전체적인 전략의 틀과 이를 실행하는 데 필요한 힘이 만들어진다.

광고 전략의 프로세스는 다음과 같은 순서에 따라 이루어진다.

마케팅 상황 분석 → 문제점 및 기회 발견 → 광고 목표의 선정 → 광고 전략의 개발과 제작 → 집행계획의 수립 → 실시 → 평가 → 피드백

1단계. 마케팅 상황 분석 – 시장 분석 / 제품 분석 / 소비자 분석 / 경쟁사 분석
a. 시장의 흐름과 시장의 변화상은 어떠한가? 기존의 자료와 함께 직접 발로 뛰며 살아있는 정보를 수집하는 것이 가장 좋은 방법이다.

b. 제품의 특징과 장점은 무엇인가? 해당 제품을 며칠간 직접 사용해
   보면서 소비자의 입장에서 경쟁사의 제품과 다른 그 무엇인가를
   찾아낸다.

c. 경쟁사는 어떤 상황에 놓여있는가? 적을 알아야 전쟁에서 이길 수
   있듯이, 경쟁사의 전략에 따라 적절한 대응 전략을 준비한다.

d. 소비자는 어떤 사람들인가? 소비자를 분석할 때에는 나이, 성별,
   소득 등 인구통계적인 분석은 물론 라이프스타일, 생활과 연관된
   가치관 등에 관한 사회적·심리적 분석, 그리고 소비자가 어떤 의
   사결정 과정을 거쳐 구매라는 행동에 이르는지, 그리고 그 행동에
   영향을 미치는 요소는 무엇인지를 파악해내는 소비행동 분석까지
   필요하다.

2단계. 문제점과 기회의 도출(SWOT)

a. 상황 분석을 통하여 어디에 문제가 있고, 그것을 어떤 기회를 이용
   하여 해결할 수 있는가를 정리해보는 것이다.

b. 분석 단계에서 해결해야 할 과제가 이미 어렴풋하게라도 보이기
   시작하며, 상황 분석의 최종 결론인 문제점을 제시하고, 기획의 단
   계에서부터 본격적인 광고커뮤니케이션 전략안을 수립해나간다.

**3단계. 광고 기본 전략의 수립 – 광고 목표 설정 / 광고 타깃 설정 / 광고 콘셉
트 설정**

a. 광고주의 문제를 해결하기 위한 구체적인 목표를 정하는 단계다.

b. 광고 목표에는 "우리의 소비자가 무엇을 하도록 이끌 것인가?" 같

은 행동의 변화에 대한 내용이 담겨있어야 하며, 공략하고자 하는 시장을 명확히 표현해야 한다.

c. 광고 타깃은 "이 제품(브랜드)을 누가 사용하게 할 것인가?"를 결정하는 것이다. 표적 시장을 구성하고 있는 소비자들은 누구이며, 그들은 이 제품과 관련하여 어떤 특성을 지니고 있는지를 규명하고, 광고를 통하여 핵심적으로 설득시켜야 할 대상은 어떤 사람인가에 대해 상세한 설명을 필요로 한다.

d. 광고 콘셉트는 소비자와의 약속(promise)이며, 광고가 소비자에게 말하고자 하는 메시지의 핵심이다. 약속이란 소비자가 그 제품을 구입하거나 사용하게 될 때 얻을 수 있는 편익(benefit)이다.

4단계. 광고크리에이티브 전략 – 광고크리에이티브 목표 설정 / 광고크리에이티브 콘셉트 설정 / 광고크리에이티브 전략·전술 수립

"설정된 광고 콘셉트를 어떻게 크리에이티브로 풀어나갈 것인가?" 하는 광고크리에이티브 전략을 수립하고, 브레인스토밍brain-storming으로 광고 제작물의 시안을 만든다.

5단계. 광고 매체 전략 – 광고 매체의 목표 설정 / 광고 매체의 전략·전술 수립

제작된 광고물을 어떤 매체에 어떤 미디어믹스 전략으로 노출시킬 것인가에 대한 매체기획안을 작성한다.

광고기획은 위와 같은 프로세스로 이루어지지만, 어떤 시각으로 접

근하는가에 따라 전혀 다른 기획이 될 수 있으며, 그렇기에 자신만의 창의적 시각을 담는 것이 중요하다. 남의 것과는 다른 광고 전략을 수립하기 위해서라도 기본과 정석에서 출발해야 한다. 그 이후에 나름대로의 크리에이티브한 전략을 구성해야 시장에서 승리할 수 있다.

이론을 지키는 수守의 단계를 거쳐, 이론을 파괴하는 최고 단계인 파破와 같이 이론을 넘어서 자신만의 스타일을 만들어야 한다. "누가 더 그럴듯한 논리를 세우느냐", 즉 "누가 나름대로 자신만의 설득력 있는 이론을 만드느냐"가 중요한 것이다. 특히 광고기획서로 정리할 때는 더더욱 그렇다. 광고기획서의 기본적인 틀은 누구나 사용하고 또한 너무 많이 사용되어왔기 때문에 많은 사람들이 식상해한다. 그렇다면 위와 같은 프로세스로 광고 전략을 완성시킨 뒤에도 광고주를 설득하기 위해 새로운 광고기획서로 재구성하는 작업이 더 필요하다.

현장에서의 업무진행은 먼저 클라이언트와의 오리엔테이션으로 시작되는데, 그 구체적인 과정은 다음과 같다.

1단계. 오리엔테이션에서의 발견

오리엔테이션 때는 광고주에게서 받은 자료를 의심의 시각으로 볼 필요가 있다. 광고주 스스로도 문제의 원인을 제대로 모를 경우가 많기 때문이다. 그러니 모든 것을 원점에 놓고 다시 생각해보는 것이 좋다.

창의적인 마케팅 광고기획은 기발한 아이디어와는 다른 것이다. 엉뚱함이 아니라 당연해 보이는 모든 것을 의심하는 것에서 시작된다. 그러니 오리엔테이션 단계에서부터 철저하고 치밀한 의심의 눈으로 석연치 않았던 것들을 명확히 해야 한다.

2단계. 마케팅 광고 배경(Background)의 이해

광고주가 광고를 만들어서 집행하고자하는 데에는 여러 가지 이유들이 있을 것이다. 현재 집행 중인 마케팅 광고의 반응이 시원찮아서 바꾸고 싶어서일 수도 있고, 신제품이 출시되어서 일수도 있는 등 수백 가지 배경이 있을 수 있다. 그러니 광고인은 광고주가 마케팅 광고를 집행하는 배경에 대해 가급적 자세하게 분석해야 한다.

이를테면 광고주가 이번 마케팅 광고는 매우 중요한 프로젝트라서 바짝 신경을 쓰고 있다든지, 또는 관성적으로 소재를 교체하는 기간이 되었기에 바꾸는 거라든지, 경쟁 중인 광고 회사의 PT에 얽힌 배경이라든지, 기획팀이 바라본 광고주의 성향이라든지, 그런 잡다한 내용을 가급적 자세하게 파악한다. 이러한 모든 것이 마케팅 광고 프로젝트의 기획에 도움이 되기 때문이다.

3단계. 상황 분석의 중요성

상황 분석이란 "어디로 가야 하는가? 혹은 어디로 갈 수 있는가?"라는 질문의 답을 얻기 위한 과정이다. 그리고 가고자 하는 그곳에 도달하기 위해서 광고가 어떤 몫을 해야 하는가를 밝히기 위한 탐색 과정이기도 하다. 더 단순하게 말하자면, 광고 목표를 찾아내기 위해 상황 분석을 하는 것이다.

아무리 자료가 많아도 볼 줄 모르면 아무 소용이 없다. 어느 부자가 아프리카 여행을 떠났는데 사막 한가운데서 차가 멈춰 섰다. 구조대를 기다리며 물을 찾았지만 어느 곳에서도 물을 구할 수가 없었다. 뜨거운 햇빛을 피하기 위해 차 밑으로 들어갔지만 갈증을 해결할 수 없었고,

구조대가 도착했을 때에는 이미 차 밑에서 죽음을 맞았다. 구조대원은 이 죽음을 보고 "이 양반 머리에서 바로 30센티 위에 이렇게 물이 있는데…"라며 안타까워했다. 그 부자는 자동차 엔진의 라디에이터에 마실 수 있는 물이 들어있다는 사실을 몰랐던 것이다. 이렇듯 자료를 본다는 것은 현상을 보는 것이 아니라 그 현상의 기본 원리를 살피는 것이다.

이번에는 세탁용 세제를 예로 들어보자. 세제라고 하면 당연히 세탁력이 강한 것이 최고일 것이다. 옷 색깔이 변하지 않게 하면서 깨끗하게 세탁되면 더 좋을 것이다. 그런데 소비자들의 행동을 유심히 살펴보니 세탁 후에 세탁물을 코에 대고 냄새를 맡는 것이었다. 세탁이 잘 되었는지 아닌지를 확인하는 수단이 곧 세탁물의 냄새였던 것이다. 따라서 경쟁사의 제품보다 향기를 2배 더 강하게 함으로써 소비자를 만족시킬 수 있었다.

"아는 만큼 보인다"는 말은 마케팅 광고 분야에서도 통한다.

① 모든 광고는 제품 분석에서 시작된다

광고계 역사상 가장 위대한 천재 중 한 명으로 인정받는 레오 버넷은 이렇게 말했다.

a. 제품에는 타고난 드라마가 있다.
b. 광고는 제품을 팔기 위한 것이다.

"이 제품의 특징은 무엇인가? 소비자들이 이 제품을 왜 사용하는가? 또는 왜 사용하지 않는가? 결국 우리가 제품에서 실제로 팔고자 하는

것은 무엇인가? "같은 질문들에서 출발해야 한다. 그다음에는 경쟁사의
제품을 연구한다. "누가 경쟁 상대인가? 어떤 제품과 경쟁해야 하는가?
왜 소비자는 경쟁사의 제품을 이용하는가?(이용하지 않는가?)" 같은 질문
들을 통해서 우리 제품만의 경쟁우위점을 발견해내야 한다.

이 경쟁우위점이 대단히 강력해서 경쟁사의 제품이 우리 제품을 도
저히 따라올 수 없고, 또한 소비자들도 인정한다면 정말 좋을 것이다.
하지만 최근 시장 환경에서는 나만의 독특하면서 강력한 경쟁우위점을
찾기가 그리 쉽지 않다. 제품의 물리적 특성이 크게 차이가 나지 않기
때문이다. 그래서 "제품의 특징 그 자체보다는 '제품이 소비자들에게 주
는 이익, 즐거움, 느낌, 자부심, 꿈, 생활에서의 행복'을 팔라"는 이야기
가 나오는 것이다. 즉, 제품이 어떻게 만늘어졌느냐보다는 소비사들이
원하는 것에 그 제품을 어떻게 연결시킬 수 있느냐를 고민해야 한다.

② 조사 결과를 다시 본다

'조사 따로 실제 따로'인 경우도 많다. 〈마리안느〉라는 주부 대상 잡
지가 그런 경우였다. 그 당시 가장 유능하다는 편집진을 갖추고, 주 독
자층인 주부들에 관해 조사를 철저히 한 후 의욕적으로 탄생된 잡지였
다. 그런데 17호를 마지막으로 부도가 나고 말았다. 그 이유는 무엇이
었을까?

그것은 숨어있는 소비자 욕구를 발견하지 못했기 때문이다. 〈마리안
느〉의 편집진이 조사했더니 주부들은 낯 뜨거운 섹스 이야기, 루머 일
색의 잡지에 식상해있었고, 조사에 응답한 사람들 중 95%가 "유익한
정보가 있는 잡지라면 구독하겠다"고 대답했더랬다. 이러한 조사결과

를 바탕으로 '무 섹스, 무 스캔들, 무 루머'를 표방한 〈마리안느〉가 출
간되었으나 독자들은 외면한 것이다. 너무 맑은 물에서는 고기가 살 수
없듯이, 주부들에게 주부 대상 잡지란 생활에서의 활력소였던 것이다.

1985년에 코카콜라 사가 출시했던 뉴코크의 사례도 〈마리안느〉의
경우와 비슷하다. 20만 명이 넘는 소비자들을 대상으로 한 블라인드테
스트blind test를 거쳐 탄생했지만 소비자들은 오히려 예전의 코카콜라에
대한 향수를 가지고 있었기에 뉴코크의 판매가 부진했다.

③ 가장 당연해 보이는 편익(Benefit)도 다시 본다

"소비자가 진정으로 원하는 편익이 맞는가?"를 다시 한 번 짚어보아
야 한다. '햇반'이 처음 나왔을 때였다. 레토르트 식품이니까 당연히 언
제 어디서나 손쉽게 먹을 수 있다는 '간편성'을 강조했다. 그런데 시장
은 좀처럼 움직여주지 않았다. 무엇이 문제였을까?

편익을 다시 생각했다. 그렇게 해서 나온 카피가 바로 '엄마가 해주
신 밥맛'이었다. "집에서 한 밥보다 맛이 있을까?" 하는 소비자들의 우
려를 단번에 해결해주고 나니 그때부터 매출이 쑥쑥 올라 이제는 CJ의
대표 브랜드가 되었다.

④ 마케팅 광고이론도 다시 본다

소비자는 그 제품이 주는 기능과 효용 때문에 구매한다. 그래서 마
케터/광고인에게는 '구매'로 이어지는 것이 중요하다. 하지만 최근에는
'씬Scene(장면) 소비'라는 말이 쓰이고 있다.

"소비자는 어떤 공간에서 머릿속에 어떤 장면을 구상해본 뒤 그것을

실체화하기 위해, 그에 어울리는 물건을 해당 공간에 배치한다"는 것이다. 즉, 요즘 소비자는 제품이 제공하는 장면을 소비하는 것이며, 해당 제품의 구매는 곧 장면이용권(참가권)을 구입하는 셈이다.

예를 들면 스탠드에어컨의 경우 '냉방'이라는 효용보다 '거실에 놓여 있는 인테리어 소품'으로서의 어울림을 생각하는 것이다. "누가 사용하는가?"라는 타깃과 "왜 사용하는가?"라는 제품이 주는 이익(Benefit)에 의한 세분 시장 규정 이외에도 제품이 사용되는 맥락[35]에 의한 세분 시장 규정에서도 좋은 전략적 발상을 할 수 있다.

실무에서는 마케팅 광고이론을 그대로 적용하는 것만으로는 부족하다. 이론을 안다는 것은 곧 그 이론을 넘어서는 방법을 안다는 것이기도 하다. 아래와 같은 광고들이 이의 사례가 될 수 있을 것이나.

a. 차를 마실 땐 오뜨와 함께 먹도록 딸꾹질을 연결시킨 오리온 오뜨 광고캠페인
b. 몸에 좋은 안주를 먹을 때는 술도 몸에 좋은 것으로 마시도록 유도한 백세주 광고캠페인
c. 도너츠를 먹을 때는 자연스럽게 커피가 생각나도록 만든 던킨의 '커피&도너츠'라는 광고캠페인

⑤ 과제의 범위를 재설정한다

대부분의 AE(Account Executive)들은 광고주가 요구하는 문제들을 어떻게 해결할 것인가에만 관심을 기울인다. 그러나 문제의 원인은 다른 곳에 있을 수 있다. 매출액이 감소하는 이유가 광고의 문제 때문일

수도 있겠지만, 더 큰 원인이 유통 구조 때문이거나, 제품의 품질이나 가격 등이 원인일 수도 있다.

그런 건 광고만으로는 해결할 수 없는 문제다. 그렇기 때문에 과제의 범위를 정확하게 설정할 필요가 있다. 광고는 커뮤니케이션에서의 문제 해결 면에서 강점이 있는 수단이다. 품질 면에서는 경쟁사의 제품보다 뒤지지 않는데 판매가 부진하다면 소비자들과의 커뮤니케이션으로 해결이 가능하지만, 품질이 열세라면 그것은 기업이 해결해야 한다.

광고가 해결할 수 있는 마케팅의 문제들에 대한 해답이라면, 경쟁사가 제시하는 것보다 더 강력한 이익을 소비자들에게 제공한다든가, 경쟁사의 제품으로 바꾸지 말아야 하는 이유를 소비자들에게 제시하거나, 우리 제품을 사용해본 적이 없는 새로운 소비자들을 끌어들이도록 하는 정도다. 따라서 광고 전략 입안 시에는 "그 문제가 광고로 해결할 수 있는 문제인가?"로 초점을 좁혀야 한다.

최근 광고 회사의 광고기획서 안에는 신제품에 대한 제안, 가격 전략에 대한 제안, 유통 전략에 대한 제안 등이 담기기도 한다. 과제의 범위에 따라 광고를 포함한 통합적인 해결 방안이 필요하기 때문에 문제의 원인에 대한 올바른 처방을 제시할 수 있는 능력을 키워야 한다. 이를 위해서는 제품과 소비자에 대한 다양하고 많은 자료의 수집은 물론 각 분야에 대한 전문지식 또한 필요하다. 즉, 얼마나 많은 자료와 지식을 가지고 있는가에 따라 광고 전략의 수준이 판가름 나는 것이다. 신문이나 인터넷, 도서관 등에서 구할 수 있는 자료가 아니라 직접 발로 뛰어서 구해야 하는 생생한 자료를 얼마나 구하느냐에 광고 전략의 성패가 달리는 것이다.

상황 분석이 끝나면 이제부터 본격적인 광고 전략 수립에 들어간다.

3) 광고 목표의 설정

러셀 콜리의 저서《DAGMAR 광고이론(*Defining advertising goals for measured advertising results*)》의 머리글자를 딴 DAGMAR이론에서는 "마케팅 광고의 목표란 정의된 청중(Audience)에게 맞춰서 정해진 수준만큼 정해진 시간 안에 달성해야 할 특정한 커뮤니케이션의 과제다"라고 정의되어있다.

우리는 마케팅 목표와 광고 목표를 혼동하는 경우가 많은데, 광고 목표는 소비자와의 커뮤니케이션 관점에서 작성되어야 한다. 예를 들면, "브랜드 인지율을 5% 올린다"가 과연 광고 목표가 될 수 있는가? 될 수는 있다. 그렇지만 그 다음에는 "어떻게 해야지?" 같은 막막함이 남는다. "시험구매를 유도한다." 이렇게 하면 그 다음에 할 일이 조금 보이는 것 같지만 여전히 막연하다.

광고 목표는 구체적일수록 좋다. 매출을 5% 높이기(이것은 마케팅 목표) 위해 "소비자들이 아침에만 마시던 것을 저녁에도 마시게 하자" 같은 것이 잘 정리된 광고 목표다. "그럼 저녁에도 마시게 하려면 어떻게 할 것인가?"를 고민하는 것이 크리에이티브 작업이다.

섬유유연제를 예로 들어보자. "세탁기를 사용하는 1000만 명의 주부들 가운데 '여름에도 세제와 함께 섬유유연제를 함께 쓰는 것이 땀 흡수에 좋다'라고 생각하는 주부의 비율을 1년 내에 5%에서 20%로 늘린다"라고 하는 것이 광고 목표인 것이다. 그러니 광고 목표를 설정할 때에는 다음과 같은 조건을 갖춰야 한다.

a. 공략하고자 하는 시장을 명확히 하고,
b. 달성하고자 하는 목표를 가시적으로 수량화하고,
c. 행동 변화의 과정을 구체적으로 묘사해야 한다.

"인지율을 몇 % 올린다"보다는 "제품의 ○○○한 장점을 알려 고객들이 대리점에 많이 오도록 유도한다"라는 구체적인 행동 용어들이 광고 목표에 담겨야 하는 것이다. 즉, 마케팅 목표를 달성하기 위한 광고의 방법은 수십, 수백 가지가 있기 때문에 다음과 같은 내용이 구체적으로 담겨야 하는 것이다.

a. '어떤 소비자'를
b. '어떤 메시지'로
c. '어떤 행동 반응'을 하게 할 것인가?

효과적인 광고 목표의 요건으로는 다음과 같은 것들이 있다.

a. 측정 가능해야 한다.
b. 달성 기준치를 설정한다. 이는 달성 정도를 측정하는 데 필요하기 때문이다.
c. 달성 기간을 명시한다.

d. 타깃(소비자)에 대한 충분한 정의가 필요하다. "정의된 타깃에게 어떻게 광고할 것인가?" 하는 부분이 담겨있지 않으면 목표를 효과적으로 실행하기가 어려워진다.

e. 실현 가능하고 일관성이 있어야 한다. 목표가 지나치면 달성하겠다는 의지가 약해질 수 있다.

f. 목표가 자주 변경되는 등 일관성이 없으면 목표를 제대로 실행할 수 없다. 따라서 프로젝트 관련자들 모두가 분명하게 이해할 수 있도록 목표를 문서화하는 것도 좋은 방법이다.

그러면 위에서 설정한 섬유유연제 브랜드의 광고 목표를 좀 더 자세하게 정리해보자.

a. 마케팅 목표 – 새로운 사용 기회를 확대하여 섬유유연제의 매출을 증대시킴

b. 광고 목표 – 다음 사항을 1년 이내에 달성

ⓐ A 브랜드의 여름에 쓰는 섬유유연제를 알고 있다(인지율) … 50%

ⓑ A 브랜드의 섬유유연제를 써보고 싶다(확신 또는 구매 의향) … 20%

ⓒ A 브랜드의 섬유유연제를 써본 경험이 있다(행동 또는 사용 경험율) … 5%

그러나 위와 같이 구체적인 광고 목표를 작성했더라도 커뮤니케이션

이 어느 부분에 어떠한 영향을 미치고자 하는지에 대한 설정을 명확하게 하는 것이 좋다. 예를 들면, "여름에도 섬유유연제를 사용해야 하는 이유에 소비자들이 공감하도록 만든다"는 것 등이다.

광고 목표가 명확해야 그에 따른 광고 전략도 올바르게 세울 수 있다.

4) 타깃 선정

타깃은 소비자들을 세분화하여 목표고객으로 만드는 작업이다. 세분화의 방법으로는 인구통계학적(Demographic)·지리학적(Geographic)·사회문화적(Social Culture)·심리적(Psychographic) 특성 및 소비자 행동(User Behavior) 특성에 따른 분류를 비롯하여 다양한 방법이 있다.

타깃은 마케팅 광고라는 커뮤니케이션의 핵심 대상이다. 그리고 수많은 소비자들 중에서 공통적인 속성을 가장 많이 지니고 있는 사람들을 찾는다는 것은 늘 어려운 작업이다.

타깃은 곧 우리가 들어가고자 하는 시장과 같은 의미로 해석될 수 있다. 그렇기 때문에 시장의 규모가 어느 정도인지, 선정된 타깃 그룹은 서로 비슷한 욕구와 성향을 가지고 있는지, 우리 제품이 선정된 타깃 그룹의 욕구를 충족시킬 수 있는지, 우리 제품이 그곳에서 경쟁하고 생존할 수 있는지 등을 검토하여 타깃 선정에 반영할 필요가 있다.

타깃 선정 작업은 시장에도 나가보고, 소비자들도 직접 만나 인터뷰를 하다보면 쉽게 풀리는 경우가 많다. 최근에는 빅데이터를 활용함으로써 보다 정교하고 치밀한 타깃 선정과 전략 수립이 가능해졌지만, 그런 작업을 통해서 데이터가 보여주지 못하는 감성적이고 심리적인 여러 현상들을 발견할 수 있기 때문이다.

광고는 '1대 1(1:1) 커뮤니케이션'이다. 광고를 보는 사람들의 반응은 서로 다르다. 대중 매체를 이용하면서도 결국 각각의 개인을 설득해야 하는 작업이기 때문에 타깃 선정 과정에서 많은 논란도 발생한다.

조사결과에 너무 얽매어서 성별, 연령, 직업, 소득 등을 나열한 것일 뿐인 게 아니도록 해야 한다. 잠재고객이 누구인지, 그들은 어떤 생각을 하고 있는지를 철저히 파악하려면 그들의 라이프스타일을 분석해보아야 한다. 잠재고객들의 여가 활동, 사회 활동, 미디어 사용 패턴 등을 파악했다면, 그들에게 어떻게 다가가야 하는지에 대한 방법도 함께 깨우칠 수 있다. 이럴 때 타깃 이미지 프로파일target image profile도 작성해보면 큰 도움이 된다.

타깃 이미지 프로파일은 '유행에 민감한 10대 중후반 여중고생'이라고 두루뭉술하게 설정하는 게 아니다. 목표 소비자집단에서 '호소하고 싶은 대상 1인'을 설정하여 그 사람의 삶의 모습을 가정하면서 그림을 그리듯이 글로 표현하는 것이다. 내가 잘 아는 이웃집 아저씨나 친구 등을 떠올릴 때처럼 그 사람의 이런 면 저런 면을 입체적으로 그려볼 필요가 있는 것이다. 타깃 이미지 프로파일은 광고해야 할 대상의 성격을 크리에이터들에게 분명하게 제시해줌으로써 크리에이티브 발상에 도움을 주며, 광고주 설득에도 아주 유용하다.

광고 전략을 수립할 때도 마음속에 한 사람을 정해두고, 그 사람에게 특별히 편지를 쓴다는 마음가짐으로 전략을 수립하면 훨씬 효과가 있다. 광고를 봤을 때 "아. 이 광고는 지금 나한테 이야기하고 있구나!"라는 느낌이 들게 하려면 타깃을 명확히 설정해야 한다.

또 하나의 방법은 새로운 시각으로 소비자를 보는 것이다. 마케팅에서 분류하는 일반적인 시각이 아니라, 1인격이면서 복수의 단면을 지닌 소비자들의 모습까지 직시해야 한다. 예를 들면, 테니스를 즐기는 두 사람을 라이프스타일 분석으로 보면 둘 다 '스포츠파'로 분류할 수 있다. 하지만 그중 한 사람은 저녁에 친구들과 와인바에서 와인을 즐기는 반면, 또 한 사람은 집에 들어가 영화를 즐긴다면? 이 두 사람의 생활의식과 행동은 아주 다를 것이다. 동일한 소비자들이라고 할지라도 마음의 상태에 따라, 노출되는 매체에 따라, 메시지를 전하는 주체에 따라 개별 소비자의 반응이 다를 수밖에 없다.

LG전자의 평면TV 광고는 영화예술에 대한 열정을 자극하는 메시지로 영화에 관심이 있는 사람들을 타깃으로 삼았다. 영화 관련 사이트들에 영화 〈라스트 사무라이〉를 만든 유명한 영화감독 에드워드 즈윅을 모델로 한 동영상 광고를 집행한 것이다. 평면TV라는 제품에 대한 이야기보다 에드워드 즈윅 감독의 경험에 초점을 맞춘 이 광고는, 소비자들이 LG라는 브랜드에 보다 더 감정적으로 공감할 수 있게 만들어줌으로써 타깃의 관심지점을 최대한 활용했다.

5) 광고 콘셉트

① 입체적 콘셉트란?

콘셉트concept란 광고주가 소비자에게 전달하고자 하는 마케팅 광고

메시지의 핵심과 이미지 등을 의미한다. 이는 "무엇을 말할까?(What to say?)"이기도 하며, 소비자에게 주는 약속(promise)이기도 하다. 이 약속은 목표 소비자집단이 행동을 일으키는 까닭이며 이유이다. 즉, 어떤 수단을 통하여 행동을 변화시킬 것인가에 대한 핵심적인 방법론이다.

다른 말로 하면 콘셉트는 전략의 결과이며, 곧 아이디어다. 콘셉트는 광고의 방향이고, 개념이고, 특성이고, 이슈이고, 이미지이기도 하다. 이렇게 다양한 의미로 쓰이는 이유는 콘셉트가 그만큼 중요하고 또한 콘셉트의 역할을 필요로 하는 곳이 많기 때문이다.

콘셉트란 '자신이 담고 싶은 것을 담아 새롭게 만드는 것'이다. 좀 더 설명을 붙이면 주제가 '있는 것에서 의미를 찾는 것(예를 들면 '이별')'이라면, 콘셉트는 '본인의 의도로 의미를 찾는 것(예를 들면 '달콤한 이별')'이다. 그렇기 때문에 콘셉트 회의에서는 참석자들 서로 간의 의견이 다를 수도 있다. 또한 콘셉트에는 목표와 방향이 담겨있다. 그래서 목표가 무엇인가를 다시 생각하면 콘셉트를 찾기가 쉬워진다.

우리는 호기심을 끄는데 급급한 마케팅 광고들을 많이 볼 수 있다. 좋은 마케팅 광고는 그 자체의 재미보다는 소비자들이 해당 마케팅 광고 속의 제품에 더 흥미를 느끼도록 해야 한다. 그러기 위해서는 다음과 같은 4가지를 확인할 필요가 있다.

a. 소비자의 필요와 욕구의 관점에서 이익이 되는 메시지인가?

소비자를 대상으로 행해지는 설득 과정이므로 소비자에 대한 보다 심층적인 분석을 통해서 강력한 콘셉트를 잡아내야 한다.

편익은 제품 안에 있는 것이 아니고, 소비자의 마음속에 있다. 마케팅 광고하는 제품을 사거나 사용하는 대가로 소비자에게 약속하는 경험인 것이다. 즉, 소비자가 그 브랜드를 사용함으로써 얻게 되는 보상이다.

그래서 약속은 하나로 집약(Single mind)해야 하고, 제품과의 연관성(Relevance)에서 출발해야 한다. 소비자에게 큰 약속을 해야 하는 것이다. 그것은 소비자의 가려운 곳을 시원하게 긁어주는 약속이기도 하다. 소비자가 이 물건을 사면 "나에게 이런 이익이 있겠구나"라는 확신을 줄 수 있는 약속이어야 한다.

b. 약속한 편익이 목표 타깃의 행동을 변화시킬 만한 내용으로 구성되어있는가?

"우리는 세계적인 회사입니다", "우리는 1위입니다"라는 마케팅 광고는 소비자들에게 아무런 이익을 전해주지 못하는 마케팅 광고 콘셉트다.

c. 당신이 찾아낸 약속이 경쟁사의 약속과는 차별화되고 더 강력한 것인가?

단순히 광고주가 말하고 싶은 이야기, 누구나 할 수 있는 이야기가 아니다. 나만이 할 수 있는 이야기, 경쟁사를 긴장시킬 이야기이고, 지금까지 남들이 하지 않았던 이야기여야 한다. 그것을 찾는 것이 마케팅 광고 전략에서의 차별화다.

d. 전체를 꿰뚫는 한마디가 있는가?

소화가 안돼서 찾아온 환자에게 그냥 소화제를 지어주는 의사가
아니라, 위장이 나빠진 원인이 간에 있음을 꿰뚫어 보고 간장약
을 처방하는 노련한 전문의처럼, 광고주가 가진 문제의 근본 원
인을 파악해서 해결책을 내놓아야 한다. 그러기 위해서는 마케
팅 광고캠페인의 전체적인 맥을 짚을 줄 아는 능력이 필요하다.

분석 단계에서 정리된 내용을 한마디로 요약해서 만드는 것이 마케
팅 광고 콘셉트라고 쉽게 생각해서는 안 된다. 콘셉트를 짜는 것은 마
케팅 광고의 방향을 결정하는 가장 중요한 단계로, 사용할 표현까지
생각하면서 신중하게 결정되어야 한다.

마케팅 광고 콘셉트에서의 그 '한마디'가 님의 깃과는 달라야 하는
이유는, 기획에서의 첫 단추부터 다르지 않으면 평범한 아이디어 밖에
내놓을 수가 없기 때문이다. 물론 내용이 구체적이고 명확해야 한다. 한
번 더 생각을 발전시켜야 한다. 그러면 목표가 명확해지기 때문에 더
좋은 크리에이티브를 할 수 있다.

마케팅 광고 콘셉트는 첫 번째 광고의 헤드라인으로 쓸 수 있을 정
도의 개념이어야 한다. 저자는 광고팀장 시절에 AE(Account Executive)
들에게 "제작팀에 할 오리엔테이션을 준비할 때 콘셉트와 함께 자신이
생각하는 크리에이티브의 예도 5가지 정도 준비하라"고 했다. 그만큼
기획의 의도를 빠르게 파악할 수 있고, 방향에서 혼선을 줄일 수 있기
때문이다.

콘셉트는 곧 '의미 찾기'이다. 예를 들어, "왜 수영을 배우는가?"를 떠
올려보자. 그 목적에 따라 2가지로 나누어볼 수 있을 것이다. '수영을

잘 하는 것'과 '땀 흘리는 것'이 목적이 된다. 모두가 전자의 경우만을 생각했다면, 후자의 경우는 수영 선수가 될 것도 아니고, 빨리 상급반으로 올라가고 싶은 생각도 없으니 실력이 빨리 늘지 않는 것은 크게 문제되지 않는다. 그러면 배우는 데 대한 스트레스도 없을 것이다. 이렇듯 '목적에 대한 해석'으로 '본질'과 '의미'를 찾는 작업이 곧 콘셉트를 찾는 작업이다.

예를 들어보자. "'경제적인 차'라는 개념을 소비자들에게 인식시켜 자동차 판매 매출에 직접적인 도움이 될 광고를 만들자"는 광고 목표는 과연 좋은가? 비교적 구체적인 광고방향을 정했더라도 해석에 따라 전혀 다른 광고가 제작될 수도 있다. 현대자동차는 '경제적'이라는 콘셉트로 '한 대 가격으로 두 대의 차'라는 슬로건을 내세워 다음과 같은 TV-CM을 만들었다.

화면 한가운데로 한 사람이 차를 몰고 와 세운 후 재빨리 화면 밖으로 나가서 또 한 대의 차를 화면 안으로 몰고 와 앞의 차 바로 뒤에 세운다. 다시 앞의 차를 몰고 간 다음, 재빨리 돌아와서 뒤에 있던 차도 몰고 가는, 재미있으면서도 너무나 명쾌한 광고였다. 이 광고는 미국 시장에서 우리나라 차가 길거리를 누비게 되는 데 큰 기여를 했던 광고다. 하지만 몇 년 후 미국 소비자들의 머릿속에는 '경제적'이라는 개념이 오직 '싸구려'라는 이미지로 남게 되어 고전을 했다는 것이다.

② 콘셉트 추출을 위한 5가지 방법

a. **경제학적 모델** – 고객의 이기심을 자극한다.

b. **심리학적 모델** – 고객의 마음에 호소한다. 생존, 안전, 사회, 존경,

자아실현 등 에이브러햄 매슬로우의 '욕구 5단계 모델'이 대표적
이다.

c. **사회학적 모델** – 준거집단이나 유행사조를 활용하는 모델이다.

d. **라이프스타일 모델** – 생활의 단면을 묘사하거나 새로운 생활을 제
안하는 모델이다.

e. **엔터테인먼트 모델** – 광고의 오락적 기능을 강조한 모델이다.

이외에도 콘셉트에서 가장 중요한 것은 소비자의 시각에서 '소비
자 혜택(Consumer Benefits)'을 중심으로 생각하는 것이다. 마케터/광
고인이 "이 브랜드를 고르는 게 내게 무슨 이득이 될까?(What's in it for
me?)"라는 실문을 소비사의 입장에서 스스로에게 딘져보는 것이다. 이
렇게 찾아낸 핵심적 통찰(Key Insight)을 바탕으로 '내 제품(또는 브랜드)
의 차별화된 가치를 부각시키는 단 한마디'를 찾는 것이다. 그래서 광
고 콘셉트는 다음과 같은 요소를 갖춰야 한다.

a. 단 1가지(Single minded)만을 약속해야 하며,

b. 그 약속은 소비자가 도저히 거부할 수 없는 것이어야 하며,

c. 타당한 근거가 있어야 하며,

d. 새로운 것이어야 하며,

e. 기억하기 쉬워야 한다.

헤드라인으로 곧바로 올릴 수 있는 광고 콘셉트라면 더할 나위 없으
며, 콘셉트 자체가 캠페인 테마이자 브랜드의 슬로건이 될 수도 있다.

③ 어디서 콘셉트를 찾을 것인가?

a. 사용자의 유형에서 – 많은 사람들이 쓰는, 유명인들이 쓰는, 전문가들이 쓰는, 선택된 소수의 사람들이 쓰는

b. 사용 방법에서 – 함께 쓰는, 누구에게 줄, 내가 쓸

c. 제품의 제조 방법에서 – 유기농 원료를 사용한, 순금으로 만든

d. 놀라운 사실에서 – 파텍 필립 시계는 1년에 딱 5,000개만 수공으로 만듭니다

e. 가격 특성에서 – 더욱 비싼, 가장 저렴한, 더 값어치 있는, 할인하는

f. 이미지 특성에서 – 고급의, 가치 있는, 이국적인, 스타일이 뛰어난

g. 심리적 만족감에서 – 목마름을 해소시켜주는, 섹시하게 보이게 해주는, 사회적 지위를 나타내주는, 좋은 엄마(아내)임을 느끼도록 해주는

h. 제품의 전통에서 – 옛맛 그대로, 1801년에 창립된, 회사의 창립자가 유명한

i. 안 쓰면 불편해서 – 다칠 수 있으니까, 사는 게 불편해지는

j. 직접적 비교에서 – 제품 A와 제품 B의 블라인드테스트를 해봤습니다

k. 가치 있는 뉴스에서 – 새로 나온, 개선된, 탄생 몇 주년, 커다란 사건 등

미국 앨 고어 전 부통령의 수석 참모들 중 한 명이었던 다니엘 핑크는 정보화사회 다음에 '개념사회(Conceptual age)'가 온다고 역설했다. 좌뇌를 중심으로 한 이성적인 활동에서 우뇌를 중심으로 한 감성적 개념이 더 중요해진다는 것이다. 즉, '개념사회'에서는 일상적이고 틀에 박힌 일의 가치는 점점 떨어지고, 창조적인 역할이 더욱 커진다.

개념사회에서는 정치·경제·사회 등 모든 분야에서 스토리와 디자인과 의미가 중요해지기 때문에 기능적인 가치 뒤에 숨어있는 감성적인 가치들 또는 문화·예술적인 가치들을 조합해내는, 즉 전체를 조망해서 통섭하는 하이콘셉트가 각광받게 된다고 한다. 그래서 다니엘 핑크는 단순한 업무에서 벗어나 크리에이티브를 하기 위해서는 6가지 능력이 필요하다고 강조한다. 디자인, 스토리, 조화, 공감, 놀이, 의미가 바로 그것이다.

① **디자인** – 우리가 하는 모든 일이 디자인이다. 소비자들의 구매 경험을 디자인하고, 소비자들과의 커뮤니케이션 경험을 디자인하고, 우리 제품의 사용 경험을 디자인한다. 그래서 디자인은 비즈니스의 필수다. 단순히 '기능'의 문제가 아니라, 모든 비즈니스에서는 '디자인'이라는 언어를 읽고 쓸 줄 알아야 한다. 제품에 대해서든 서비스에 대해서든 경험에 대해서든, 기능은 기본이고 디자인으로 더 강력하게 호소해야 한다는 것이다.

② **스토리** – 스토리는 주장과는 다르다. 주장은 나의 메시지를 상대방에게 일방적으로 전하는 것인 반면, 스토리는 듣는 사람과의 공감을 전제로 전달된다. 스토리텔링이 중요한 이유는 이 시대에 팩트 fact(사실)가 너무 넘쳐나기 때문이다. 즉, 이 많은 팩트들을 스토리

로, 문맥으로 엮어내지 못하면 팩트 자체도 사라질 것이기 때문이다. 인간은 타고난 이야기꾼이기 때문에 스토리는 광고 산업, 영화 산업, 게임 산업 등 많은 산업들의 기초가 된다.

③ 조화(symphony) - 조화란 '큰 그림으로 생각하기(big picture thinking)'다. 조각들을 맞춰 결합하고, 전체 그림을 보고, 트렌드와 패턴을 찾는 것이다. 조각들을 결합해서 완전히 새로운 것으로 창조해내는 능력인 것이다. 그래서 IQ보다 '시각'이 더 중요하다는 것이다. 어느 분야에서든 더 넓고 큰 시야를 갖고, 더 큰 그림을 머릿속에 그려가며 생각할 수 있는 전문가의 가치가 높아진다.

④ 공감(empathy)의 능력 - 다른 사람의 시선으로 보고, 다른 사람의 심장으로 느낄 줄 아는 능력이다. 사실, 논리만으로는 사람을 설득할 수 없다. 공감대를 형성할 수 있는 능력이 없다면 어떤 메시지도 전달할 수 없다. 노인들을 위한 제품을 디자인하기 위해 일부러 시야가 좁아지는 안경, 민첩성을 떨어뜨리는 장갑을 끼고 체험을 해보는 것도 그래서이다. 공감의 능력이 있어야 목표로 하는 소비자들을 위한 진정한 디자인을 갖춘 제품이 나온다.

⑤ 놀이(play) - 늘 진지한 태도로 일관한다면 새로운 아이디어를 내놓을 수 없다. 유연한 생각은 놀이를 통해서 나온다. 놀이를 하면 시행착오를 겪으면서 배울 수 있기 때문이다.

⑥ 의미(meaning, context) - 단순한 지식의 축적(cumulation)이 아니라 그 지식의 총합체에 의미(meaning)가 부여될 때 가치가 생겨난다. 그래서 정보화사회를 넘어선 개념사회는 '실용성과 의미가 합쳐진 사회'라고 정의내려지는 것이다. 지식에 의미가 더해지면 지혜가 된다. 이렇다 할 게 없는 소도시였던 함평을 '나비'라는 의미(모티브)와 융합시켜 '세계 나비 및 곤충 엑스포'의 중심도시로 만들어

6) 포지셔닝의 7가지 방법

마케팅의 거장_{巨匠}이자 《마케팅 전쟁》의 저자인 잭 트라우트는 "고객의 마음속은 전쟁터다"라고 했다. 이 전쟁터에서 차별화를 하지 못하면 패배한다. 제품이나 브랜드의 아이디어가 '못'이라면 차별화 마케팅은 '망치'인 것이다. 못이 아무리 좋아도 고객의 마음에 망치로 밀어 넣지 못하면 아무 소용이 없다. 또한 '못'이 고객의 마음속에 깊이 파고들게 하려면 날카로워지도록 갈아야 한다. 즉, 애매하거나 불필요한 것은 빼서 단순화시켜야 하는 바, 이 또한 차별화의 핵심이다.

지금은 차별화하지 못하면 경쟁자에게 바로 밀려나는 시대이고, 한번 밀려나면 그 자리로 돌아가는 것은 거의 불가능하다. 그래서 포지셔닝positioning이 필요하다. 포지셔닝은 소비자의 마음 또는 인식에서 우리 브랜드가 차지하고 있는 위치를 강화·변화시키는 전략이다. 포지셔닝의 방법으로는 주로 7가지가 활용되는데, 제품의 특성이나 소비자에게 돌아가는 이익, 제품의 가격과 품질, 용도와 적용, 새로운 사용자, 제품의 범주, 경쟁사의 제품과 비교를 하는 것 등이 그러하다. 각각의 사례는 다음과 같다.

① 제품의 특성 또는 소비자에게 돌아가는 혜택에 의한 접근(Product

characteristics or Customer benefit)

제품이 가진 독특한 특성이나 제품이 고객에게 주는 혜택을 약속하는 것으로서, 일반적으로 많이 사용되는 포지셔닝 전략이다.

▶ DHL - 배송이 빠르다 / m&m초콜릿 - 손에서 녹지 않고 입에서 녹는 초콜릿 / 하이트 - 200미터 지하의 천연암반수

② 가격과 품질에 의한 포지셔닝(Price-Quality)

품질의 우수성을 강조하면서 높은 가격으로 위상을 정립하는 것이다. 명품 브랜드인 샤넬이나 에르메스 등은 할인을 하지 않는 제품들로 포지셔닝하고 있으며, 반면에 저가항공사들은 최저가라는 가격으로 포지셔닝을 하고 있다.

▶ 가야 당근 농장 - 제주도산 좋은 당근만을 사용하여 가격이 비싸다

③ 사용 상황에 의한 포지셔닝(Use or Application)

제품의 사용 상황이나 용도와 연관시키는 것이다. 입학·결혼 축하용으로, 추석·연말 선물용으로, 아침·점심·저녁 등의 시간대별로 사용하는 상황과 결부시켜 포지셔닝할 수 있다. 매출액 감소에 직면한 제품들이 본래의 용도 외에 새로운 용도를 개발하여 재포지셔닝을 하는 경우도 있다.

▶ 맛동산 - 즐거운 파티, 맛있는 파티에 함께하는 과자 / 엔터프라이즈 렌터카 - 렌터카를 공항이 아닌 도심이나 정비소에서도 렌트할 수 있다

④ 제품 사용자에 대한 포지셔닝(Product User)

제품을 사용자의 성별이나 연령 또는 같은 또래나 그룹과 연결시키는 전략이다. 광고에서는 유명인이라든가 실제로 사용할 고객을 상징하는 모델을 기용한다. 사용자 그룹을 완전히 교체하여 재포지셔닝을 하는 경우도 많다.

▶ 크록스 - 오랫동안 선 채로 일해야 하는 외과의사들을 위한 편한 신발 / 클린엔 클리어 - 청소년들이 피부에 민감해지고 화장품에 대한 관심도 높아지는 추세임을 감안하여 여드름이 난 피부용 세안제 등을 저렴한 가격대로 포지셔닝한다

⑤ 제품 카테고리별 포지셔닝(Product Class)

소비자가 우리 제품을 기존의 다양한 제품들 중 하나로 인식한다면 크게 차별화하기가 힘들다. 기존의 제품들이 속한 카테고리와는 별개의, 새로운 카테고리를 만들거나 혹은 반대되는 자리에 포지셔닝을 하는 방법이다.

▶ 게토레이 - 갈증 해소 음료 / 비타500 - 마시는 비타민C

⑥ 경쟁 상대에 의한 포지셔닝(Competitor)

다시 한 번 강조하는데, 포지셔닝은 우리 제품을 어떻게 소비자의 머릿속에 위치시킬 것인가를 정하는 것이다. 경쟁사의 제품이 소비자의 머릿속에서 확고한 이미지를 구축하고 있다면, 이것과 비교하여 우리 제품의 다른 이미지를 보여주는 것이다. 이렇게 하면 소비자들을 이해시키기 쉬울 뿐만 아니라 경쟁사의 제품과 동등한 관계라는 인식을 가

지게 할 수도 있다.

▶ 에이비스Avis 렌터카 – 에이비스는 렌터카 업계에서 단지 2등에 불과합니다. 그렇기 때문에 우리는 고객을 위해 더욱 노력합니다 / 휴렛팩커드 – 누가 No.1인가?

⑦ **아젠다 세팅(Agenda Setting)에 의한 접근**

아젠다 세팅이란 소비자들에게 구매의 새로운 기준을 제시해줌으로써 우리 브랜드를 구매 고려 브랜드들 중 가장 먼저 인식되게끔 만드는 것이다. 시장에 들어가더라도 이미 1위인 제품을 물리치기 힘든 상황이라면 새로운 아젠다를 던짐으로써 소비자들의 머릿속에 전혀 새로운 영역을 만드는 것도 중요한 전략이다. 즉, 시장의 이슈나 소비자들의 관심이 우리 제품에 유리한 방향으로 향하도록 아젠다를 바꿔주는 것이다. 제품카테고리에 의한 포지셔닝과 달리, 아젠다 세팅 전략은 경쟁자가 그 의제에 휘말릴 수 있을 정도로 강력해야 한다.

▶ 서울우유 – 제조일자를 확인하세요 / 본죽 – 건강한 생각 한 그릇 / 더블A – 걸리지 않는 복사지

기업이 활용할 수 있는 포지셔닝의 방법으로는 '1등' 이미지, '개척자' 이미지, '최신' 이미지, '리더십' 이미지, '전통과 유산遺産' 이미지 등을 들 수 있다. 예를 들면, 구글이나 스타벅스는 해당 분야를 개척했다는 이미지로 성공을 거두었다.

오늘날 '구글Google'은 '검색한다'는 뜻의 동사로도 쓰일 정도로 일반명사화되었다. 휴지 대신 '크리넥스', 복사 대신 '제록스', 배송 대신 '페

덱스'라고 말하는 식이다. 이렇듯 1등 혹은 개척자 이미지는 제품을 차별화하는 데 매우 좋다. 1등을 강조하려고 한다면 "역시 넘버원Noı!", "이 사회의 리더다", "리더이므로 남들보다 더 해내게 된다"는 맥락으로 리더십을 강조하면 된다. 리더십이야말로 브랜드의 신뢰를 구축하는 최고의 지름길이기 때문이기도 하다. 또한 리더십은 어떻게 그러한 리더의 자리까지 올랐는지에 관한 스토리도 풀어낼 수 있는 좋은 플랫폼이기도 하다.

물론 1등이 아니더라도 다른 기회는 많다. 예를 들어, '최신'이라는 이미지도 잘 이용하면 큰 차별화 효과를 거둘 수 있다. 미국에서 '애드빌Advil'은 아스피린 등 기존 제품보다 '진전된(advanced) 진통제'라는 이미지, 옛날 약이 아니라 최근에 개발된 약품이라는 이미지로 진통제 시장에서 2위 브랜드가 되었다.

이외에도 제품이 만들어지는 과정이나 소재, 전통이나 유산 등을 잘 활용해서 차별화된 드라마나 스토리 혹은 이미지를 창출하는 방법도 있다. 스페인의 올리브기름 마케팅도 좋은 예다. 스페인은 세계에서 올리브기름을 가장 많이 생산하지만, 이런 사실은 묻힌 채 이탈리아 제품이 국제적으로 가장 많이 알려져있었다. 이미지상으로는 이탈리아산 올리브기름이 1등이었던 셈이다.

1등도, 최신도 아닌 스페인이 취한 전략은 '드라마화'였다. 일단 '스페인이 세계 1위 올리브기름 생산국'이라고 포지셔닝을 하고, "2000년 전 로마(이탈리아)는 우리(스페인)의 가장 큰 고객이었습니다. 지금도 그들은 여전히 그렇습니다"라는 방식으로 스토리를 만든 것이다. 이 전략으로 스페인은 이제 올리브기름 1위 생산국 이미지를 되찾았다.

포지셔닝을 새롭게 하여 성공한 사례로 아르헨티나의 바코드 리더기 전문 회사인 '컴퓨데이터'를 들 수 있다. 이 회사의 대표 제품의 이름은 '멀티스캔'이었고, 그래서 회사 이름도 '멀티스캔'으로 바꿨다. 본사도 미국으로 옮겼다. 컴퓨터에 강한 나라는 미국이기 때문이다. 사장도 아예 미국식으로 이름을 바꾸었다. 그랬더니 이 회사의 매출은 10배나 늘었고, 55개국에 수출하게 되었다.[36]

새로 나온 감기약 빅스Vicks는 효과는 좋지만 먹으면 잠이 온다는 점 때문에 판매가 저조했다. 광고 회사에서는 잠이 온다는 단점을 장점화하는 완전히 새로운 포지셔닝을 제안했다. 그렇게 탄생한 제품이 '최초의 밤시간(Night time)용 감기약'으로 포지셔닝하고 브랜드네임까지 바꾼 나이퀼NY-Quil이다.

7) 광고메시지 전략모형

광고 전략은 "메시지를 어떻게 개발할 것인가?"와 "그 메시지를 어떻게 전달할 것인가?"로 이루어진다. 크리에이티브 전략의 전문가인 찰스 프레이저의 광고메시지 전략모형은 메시지 개발에 초점을 맞춘 모델이며, 이를 맷 라스키 등은 정보적 전략과 공감적 전략으로 나누었다.

정보적 전략으로는 U.S.P.(Unique Selling Proposition) 전략, 선점 전략, 비교 전략, 과장 전략 등이 있으며, 공감적 전략으로는 사용자 이미지 전략, 브랜드 이미지 전략, 사용 상황 전략 등을 제시했다.

이렇듯 학자들마다 다양한 시각의 전략모형을 제시하고 있는데, 여기서는 프레이저의 7가지 광고메시지 전략모형, 즉 ① 일반적 편익 전략, ② 선점 전략. ③ U.S.P. 전략. ④ 브랜드 이미지 전략. ⑤ 포지셔닝 전략. ⑥ 공명 전략. ⑦ 정서 전략 등을 중심으로 설명하겠다.

① 일반적 편익 전략(Generic strategy)

경쟁사 제품과의 차별점이나 우리 제품의 특별함을 강조하지 않고, 우리 제품의 특징을 있는 그대로 설명하는 전략이다. 경쟁이 치열하지 않고 시장을 독점하고 있는 1위 브랜드라면 사용할 수 있다. "우유는 신선함이 생명이다"와 같은 광고다.

② 선점 전략(Preemptive strategy)

그 브랜드만의 독점적인 특·장점은 아니지만 경쟁사의 제품보다 먼저 그러한 점을 갖췄음을 주장함으로써 경쟁사의 제품을 우리 제품의 모방 브랜드인 것으로 인식시키는 전략이다. 차별화나 제품의 특징을 염두에 두지 않고 사회적인 교훈이나 제안을 담는 전략으로서, 기능 자체에 큰 차이가 없을 경우에 많이 사용된다. 후발 상품이 시장에 진입할 것을 알고서 미리 메시지나 이미지를 차지하려는 전략으로 쓰이기도 한다.

③ U.S.P. 전략(Unique Selling Proposition Strategy)

독특한 판매소구점을 제시하는 전략이다. 사치&사치 사의 S.M.P.(Single Minded Proposition) 전략도 광고소구점의 단순화라는 측면에서 같은 전략이다. 첨단기술이 활용된 제품이나 경쟁사의 제품과 차별화하기 위한 전략으로 쓰인다.

④ 브랜드 이미지 전략

《광고 불변의 전략》을 쓴 데이비드 오길비가 주창한 제품의 개성 창조 전략이다. 그러나 단순히 피상적인 이미지만을 생각해서는 안 된다. 오길비가 주장한 이미지를 창출하는 기반은 마케팅이다. 감성적 접근의 전략으로 브랜드 명성에 걸맞는 이미지를 만드는 작업은 장기적으로는 그 브랜드에 대한 소비자들의 호감도를 높이고, 나아가서 경쟁사의 브랜드보다 우월한 위치를 지킬 수 있다는 것이다. 패션 제품이나 화장품, 고가 상품을 위한 전략으로 많이 사용된다.

⑤ 포지셔닝 전략

고객의 두뇌 속에 있는 기억의 사다리 중 어디에 위치시키느냐는 전략이다. 포지셔닝 전략은 선두주자 전략, 추격자 전략, 경쟁자 전략으로 구분된다. 한번 출시되었던 상품도 경쟁 상황이 달라졌을 때 재포지셔닝하는 전략을 쓰기도 한다. 이미 확립되어있는 경쟁자를 이용하여 그 경쟁자의 위상과 비슷하게 동화시키거나 혹은 다른 점을 대조함으로써 쉽게 위상을 정립시킬 수도 있다. 에이비스 렌터카의 2위 전략, 휴렛팩커드의 No.1 전략 등이 그러하다.

⑥ 공명 전략(Resonance strategy)

소비자의 감정의 울림을 이끌어내기 위한 방법으로, 제품에 대한 주장이나 브랜드 이미지에 초점을 맞추기보다는 타깃으로부터 좋은 기억들을 불러일으킬 수 있는 상황 또는 감정과 연결된 메시지를 보여주는 것이다. 소비자는 자신에게 어울리는 브랜드에 공감하고 반향을 한다. "직장인의 활력 있는 아침을 위해! – 쿠퍼스!"와 같은 광고가 여기에 속한다. 후발 브랜드가 선발 브랜드메시지나 이미지를 따라하는 전략도 공명 전략이다.

⑦ 정서 전략(Affective strategy)

변칙 전략이라고도 하며, 신비주의와 모호성과 엽기성으로 도전적인 모험을 펼치는, 시각적인 충격을 활용하거나 포스트모던적인 요소를 활용하는 광고 전략이다. 스캔들 같은 화재거리를 만들어 사회적 반향을 얻으려는 의도가 담겨있다.

적은 광고비로 상당히 큰 효과를 얻기 위한 전략이기에 소비자들에게는 놀라움을 주고, 경쟁사의 브랜드보다 더 두드러지게 만들려고 한다. 그렇기 때문에 조사 데이터보다는 크리에이터의 직감이나 창의력을 바탕으로 만들어지는 전략이기도 하다.

반면에 정서 전략을 활용할 경우 소비자들의 머릿속에 광고만 남고 정작 브랜드나 기업이 생각나지 않는 '흡혈귀 광고(vampire video)'가 될 가능성도 크다.

5. 광고기획서, 어떻게 쓸 것인가?

1) AD브리프 쓰기

AD브리프(Advertising-Brief)는 다음과 같은 2가지 목적으로 작성된다. 하나는 광고주가 광고 회사에 요구하는 내용을 정확히 전달하기 위하여 작성하는 것이고, 다른 하나는 AE(Account Executive)가 제작팀이나 프로젝트 구성원들에게 전체적인 방향을 설명하기 위한 것이다. 좋은 AD브리프의 작성 조건은 다음과 같다.

① 동기부여가 이루어질 수 있도록 작성한다 – 전략적 아이디어도 뛰어나고, 그 내용도 간명하게 정리된, '잘 써졌는데도' 제작팀을 가끔 매우 피곤하게 만드는 브리프가 있다. 좋은 브리프는 영감을 이끄는 것이고, 그러려면 무엇보다 이해에 부담을 주는 브리프가 되어서는 안 된다. 해당 브리프를 작성한 기획자에게는 너무 쉽고

명쾌한 논리더라도, 전달받는 제작팀에게는 이해가 잘 안 되는, 그래서 받아들이기에 어려운 논리가 될 수도 있다. 자신의 전략적 설득 시나리오를 제작팀에 충분히 이해시키고, 그들이 제작할 광고를 위한 영감의 토대를 제공해야 한다. 브리프는 제작팀의 상상력이 뛰어놀 수 있는 운동장이자, 전략적 의도가 소비자들의 언어로 번역되어 전달되게 하는 도약대이기 때문이다.

② 구체적이고 명확하게 작성한다 – 문제점이 무엇인지 명확하게 알려야 하고, 광고 목표가 무엇인지, 타깃은 누구로 할 것인지에 대해서도 구체적으로 작성해야 한다. 광고기획의 핵심 요소들, 즉 '타깃 오디언스target audience – 광고의 해결 과제(현재 소비자들의 인식) – 광고 목표(목표 소비자들의 인식) – 해결 방안(광고 콘셉트)'을 충실히 요구하는 브리프가 되어야 한다. 그러므로 오리엔테이션을 받자마자 '기계적으로' 브리프를 작성하기보다는 전략에 대한 생각이 충분히 정리된 후에 작성해야 전략적 발상의 흐름을 놓치지 않을 수 있다.

③ 쉽게 이해될 수 있도록 간결하게 작성한다 – AD브리프는 1~2장 내외로 간략하게 작성되므로 내용의 요약이 중요하다. 그러나 보다 중요한 것은 브리프를 받는 제작팀에서도 충분히 납득할 수 있는 내용이어야 한다는 점이다. 그래서 브리프가 소비자들의 마음을 실제로 움직이게 하려면 기획자는 '크리에이티브 마인드'를, 제작팀은 '전략적 마인드'를 가져야 한다. 또한 이해되지 않은 부

분이 있다면 그 자리에서 토의를 통해 충분히 이해되도록 하는 등 서로의 의견을 하나로 모으는 것이 중요하다.

④ 뒷받침할 수 있는 확실한 근거를 담도록 한다(Reason to believe) - 해당 마케팅 광고 콘셉트가 나오게 된 분명한 근거를 기술하면 설득력이 훨씬 높아질 수 있다. 한 문장 정도로 간결하게, "왜냐하면 이 제품은 OO하기 때문에 광고 콘셉트는 XX입니다"라는 식이다.

2) 광고기획서 쓰기

광고 전략이 '좋은 광고를 만들기 위한 작업'이라면, 광고기획서는 "왜 그 광고를 만들어야 하는가?"를 설명하는 글이라고 볼 수 있다. 즉, 광고기획서는 광고 활동과 관련된 모든 지식과 모든 능력을 총동원하여 상황 분석을 하고, 그것으로 광고 목표를 정하고, 이를 달성하기 위한 문제해결 방안을 마련하여 광고주에게 목표하는 바를 확인시키고 동의를 얻기 위한 제안적인 도구인 것이다.

광고기획서는 곧 광고 회사 상품의 하나이고, 광고 회사의 철학이며, 개성적 표현이다. 따라서 정형화된 룰을 따라 기획서를 작성하는 광고인은 어리석다. "이 광고기획서에는 핵심이 있는가? 독특한가?"를 늘 머릿속에 떠올려야 한다.

광고는 누가 만드느냐에 따라 달라지듯이, 광고기획서도 누가 기획하느냐에 따라 달라져야 한다. 그러니 '효과적인 광고기획서 작성 기법'이라는 것도 존재할 수 없다. 자기만의 독특한 기법을 개발해야 하는 것이 광고인의 숙명인 것이다.

광고기획서는 논리가 명쾌하고 체계적이어야 한다. 치밀한 논리는 치밀한 의심에서 시작된다. 주장과의 연관성이 적은 내용이나 설명(support) 요소는 오히려 역효과를 불러온다. 그러니 이론적인 바탕이 튼튼해 보이도록 해야 한다. 기획서의 형식도 색다르고 눈길을 끌 수 있어야 한다.

"기획은 곧 생각하는 방법이다"라고 했듯이, '어떤 생각'이 성공할 것이라는 확신을 논리적으로 정리하는 것이 기획서다. 즉, 광고주 자신도 몰랐던 광고주 자신의 제품, 시장, 소비자들에 대한 새로운 시각을 제시해서 광고주의 브랜드가 성공할 수 있다는 확신을 주는 것이다.

광고기획서의 설득력을 높이기 위해서는 이슈issue를 만들어야 한다. 기획의 논리를 설명하기 위하여 '이슈 만들기(issue making)'라는 갈등 구조를 이용하는 것이다. 그럼 '이슈 만들기'란 무엇인가?

파리바게트를 예로 들어보자. 파리바게트의 제품은 빵이다. 당연히 "빵을 어떻게 하면 더 많이 팔 것인가?"가 파리바게트의 목표가 된다. 그런데 "빵집을 팔면 어떨까? 빵집이 알려지면 빵 판매량도 늘어나지 않겠는가!" 바로 이렇게 "빵을 팔 것인가? 아니면 빵집을 팔 것인가?"라는 갈등 구조(이슈)를 만들 수가 있다.

KT의 인터넷회선의 경우 "빠른 속도를 팔 것인가?"라는 이슈와 "(경쟁사들은 감히 말할 수 없는) 기업의 규모와 전문성을 팔 것인가?"라는 이슈를 만들었고, 스카이라이프는 "단순히 TV의 한 채널인 스카이라이프를 팔 것인가?"라는 이슈와 "새로운 생활을 즐기는 스카이라이프로 팔 것인가?"라는 이슈를 만들고서 비교함으로써 성공적인 기획안을 내놓을 수 있었다.

광고기획서는 내용(Content)보다 전체에서 흐르는 맥락(context)이 더 중요하다. 특히 광고주 앞에서의 프레젠테이션을 위한 광고기획서에서는 맥락이 가장 중요한 요소이기도 하다.

어떤 쇼핑채널을 예로 들어보자. 그 쇼핑채널의 순위는 현재 2위다. 하지만 1위가 되기 위한 광고기획을 한다면 광고기획서의 전체 흐름에 '확실한 1위가 될 수 있다는 확신(context)'을 담는 것이다.

광고의 방법 중에는 현재 경쟁사들이 그러는 것처럼 "쇼핑의 한 유통채널로서 ○○홈쇼핑은 경쟁사들과는 무엇이 다른가?"를 강조하는 방법이 있을 수 있다. 하지만 1위가 되려면 경쟁의 장場을 바꿔 한 차원 높은 곳에서 시장을 보는 방법이 필요하다. 즉, 일개 쇼핑채널이 아닌 쇼핑에 관한 정보를 주는 '방송채널'로 포지셔닝하는 것이다.

여기서 "쇼핑채널로 있을 것인가? 아니면 방송채널임을 내세울 것인가?"라는 갈등을 이용한 설득 구조(issue making)를 만들 수 있다. "○○홈쇼핑은 방송채널임을 소비자들에게 알리면 1위가 될 수 있다"는 확신의 논리를 기획서 전반에 녹아들게 하는 것이다.

기획서는 설득을 위한 '세일즈북SALES-BOOK'이기 때문에 '이슈 만들기' 같은 갈등 구조를 이용하면 좀 더 설득력을 높일 수 있다. 결국 전략의 핵심이 확실히 보이도록 하기 위한 도입부이자 갈등 구조의 핵이 곧 '이슈 만들기'인 것이다.

① 마케팅 광고기획서 작성 단계

1단계 : 기획 내용 및 문제점 파악

2단계 : 기획서 작성의 방향 결정

- 광고기획서인가? 컨설팅 기획서인가? 마케팅 세일즈 기획서
  인가?

3단계 : 기획서 작성을 위한 자료 조사

4단계 : 자료 및 조사결과 취합·분석

5단계 : 기획 니즈needs에 대응하도록 기획 콘셉트 도출·확정

- 콘셉트의 타깃은 누구이며, 무엇을 위한 콘셉트인가?

- 분석 자료를 토대로 가장 핵심적인 내용을 콘셉트로 도출했
  는가?

- 콘셉트가 명확하고 구체적으로 제시되었는가?

6단계 : 기획서의 기본 구조 만들기

- 피라미드형? 역피라미드형?

7단계 : 기획 내용 작성·전개

8단계 : 전체적인 구성 재검토·정리

- 오자나 탈자, 잘못 쓴 단어, 이상한 문장은 없는가?

- 기획을 설명하는 데 부족하거나 누락된 자료는 없는가?

- 각 섹션·장별 중점 사항들이 잘 표현되어있는가?

- 인용한 자료에는 출처 표시가 되어있는가?

- 읽는 사람의 관점에서 볼 때 내용은 쉽게 전달되는가?

9단계 : 기획서의 부가적인 효과를 위한 재편집

- 이미지를 활용, 밑줄을 긋고 볼드체 등 강조 기법을 활용

10단계 : 기획서 최종 점검·보완·수정

② 프레젠테이션을 위한 광고기획서 작성

　1. 자료 모으기 – 광고주와 연관된 자료는 무엇이든 수집·분석한다.

　2. 의미 찾기 – 프레젠테이션을 하는 이유를 확실하게 한다.

　3. 내려놓기(Drop it) – 가급적 단순화하고 쉽게 만든다.

　4. 적용하고 추출하기 – 이러한 광고를 만들어야 하는 이유를 담는다.

　5. 프레젠테이션 기획서 작성 – 프레젠테이션 상황을 시뮬레이션해
　　서 작성한다.

　광고기획 단계에서는 "이미 아는 내용을 새롭게 해석한다"가 필요하다면, 크리에이티브와 프레젠테이션에서는 "이미 아는 내용을 새로운 방식으로 말한다"가 필요하다.

③ 광고기획서 작성을 위한 체크 포인트

　a. 날카로워야(Sharp) 한다 – 전략에서 전술까지 논리가 일관되게
　　흘러야 하며, 제안의 핵심을 명확히 표시하고 확실히 강조해야
　　한다.

　b. 매력적이어야(Attractive) 한다 – 기획서의 구성이 새로워야 하고,
　　흥미로운 요소를 활용하여 즐겁고 시즐sizzle감 있어야 한다. 그
　　래서 기획서에는 눈에 띄는 간결한 언어를 쓰는 것이 중요하다.
　　기획서의 제목에도 신경을 쓸 필요가 있다.

　c. 뜨거워야(Hot) 한다 – "이것을 하고 싶다"는 열정이 담겨야 하며,

이론에 치우친 제안보다 실행프로그램에서의 창조성을 발휘해야 한다. 좋은 광고기획서는 "이대로 하면 성공할 것이다"라는 확신을 느끼게 한다. 그러니 머리에서뿐 아니라 가슴에서도 공감을 느끼게 하는 광고기획서를 만들어야 한다.

광고 회사에서 만들어지는 광고기획서는 프레젠테이션을 위해 쓰이는 경우가 대부분이므로 일반 기획서와는 형식면에서 차별화가 안 된다. 프레젠테이션은 광고주를 설득하는 자리이기 때문에, 광고기획서는 광고로 얻게 될 꿈과 희망, 기대를 파는 세일즈북SALES-BOOK 역할을 한다. 꿈과 기대를 팔려면 어떻게 해야 하는가? 광고주가 광고기획서를 보고 그 꿈과 기대가 반드시 실현될 수 있다는 확신이 들어야 한다.

모든 기획서가 광고주를 설득할 수 있는 것은 아니다. 기획서의 수준에도 차이가 많이 나기 때문이다. 광고기획서가 제대로 작성된 꿈의 세일즈북이 되기 위해서는 고급 수준의 광고기획서를 쓸 수 있는 능력이 있어야 한다.

a. 초급 수준의 기획서는?
 - 기획 따로, 마케팅 따로, 제작 따로다.
 - 데이터를 모두 집어넣은 수퍼마켓형이며, 개별적 가치를 파악하여 정리하는 수준이다.
b. 중급 수준의 기획서는?
 - 일관된 전략은 있으나 빅아이디어Big-Idea가 없다. 주장은 있으나 공감력이 부족하다.

- 상대적 가치를 파악하여 자신의 주장을 담는 수준이다.

c. 고급 수준의 기획서는?

- 새로운 시각과 새로운 제안이 담겨있다.

- 이 기획서를 작성한 광고인을 광고주의 파트너로 생각하고서 조언을 구하고 싶게 만들고, 이 광고인과 함께하면 성공하리라는 확신이 들게 한다.

- 개별적·상대적 가치를 넘어 총체적으로 인식하는 수준이다.

⋯ 광고 전략의 4가지 실전 노하우

1. 비교프레임을 활용한다

비교프레임은 광고의 기본 바탕이 되는 이론이다. 사실, 인간은 비교를 제일 싫어한다. 그러나 광고는 비교를 제일 좋아한다. 광고를 쉽게 만드는 마법이 바로 비교 기법을 활용하는 것이다.

"나는 키가 크다"라고 하면 사람마다 크다는 기준이 다르기 때문에 뜻이 잘 전달되지 않을 수 있다. 이럴 때 비교는 내가 전달하려는 의미를 가장 쉽게 전달해주는 수단이다. "나는 이종격투기 선수 최홍만보다 키가 더 크다"고 하면 바로 이해할 수 있을 것이다. 그래서 비교의 대상으로는 잘 알려진 것을 사용하는 것이 좋다.

소비자들에게 알려지지 않은 기업이 잘 알려진 기업을 비교 대상으로 삼는 이유도 여기에 있다. 가격이 싸다는 내용의 광고를 만들 경우에도 "저희 제품은 20% 더 저렴합니다"라는 카피보다는 "B사의 제품이 20% 더 비쌉니다"라고 하는 것이 더 효과적이다.

비교는 어떻게 활용하는가에 따라 누구도 예상치 못한 기적을 일으킬 수 있다. 그래서 효능의 차이를 직접 보여주는 '비교 광고' 같은 기법도 활용되고 있다. 광고인이 기획 단계에서 비교의 의미를 이해하고 활용하는 것이 이래서 중요한 것이다. 예를 들어보자.

한라산 중턱에 있는 휴게소 팻말의 문구다.

"정상까지 100미터, 음료수와 화장실이 있습니다."

당신이라면 어떻게 바꿔 쓰겠는가? 카피를 어떻게 쓰는가의 문제가 아닌 '비교'라는 의미에서 한 번 더 생각해보기 바란다. '있다, 없다'를 비교해서 새로운 의미를 찾아내는 것이다.

"정상까지 100미터, 정상에는 음료수와 화장실이 없습니다."

정상에는 없기 때문에 여기서 구입해야만 한다는 상황적 논리가 만들어진다.

올림픽 메달 수상자를 대상으로 만족도를 조사했다. 그 결과 은메달 수상자보다 동메달 수상자들의 만족도가 훨씬 높은 것으로 나타났다. 은메달 수상자는 간발의 차이 때문에 금메달을 놓쳤고, 그래서 받는 대접은 금메달 수상자의 것과는 천양지차니 아쉬울 수밖에 없다. 그러나 동메달 수상자는 3등이지만 금메달, 은메달 수상자와 함께 '메달을 받은 선수'로 인식되기 때문에 메달을 받지 못한 선수들과 비교되어 만족도가 훨씬 높은 것이다.

렌터카 업체인 에이비스의 비교 광고를 보자.

"에이비스 렌터카는 업계에서 단지 2위에 불과합니다. 그런데 왜 우리를 이용할까요?"

바로 이 헤드라인에 다음과 같은 카피가 나온다.

"당신도 2위라면 더 열심히 노력하는 일 외에는 없겠지요. 저희는 더러운 재떨이는 용납하지 않습니다. 연료탱크를 가득 채우지 않은 채로, 낡은 타이어를 끼운 채로, 더러운 시트를 그대로 둔 채로, 히터가 고장난 채로 차를 빌려드리는 경우는 절대 없습니다. 저희는 2위에 불과하기 때문입니다. 에이비스를 이용해주십시오. 1위처럼 기다릴 필요도 없습니다."

그림 20. 페덱스의 배송 서비스 비교 광고

　비교로 호소하는 것은 소비자들의 주의를 환기시키고 제품에 대한 정보를 보다 많이 세공함으로써 자사 제품을 차별화할 수 있다는 장점이 있다. 그래서 코카콜라와 펩시콜라, 택배 회사인 페덱스와 DHL 등이 상대적 비교의 방법을 많이 활용하고 있다(《그림 20》 참조).

　비교 광고는 약자가 강자를 넘을 수 있는 강력한 무기이며, 기업 이미지를 높일 수 있는 수단이기도 하다. 자사 상품의 명확한 우수성을 인정받고 경쟁 브랜드의 이미지 또한 강력한 경우에 효력을 발휘한다. 반면에 주의할 점은, 이 같은 과정에서 오히려 타사 제품의 우수성을 부각시키거나, 엉뚱한 분쟁, 심지어 신뢰도 상실이 발생하기도 한다는 점이다.

　고연령층은 비교 광고에 저항감을 가지고 있지만, 어떻게 비교하는가에 따라 그 효과가 전혀 달라질 수 있다. 예를 들면, 당신이 150만 원짜리와 120만 원짜리 데스크톱컴퓨터 사이에서 망설이고 있다고 하

자. 두 제품 다 국내 유명 대기업의 제품들로서 성능이나 사양은 비슷한데, 150만 원짜리가 디자인은 훨씬 낫다. 뭘 골라야 할지 한참 고민하고 있을 때 매장 직원이 한마디 거든다. "150만 원으로 120만 원짜리 컴퓨터 사시고, 남는 돈 30만 원으로 신형 아이팟을 사실 수 있어요." 매장 직원의 말에 120만 원짜리가 갑자기 다시 보이기 시작한다. 슬며시 "누가 데스크톱 쓰면서 디자인 따지나" 싶은 생각과 "신형 아이팟이 생긴다"는 생각에 결국 120만 원짜리로 마음이 기울게 된다.

미국의 경영전문지 〈하버드 비즈니스 리뷰〉에 따르면, 이런 식의 '기회비용(opportunity cost) 드러내기'는 상품들 간 가격의 차이가 갖는 힘을 극명하게 보여주는 효과적 마케팅 방법이다. 단순히 비교를 하는 것이 아니라 "그 차이가 당신에게 얼마나 더 많은 이득(효용·편익)을 주느가"를 소비자의 가슴에 와닿도록 전달해주기 때문이다. 평소에 이성보다는 감성으로 소비하는 소비자들에게 '가격 대비 성능' 같은 비교는 제품 그 자체로 눈을 돌리게 하는 힘을 갖고 있다.

하지만 이런 전략을 쓸 때 반드시 조심해야 할 것이 있다. 기회비용을 인식시켜주는 비교 대상을 잘 골라야 한다는 것이다. 신형 아이팟 대신 '피자가 열 판'이라고 한다면 사람에 따라 먹어봐야 살만 찐다는 부정적인 생각 때문에 가격의 차이를 별거 아닌 것으로 인식할 것이다.

물론 비싼 상품의 경우에는 이런 '역효과'를 잘 활용할 수도 있다. 다이아몬드 회사인 드비어스De Beers의 광고가 그렇다. 멋진 다이아몬드 귀걸이 비주얼에 "부엌 고치는 건 내년으로 미루자"라는 헤드라인의 광고다. 그래, 부엌 고칠 돈으로 올해에는 정말 멋진 다이아몬드 귀걸이를 아내에게 선물하는 것도 괜찮다는 생각이 들게 하는 것이다. 이와 같이 어떤 비교의 틀(frame)을 제시하느냐에 따라 소비자의 생각은 완전히 달라진다. 소비자들은 항상 상황을 수동적으로 인식하는 경향이 있다. 그렇기에 적절한 비교는 소비자를 능동적으로 전환시키는 힘이 있다.

2. 타인의 영향력(준거집단)을 활용한다

주변의 다른 사람들로부터 집단압력 같은 영향을 받아서 자신의 태도나 신념을 바꾸는 것을 '동조(Conformity)현상'이라고 한다. 동조현상은 애매한 상황일 경우에 더 강하게 나타나지만 명백한 상황에서도 영향력을 발휘한다.

똑같은 크기의 막대를 찾는 실험에서, 집단압력이 없는 상황에서는 누구든 맞출 수 있는 문제임에도 불구하고 실험참가자 여덟 명 가운데 일곱 명이 일관되게 틀린 대답을 하도록 실험 전에 설정했다고 하자. 그러면 나머지 한 명도 일곱 명에 의한 집단압력에 굴복하여 틀린 대답을 할 가능성이 76%라고 한다. 타인들의 의견이 그만큼 소비자에게 영향을 미칠 수 있는 것이다. 즉, 타인들의 의견이 일치할수록 집단압력은 더 커지고, 이로써 동조현상도 더 강하게 일어난다.

이러한 이론을 이용한 광고를 밴드왜건Band-wagon 광고라고 하는데, "대부분의 사람들이 이미 사용하고 있다"는 메시지로 당신도 같은 선택을 해야 한다는 압력을 주는 것이다. 실제로 소비자들은 제품에 대한 정보가 부족하다. 게다가 제품 정보에 대한 관심마저도 극히 약한 인지적 절약자이기도 하다. 그래서 다른 사람들의 판단이나 태도를 참고하려는 경향이 강하다. 결국 소비자들은 특정인들이나 전문가집단으로부터 해당 브랜드·제품에 대한 정보를 얻게 된다. 즉, 바로 그 특정인들이나 전문가집단이 곧 준거집단(reference group)이 되는 것이다.

인간은 사회적 동물이기에 타인의 눈을 의식할 수밖에 없고, 타인의 해석을 참고하지 않으면 안 된다. 또한 소비자들은 자신이 좋아하는 사람들의 기대에 부응하는 쪽으로 행동하려는 경향이 있다. 자신이 좋아하는 사람들, 즉 준거집단이 특정 브랜드를 좋아한다면 자신도 그 브랜드를 구매함으로써 친구들(준거집단)의 기대를 만족시키려 한다.

자신이 좋아하는 스타가 등장하는 광고도 마찬가지다. 매스미디어를 통해서 자주 접하게 되는 유명 연예인은 우리에게 이미 타인이 아니라 우리가 선망하는 사람의 전형이고 만인의 연인이다. 이들의 행동 하나하나가 소비자들의 준거가 된다. 그 분야의 덕후들, 팔로우 수가 수십만 명에 달하는 팟캐스터들이나 유튜버들도 강력한 영향력을 가진 오피니언 리더이며 준거집단이다. 입소문으로 들은 이야기나 댓글 하나도 이제는 하나의 준거집단 역할을 한다.

여기서 언급해야 할 것이 또 하나 있다. 오늘날과 같은 스마트미디어 시대의 새로운 트렌드는 '마이크로–인플루언서micro-influencer', 즉 소규모의 영향력을 가진 자의 출연이다. 어느 특정 분야에 대해 누가 영향력을 행사하는지 알고자 한다면, 동영상에서부터 오픈소스에 이르기까지 20여 개의 중요 카테고리를 파악해보면 된다. 각각의 주제에 대해서마다 자체의 인플루언서가 각 카테고리에서 활동하고 있는데, 이들이 서로 겹치는 부분이 거의 없다는 것이다.

그래서 광고인에게 정말로 중요해진 것은 주제별·이슈별·언어별·국가별로 세분화된 분야의 실질적인 인플루언서를 제대로 파악하는 능력인 것이다. 유명연예인보다 '신뢰'의 면에서 우위에 있는 인플루언서는 화장품 등의 다양한 전문 분야에서 구매와 직접 연결되는 활발한 영향력을 행사하고 있다.

아마존은 유튜브나 인스타그램에서 영향력이 있는 인플루언서들과 제휴해 상품을 판매하는 '아마존 인플루언서 프로그램'의 베타서비스를 런칭했다. 이 프로그램은 영향력이 있는 인플루언서들을 선별해 아마존의 독립적인 도메인 주소를 주고 더 많은 소비자들에게 자신과 제품을 홍보할 수 있게 했다. 인플루언서마다 갖게 되는 독립 페이지에는 인플루언서가 추천한 상품의 가격 및 정보 등이 기존 아마존 마켓플레이스에서 판매하는 형식으로 소개된다. 인플루언서들은 인스타그램이나 유튜브로 자신의 아마존 도메인을 소개해 소비자들을 아마존으로 끌어오는 한편, 자신이 소개하는 물건의 판매를 돕게 된다.

인플루언서 마케팅Influencer marketing[37]뿐만 아니라 블로그 마케팅, 바이런 마케팅도 하나의 준거집단을 활용하는 사례로, 소비자 행동에 직접적 영향을 주는 준거집단의 영향력은 스마트미디어시대에도 여전히 그 힘을 발휘하고 있다.

3. 화제성을 일으켜 공유가치를 만든다

뉴질랜드의 저가항공사인 에어뉴질랜드는 자사 홈페이지와 유튜브 등에 '올 누드' 승무원이 등장하는 광고를 올렸다(〈그림 21〉 참조). 이 광고에서 승무원들은 맨살에 유니폼을 그린 '보디페인팅'을 한 상태로 등장해 큰 화제를 일으켰고, 이 동영상은 입소문으로 급속히 확산되었다. 이들은 '보디페인팅' 외에는 아무것도 입지 않은 채 각자 역할을 수행한다. 45초 길이의 이 동영상은 에어뉴질랜드의 주요 국내노선에서 승객들에게 방영되고 있으며, TV 광고와도 연계하여 "에어뉴질랜드의 요금은 감출 것이 없습니다"라는 메시지로 저가항공사로서 가격에 거품이 없음을 매우 효과적으로 전달했다.

일본에 세 개짜리 한 송이에 한국 돈으로 약 2만 원이나 하는 바나나가 있다. 일반적인 바나나 생육의 한계고도를 뛰어넘어 해발 1,000미터의 고지대에서 일반적인 재배 기간보다 1.5배를 더 들여 키운 바나나다. 이 바나나는 전용선을 타는 등 세심한 수송과 남다른 숙성 절차를 거쳐 마침내 백화점 식품 매장에 한정판으로 소개되었다. '지구가 키운 행복한 바나나(地球育ち しあわせバナナ)'라는 이름의 이 브랜드에 고객들은 지갑을 선뜻 열 것이라 기대할 수 있을까?

실제로 이러한 바나나가 일본에서 불티나게 팔리고 있다. 행복이라

그림 21. 에어뉴질랜드의 '올 누드' 승무원 동영상 광고

그림 22. 초고가의 바나나 브랜드인 '행복한 바나나'

는 화두의 독특한 네이밍, 두 겹으로 겹친 스티커를 붙여 껍질을 벗겨 내듯 윗부분을 떼어내면 바나나가 화자話者가 돼 직접 메시지를 건네게 하는 패키지상의 재미 요소, 그리고 효과적인 스토리텔링, 예를 들어 펼치면 바나나잎 모양이 되는 쇼핑백의 뒷면에 이 바나나가 얼마나 특별한 환경에서 얼마나 좋은 사람들에 의해 키워졌는지에 대한 스토리를 전달하는 등의 방식으로 그야말로 제값을 다 받으면서도 절찬리에 판매되고 있다.

이 바나나의 실체를 가장 적합한 언어에 담고, 제품의 본질을 직접 드러내는 디자인으로 구현해 이를 통째로 하나의 스토리텔링으로 연결해낸 것이다. 즉, 바나나라는 상품을 '소비의 대상'이 아니라 그것을 재배한 사람들과 교감할 수 있는 대상으로 변화시킨 것이다(〈그림 22〉 참조).

4. 공익과 사회적 의미를 담는다

기업에 대한 사회적 책임이 점점 더 중요해지고 있다. 브랜드의 사회적 책임을 묻는 소비자의 등장은 지속가능성이라는 메시지의 가치를 다시 생각하게 한다. 메시지의 기능적·감성적 혜택에 이어 사회적 혜택이라는 또 하나의 축은 강력한 브랜드로 거듭나게 하는 좋은 수단이 될 수 있다. 공익에 대한 좋은 이미지를 브랜드에 옮겨올 수 있기 때문이다.

'착한 소비'라는 개념도 최근에 나타난 것은 아니다. 제품의 판매수익금 중 일부를 기부하는 CSR(Corporate Social Responsibility, 기업의 사회적 책임) 활동의 일환으로 꾸준히 전개되어온 것이다. 가격과 품질이 동일한 제품들이 많다고 할 때, 소비자들은 어떤 제품을 생산하는 회사가 기부를 많이 한다면 그 회사의 제품을 구매하기 때문이다.

많은 돈을 쓰면 상표의 인지도를 높일 수는 있다. 하지만 우리는 그것을 '브랜드'라고 이야기하지는 않는다. 다음 세대에서도 그 상표가 지속되고 있을 때, 우리는 그것을 '브랜드'라고 부를 수 있다.

시리얼 회사인 켈로그는 "이 세상의 수많은 아이들이 왜 아침을 굶어야 하는가?"라는 사회적인 숙제를 해결하기 위해 '더 나은 날들을 위한 켈로그의 아침식사(The Kellogg's Breakfast for Better Days)'라는 캠페인을 시행했다. 이 캠페인의 목표는 켈로그가 단순히 아침식사용 시리얼을 판매하는 회사가 아니라 소비자들을 돕는 브랜드임을 인식시키는 것이다. 이렇듯 CSR 활동은 활동 그 자체에서 그치는 것이 아니라 마케팅·세일즈와 연계시켜 브랜드의 가치를 높이는 마케팅 광고 전략으로 이어져야 한다.

유한킴벌리도 육아를 하면서 늘 불안해하는 엄마들과 경험을 공유하는 식의 관계 구축으로 브랜드의 가치를 높여가고 있다. 책과 인터넷으로 충분한 육아 지식을 쌓았더라도 경험이 부족해서 늘 노심초사하는 초보맘들에게 격려를 주면서 소통하는 것이다. 이런 식의 CSR 마케팅 광고캠페인을 통한 브랜드 가치를 높이는 활동의 사례를 더 소개하자면 다음과 같다.

a. AIA 생명 기적의 목소리캠페인 – 노래를 기부받아 소리공학자와
   함께 언어장애를 가진 사람들의 목소리와 가깝게 복원해서 자녀의
   생일에 들려준다,

b. 삼성 카메라의 인사이트전 – 시각장애인들이 마음으로 찍은 사진
   을 전시한다,

c. 하겐다즈 아이스크림 – 숫자가 현저히 줄어들고 있는 꿀벌들을 살
   리기 위해 판매수익을 꿀벌 살리기에 기부하는 '허니비Honey-Bee'
   라는 캠페인을 한다.

d. 스타벅스 – 공정무역으로 커피원두를 구입한다.

e. 프라이탁 가방 – 천막 등에 쓰였던 원단을 재활용해서 만든, 이 세
   상에 단 하나 뿐인, 환경을 생각한 가방이다.

f. 탐앤탐스 슈즈 – 고객이 한 켤레를 사면 또 다른 한 켤레를 아프리
   카의 어린이들에게 전달한다.

　최근에는 생산과 판매를 통한 이윤 추구보다는 기부 그 자체를 목적
으로 제품을 만들고, 이와 관련된 캠페인 활동을 알리는 것을 주 목적으
로 하는 상품들도 속속 등장하고 있다. 이러한 상품들은 단순히 판매수
익금을 좋은 곳에 쓴다는 것을 넘어 해당 상품으로 많은 이들에게 의미
있는 활동을 알리고 확산시키는 역할을 한다는 것에 더욱 의의가 있다.

　이러한 현상은 과거에는 소비자들이 금전적 가치와 경제적 이득을
얻기 위해 재화를 구매해왔다면, 요즘에는 나에게 꼭 필요한 물건이
아니더라도 남들을 위해서 제품을 사는 것도 부담스럽지 않게 되었기
때문이기도 하다. 또한 소비에도 문화적 트렌드라는 것이 있고, 기부
가 하나의 문화로 자리 잡았기 때문이기도 하다.

　'희움팔찌'는 위안부 문제를 알리고 해결하려는 노력으로 많은 이들
의 호응을 불러일으켰던 제품이다. '희망을 모아 꽃을 피움'의 준말인
'희움'은, 위안부로 끌려갔다온 할머니들과 함께하는 시민모임과 고려

대학 인액터스 블루밍 프로젝트가 만든 윤리적 소비 브랜드다. '희움팔찌'는 동참의 의미를 새겨 손목에 착용함으로써 위안부 문제에 대한 일반인들의 관심을 유도하고 메시지를 확산시키는 효과가 있다. '희움팔찌'에 새겨진 'Blooming their hopes with you(그들의 희망을 당신과 함께 꽃 피우길)'라는 카피의 의미처럼 할머니들의 못다 핀 희망을 꽃 피워드리기 위해 할머니들의 압화 작품을 응용해 제품을 만든다. 전문 디자이너들의 재능기부로 제품기획과 디자인, 생산이 이루어지며, '희움팔찌' 외에도 가방과 파우치, 엽서 등 다양한 상품을 판매한다. '희움팔찌'의 판매수익금은 위안부 문제해결 활동과 대구시에 지어질 위안부 역사관 건립 기금 등으로 사용된다.

"한 명의 친구가 있을 때 살기는 훨씬 더 쉬워집니다"라는 슬로건을 내건 '비마켓'은 다양한 물품을 좋은 가격에 판매하고, 상품의 판매수익금 중 일부는 국내외 비영리단체의 사업비로 지원함으로써 즐거운 쇼핑이 기부로 이어지는 나눔문화를 만들어가고 있다. 특히 '비커넥트 팔찌'의 판매수익금은 팔찌의 색깔에 따라 케냐, 캄보디아, 탄자니아, 르완다, 남아프리카공화국 등 각기 다른 나라에 전달된다.

멸종위기에 놓인 극지방의 동물들을 위한 메시지를 디자인이라는 매개체로 알리고 있는 뉴킷NEW:KIT의 페이스워치Face watch는 시계를 구매할 때마다 그 판매수익금이 특정 자선단체에 기부되는 프로그램이다. 페이스워치의 시계 색상은 해당 시계의 판매수익금을 지원받는 자선단체가 무엇을 위해 공헌하는지를 나타낸다. 예를 들면, 에이즈 치료를 위한 빨강, 개발도상국의 친환경적인 목탄난로를 위한 파랑, 유방암을 위한 핑크, 암환자를 위한 검정 등인 것이다.

동물과 자연에 대한 사랑을 위한 자연주의 향초 브랜드인 스캔들 Scndle도 판매수익금의 일부를 향초가 세상을 밝히듯이 도움이 필요한 곳에 기부한다. 특히 각각의 향에 따라 동물자유연대, 독도사랑운동본부 등 각기 다른 곳에 기부하고 있다.

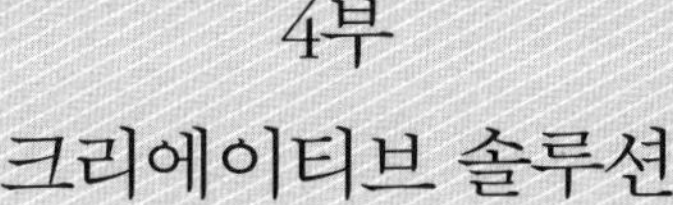

4부
크리에이티브 솔루션

1. 크리에이티브 관점의 광고기획

제3부에서 광고기획은 광고주의 문제를 구체적으로 해결하는 처방 능력이라고 했다. 광고기획의 범위는 해결하고자 하는 문제가 무엇인가에 따라 정해진다. 종합화·통합화로 다양한 프로젝트의 문제해결 방안을 찾는 방향이 있다면, 전문화·세분화로 크리에이티브라는 문제해결 방안을 찾는 방향도 있다.

마케팅 광고 시장에서는 이 둘 간에 양극화 현상이 점점 더 커지고 있다. 광고 회사의 이용패턴도 점점 양극화되고 있음을 알 수 있다. 그러니 해결하고자 하는 문제가 마케팅의 문제인지, 커뮤니케이션의 문제인지, 광고의 문제인지, 아니면 제작물에 대한 크리에이티브의 문제인지를 명확히 할 필요가 있다. 그래서 일단 상황 분석에 포커스를 집중해야 한다. 예를 들어, 소비자들과의 커뮤니케이션에 관한 문제가 있다면, 상황 분석을 할 때 매출의 증가와 감소, 소비자들의 특성들, 브랜드의 강약점들 중에서 커뮤니케이션과 관련된 핵심적 요인을 파악하는

데 중점을 두어야 한다.

최근 광고기획서는 아주 얇고 간단명료하다. 소비자들과 관련된 내용이 몇 장 나올 뿐, 시장에서 경쟁사를 이기기 위해 준비하는 다양한 도표들과 숫자들로 이루어진 분석 자료들은 어디에도 안 보인다. 광고기획을 하기 위해서는 꼭 필요하다고 배웠던 제품 분석, 시장 분석, 경쟁사 분석 등의 과정도 빠져있다.

대학에서는 "상황 분석의 결과가 곧 광고 전략이다"라고 가르쳤다. 즉, 마케팅과 관련된 모든 부분을 분석해서 마케팅 목표를 설정하고, 그 목표를 달성하기 위해서 광고는 어떤 역할을 해야 할 것인가를 정리한 것이 광고 목표다. 그런데 위의 과정은 생략된 채 바로 "크리에이티브를 어떻게 할 것인가?"를 중심으로 광고기획서가 이루어져있는 것이다. 그렇다면 현장에서는 왜 크리에이티브를 위한 광고기획이 더 중요할까?

크리에이티브의 관점에서 최근의 광고기획의 의미는 더 좁아진 경우가 많나. 즉, 좋은 크리에이티브를 얻기 위해 필요한 하나의 과정 정도로 보는 것이다. 그래서 최근 프레젠테이션에 대해서도 광고주들은 크리에이티브 제작물만을 요구하는 경우가 상당히 많다. 특히 소비재 기업이나 광고 경험이 풍부한 기업일수록 더욱 그렇다. 즉, 광고기획 부분은 "왜 그런 제작물이 나오게 되었는가"를 설명하는 수준의 표현기획서를 작성하면 충분하다. 이는 마케팅에 관해서는 광고 회사보다 오히려 광고주가 더 강할 수도 있기 때문이다.

사실, 광고주는 시장과 제품에 관해서, 그리고 제품을 직접 만들고 판매하는 과정에서 쌓인 수많은 데이터를 가지고 있다. 또한 10년 이상 광고를 집행한 덕에 노하우가 신생 광고 회사보다 더 많은 경우도 있다. 따라서 제품 및 시장 정보 등과 관련하여 우월적 지위에 있는 광고주가 광고기획에서도 주도적 역할을 맡는 경우가 많다. 게다가 광고 회사의 유능한 직원들이 광고주의 직원이 된 것도 또 하나의 이유가 될 수 있다. 심지어 대기업계·외국자본계 광고주의 마케팅 부서 중에 광고 회사 출신이 없는 경우가 없을 정도가 되었다. 더욱이 다양한 광고 회사들의 기획서가 바로 웹하드에서 오픈되면서 좋은 마케팅자료들을 손쉽게 인터넷상에서 구할 수 있게 되었다.

이제 광고주들에게는 어떤 전략을 세울 것인가보다는 '자신들의 전략을 발전시키고 그 효과를 극대화시킬 수 있는 새로운 테크닉이나 빅 아이디어가 반영된 크리에이티브'가 더 중요하게 되었다. 이러한 이유로 지금까지 마케팅 전략과 광고기획을 세공해온 광고 회사의 역할은 축소되고, 이것을 전담해온 AE(Account Executive)들의 역할에 대해서도 새로운 해석이 이루어져야 할지도 모른다.

사실, 메이저급의 대형 광고 회사를 제외하고는 중소 규모의 광고 회사는 인력면에서도 대기업 광고주의 인력풀에 못 미치는 경우가 있다. 그래서 광고주가 직접 전략을 짠 다음에 그것을 어떻게 광고로 옮길 것인가 하는 부분만 광고 회사가 맡는 것이다. 광고 회사에서도 크리에이티브력이 더욱 중요해지고, 크리에이티브 솔루션능력을 더욱 요구하는 이유다.

이렇게 광고주의 요구대로 따라갈 것인가? 그렇다면 광고주가 제시하는 전략하에서 가장 효과적인 크리에이티브만 찾으면 된다. 미시적 방법으로 크리에이티브의 날을 철저하고 예리하게 가는 것이다. 그것을 무기로 제작의 효율성과 경쟁력을 높이는 방법도 있는 것이다. 그러나 임팩트 있는 광고, 크리에이티브한 광고 만들기만을 생각하면 오히려 크리에이티브의 한계에 갇힐 수 있음도 명심해야 한다.

또 하나의 방법으로는 광고 회사 나름대로의 새로운 길을 가는 것이다. 제작 크리에이티브력만 가지고는 새로운 미래 변화 상황에서 경쟁력을 갖출 수가 없다. 그래서 종합화·통합화의 방향 대신 크리에이티브에 대한 재해석으로 경쟁력을 강화하는 것이다. 좀 더 거시적이고 좀 더 다양한 시각에서 크리에이티브를 바라다보면 마케팅 광고가 해결해낼 수 있는 새로운 분야가 발견될 것이다. 크리에이티브의 영역은 무한하기 때문이다.

2. 크리에이티브 솔루션

기획과 크리에이티브는 하나로 연결되어있다. 홀륭한 전략도 표현을 제대로 못하면 아무런 소용이 없다. 광고기획이 없어도 된다는 것이 아니라, 더욱 힘들어지고 더욱 눈에 보이지 않는 미로에서 답을 찾는 작업이 되었기 때문이다. 얇아진 기획서, 그 안에 모든 것을 담아야 한다. 물론 얇을수록 유리하지만, 오히려 그렇기에 더욱 어려워지는 것이다.

AP(Account Planner) 직종이 영국의 사치&사치 사에서 처음 등장한 것도, 사치&사치가 더 이상 경쟁적 관점의 포지셔닝 전략만으로는 광고기획의 한계가 있다고 느꼈기 때문이다. 즉, 소비자들의 잠재심리를 선점하는 차별화 전략이 필요하다는 판단이 들자, 그때까지는 정량 데이터를 요약해주던 시장조사 전문가들에게 소비자들의 심리에 대한 해석을 요구하게 되었다고 한다. 이제 광고기획도 새로운 미래 변화상에 맞추기 위해서는 그 개념에 대한 새로운 해석이 필요한 것이다.

이를 해결하는 방법은 제작 크리에이티브에 국한된 것이 아니다. 기획에서의 크리에이티브, 미디어에서의 크리에이티브, 프로모션에서의 크리에이티브 등 거시적인 시각에서 크리에이티브를 바탕으로 삼은 캠페인 제작력을 키우는 것이다.

광고 캠페인의 크리에이티비티가 효율성에 미치는 영향을 체계적으로 파헤친 최고의 크리에이티브 효율성 전문가인 미국의 제임스 허먼 교수가, 칸 광고영화제 수상작 광고들이 과연 얼마나 제품 판매로 이어지는가를 연구한 결과, 실제로 무려 11배 더 잘 팔린다는 결과를 발표했다. 달리 말하면 광고가 창의적이고 재미있지 않으면 11배의 비용을 써야 이와 같은 효과를 낸다는 의미다.

일본 아사히음료의 '미츠야 사이다'의 캠페인은 AM라디오의 인기 프로그램 하나로도 성공할 수 있음을 보여준, 미디어에서의 크리에이티브 사례다. 마실 것이 너무 많아진 세상에서 사이다는 촌스런 음료가 된 지 오래다. 아사히음료도 잘나가는 모델을 써가며 광고를 했지만 판매량이 매년 7~8%씩 감소하고 있었다. 아사히음료가 선택한 방법은 소비자들에게 직접 의견을 구하는 〈알아? 24시〉라는 AM라디오의 프로그램의 스폰서로 참여하는 것이었다. 사이다가 젊은 소비자들에게서 사랑받을 방법에 대해 솔직한 조언을 구한다는 새로운 방식의 광고크리에이티브를 활용한 것이다. 수많은 아이디어가 답지한 것은 물론, 젊은이들 사이에서 '미츠야 사이다 응원하기' 사이트가 자발적으로 만들어지기까지 했다. 매출 또한 급성장했다.

2006년 칸 광고제 수상작인 '스틸 프리still free'라는 캠페인도 있다. 뉴욕 시에서 낙서방지법안을 통과시킨 그 무렵, 두 명의 청년이 그 법안에 반대하여 몰래 미국 대통령 전용기에 접근하여 'still free'라는 낙서를 하는 동영상을 인터넷에 올린 것이다. 삽시간에 3000만 명가량이 이 동영상을 봤고, 각종 뉴스 매체에 소개되었으며, 나아가 뉴욕 시로 하여금 이것이 사실이 아니라는 해명을 하도록 만들었다. 실제로는 이 동영상은 '에코'라는 패션 브랜드의 의도된 작품이었고, '스틸 프리still free'는 바로 그 브랜드의 슬로건이었다.

아우디 A3는 미국 시장에 진출하면서 오토쇼auto-show에서 선보일 신차를 도난당했다는 사건을 일으켰다. 실제 전시장에도 도난당했다는 안내문이 붙었고, 전국적인 이슈화를 위하여 "목격자 제보를 기다립니다"라는 TV 광고와 신문 광고, 옥외 광고를 집행했다(〈그림 23〉 참조). 브랜드 사이트에서는 도난 순간의 CCTV 영상이 공개되었고, 시청자들도 이런 사정을 바로 파악할 수 있도록 하는 등 온 국민들이 이 사건을 풀어가도록 유도했다. 즉, '아우디 A3'라는 캠페인은 TV 뉴스와 신문기사를 통해서 더욱 화제가 되었으며, 캠페인을 하나의 게임 구조로 만들어 진행한, 크리에이티브가 돋보이는 광고캠페인이라고 할 수 있다.

그림 23. 아우디 A3의 광고캠페인

삼양사의 '큐원'이라는 캠페인도 이에 속할 수 있다. 한 광고 회사가 광고시안을 제시하는 프레젠테이션 때 오히려 "광고를 하지 마십시오!"라고 제안한 것이다. 광고를 하기보다는 큐원이라는 브랜드에 대한 컨설팅이 필요함을 제안한 것이다. 결과는 그 회사가 삼양사로부터 컨설팅용 및 광고용 예산을 동시에 수주한 것이었다.

1) 4C 크리에이티브 발상법

마케팅의 4P(Product[상품], Place[장소], Price[가격], Promotion[홍보])라는 이론이 4C(customer[고객], Convenience[편리함], Cost[비용], Communication[소통])이라는 이론으로 바뀐 지 오래다. 그런데 〈하버드 비즈니스 리뷰〉가 선정한 '가장 영향력 있는 비즈니스 거장 50인' 중 한 명인 필립 코틀러 교수는 4C(Co-creation[공동 창조], Currency[통화], Communal Activation[공동체 활성화], Conversation[대화])라는 새로운 이론을 주장하고 있다. 그래서 저자도 크리에이티브를 위해 마켓4.0시대[38]에 적합한 4C(Connect[연결], Curate[편집], Compare[비교], Convert[변환])라는 이론으로의 변화를 제안하고자 한다.

크리에이티브의 4C는 이미 알고 있는 것들을 기반으로 한다. 사실, 사람들의 모든 판단의 기준은 자신이 알고 있는 것에서 시작된다. '맛있다'라는 비교 기준 역시 이전에 먹어본 것의 맛과 비교한 결과다. 새로운 분야와의 연결뿐만 아니라 이미 알고 있는 것들을 다시 연결함으로써 새로움을 찾을 수도 있다. 편집도 기존에 있는 것에서 새로운 가치를 찾는 작업이며, 또한 기존의 의미를 바꾸는 것이 변환인 것이다. 일종의 패러디 광고처럼 이미 알고 있는 것을 활용하기 때문에 누구나 쉽게 적용이 가능하다.

① Connect(연결) - 초연결시대가 되면서 연결의 중요성이 더욱 커지고 있다. 특히 크리에이티브에서의 연결이란 지금까지 만나지 않았던 새로운 분야들, 의미들, 단어들과의 연결이다. 전혀 다른 산업·분야에서 아이디어가 연결되고, 계속적인 연결로 아이디어를 찾는 것이다.

② Curate(편집) - 이미 다양한 콘텐츠들이 세상에 넘치고 있다. 그러니 이제는 어떻게 편집하는가에 따라 콘텐츠의 가치가 달라진다. 의미 없이 쌓인 것 같은 정보도 어떻게 편집하는가에 따라 새로운 가치를 부여할 수 있다.

③ Compare(비교) - 사람을 설득하는 가장 쉬운 방법은 그 사람이 이미 알고 있는 것과 비교해서 말하는 것이다. 비교로 그 사람의 생각을 돋보이게 하고, 확신까지 갖도록 만드는 것이다. 물론 직접 비교하는 방법 이외에도 우회해서 표현할 수 있는 수많은 방법 가운데 나만의 비교 방법을 찾는 것이 필요하다.

④ Convert(변환) - 소비자들의 주의를 끌었다고 해서, 그것을 좋은 크리에이티브라고 할 수는 없다. 그 광고의 의미에 대해 소비자들이

공감을 해야 한다. 즉, 그 광고 덕에 내가 지금까지 알고 있었던 것에서 의미의 변환이 일어나야 하고, 그 의미에 소비자들이 공감할 때에야 소비자들은 그 광고메시지를 받아들인다. 구체적인 방법과 사례는 278페이지의 '크리에이티브 풀어가기'를 참조하라.

크리에이티브 아이디어에 도움이 되는 '4S 아이디어 발상법'도 있다. 가정하기(Suppose), 단순하게 연상하기(Simplicity), 자극을 먼 곳까지 늘리기(Stretch), 유사성 찾기(Similarity) 등이 그것이다.[39] 이러한 방법들로 습작을 많이 할수록, 그리고 시행착오를 많이 겪을수록 빅아이디를 만들 가능성이 점점 높아진다.

2) 크리에이티브 발상 프로세스

아이디어 발상의 방법에는 사람 수만큼이나 다양한 시각이 있다. 그러나 기본적 원리는 비슷하기 때문에 하나의 방법을 선택하여 몇 번이고 그대로 실천해보면서 자신의 것으로 만드는 과정이 필요하다. 저마다의 지적 수준, 성향, 스타일이 있기 때문에 자신의 스타일에 맞는 발상의 방법을 찾아 적용하고 실천해보는 것이다.

어떤 사람은 상상을 그림으로 표현하고서 말로 바꿔보라고 한다. 잡지나 이미지를 마구 잘라 붙여놓고 연상을 유도하는 것도 도움이 되고, 단어 하나씩 꼬리를 물고 질문하다 보면 전체를 통찰하는 눈이 생긴다고도 한다. 반대로 구체적으로 이야기하면 머릿속에서 그림이 그려진다는 사람도 있다. 인문학 책을 읽으면서 단어를 중심으로 연관된 아이디어를 찾는 방법도 있다. 그 단어에 자기 나름대로의 의미를 부여함으로써 대상을 낯선 시각으로 보는 연습이다.

아이디어는 make(만들다)가 아니라 develop(발전시키다)이라고 했다. 매일 주위에서 알아차리지 못했던 것 10가지를 써본다든지, 많이 듣고 많이 보되 분석하면서 보는 것도 좋다. 그러나 빠르고 효과적인 아이디어 발상을 위해서는 체계적인 아이디어 발상의 프로세스에 대한 이해가 필요하다. 아이디어 발상은 일반적으로 탐색(Exploration), 발견(Discovery), 부화(Incubation), 구조화(Structuring), 조망(Outlook), 연결(Network) 등 6단계를 거쳐 아이디어가 완성된다.

다양한 발상법 가운데 마케팅 광고 분야에서 가장 많이 활용되고 있는 방법이 20세기 초반 미국 광고계의 전설적인 카피라이터가 된 제임스 웹 영의 '아이디어 발상 프로세스'이다. 아이디어 발상 프로세스는 '자료 수집 – 분석 – 인큐베이션 – 아이디어 – 적용' 등 5단계를 밟는, 비교적 단순하게 정리되어 쉽게 활용할 수 있다.

첫 단계인 '자료 수집' 이전에 선행되어야 할 매우 중요한 조건이 있다. 그것은 바로 "마케터/광고인이 그 문제에 대하여 어느 정도의 관심과 열정이 있는가?"이다. 정말 배가 고프면 먹는 것만 보이듯, 내가 얼마만큼의 절실함이 있는가에 따라 자료의 양과 질이 결정된다. 광고의 아이디어는 삶과 사건들에 대한 일반적인 지식과 제품, 소비자들에 대한 특별한 지식의 새로운 조합으로부터 생기는 것이다. 그래서 숙성이 될 자료들이 많을수록, 머릿속에 축적해놓은 지식과 경험들이 많을수록, 그러한 것들의 새롭고 깜짝 놀랄 만한 조합인 아이디어가 생길 가능성이 많아진다. 그렇기 때문에 자료 수집은 많이 할수록 좋다.

두 번째 단계인 분석은 자료를 씹어서 관계를 찾는 것이다. 그러니까 마케터/광고인이 직접 의미를 새겨보아야 한다. 아울러 의미를 찾으려고 하기보다는 의미에 귀를 기울여야 새로운 조합을 찾아낼 수 있다. 물론 아이디어를 찾기 위한 퍼즐을 맞추기 위해서는 힘들더라도 마지막까지 노력을 계속하는 것이 중요하다.

세 번째 단계인 인큐베이션은 영어사전에 나온 의미대로 '숙성'인 것이다. 김치도 숙성이 잘 돼야 맛이 있듯이, 아이디어도 숙성이 되어야 힘을 갖출 수 있다. 20세기 전설의 록밴드인 '비틀스'도 '숙성'을 잘 이용했다고 한다. 열심히 가수 활동을 하던 이들은 숫제 1년 동안 음악계를 떠난 적도 있었다. 더 훌륭한 음악을 만들기 위한 숙성을 위해서였다. 기타 담당이던 존 레논은 여행을, 베이스 담당이던 폴 메카트니는 시골 생활을 하는 식이었다. 그렇게 함으로써 생활의 감성이 충만해졌을 때 다시 모여 음악을 했다.

'숙성'의 기본 개념은 기존의 지식에 대해 머릿속에서 여유를 가지고 깊이 생각하는 것이다. 그래야 창조적 사고를 할 수 있는 여건이 마련된다. 즉, 창조적으로 사고하려면 속도보다 여유가 필요하다. 꿈에서 벗어나야 꿈이 보인다고 하지 않던가. 자료를 많이 먹은 뒤에는 잠시 자료에서 떠나는 일이 필요하다. 머릿속에서 수많은 자료들이 서로 부딪히고 조합되고 또 다른 의미가 생겨날 때까지 그냥 그대로 내버려두어야 하는 것이다. 결국 '숙성'의 과정은 문제를 의식에서 끄집어냄으로써 무의식적으로 창의적 과정을 자극하는 것이다.

네 번째 단계인 아이디어는 다시 그 문제에 대해서 생각하고 또 생각하다 보면 새로운 아이디어가 떠오르는 것이다. 고대의 위대한 과학자 아르키메데스가 목욕탕에서 넘치는 물을 보며 "유레카(알았다)!"를 외친 것도 이미 이론적인 지식의 바탕이 아르키메데스에게 있었고, 또한 아르키메데스가 그 문제 때문에 생각에 생각을 거듭해왔기 때문에 가능했던 것이다.

마지막 단계인 적용에서는 그 아이디어가 실행 가능한지를 평가한다. 실행이 어려운 아이디어는 쓸모가 없다. 그래서 그 아이디어에 대해 주위의 평가를 들어보아야 한다. 그렇게 주위 사람들과 그 아이디어에 대한 의견을 나누는 과정에서 장단점을 발견할 수 있고, 당연히 그 아이디어도 점점 더 발전된다.

적용 과정에서 아이디어가 발전된 사례로 '뽀드득'이라는 의성어로 유명했던 브렌닥스치약 광고캠페인을 들 수 있다. 브렌닥스치약은 양치를 하고 나서의 상쾌함을 표현하기 위해 처음에는 사과를 한 입 베어무는 건강한 치아를 보여주려고 했다. 그러나 양치 후 사과를 먹으면 오히려 텁텁함이 느껴진다는 주위의 의견을 들은 뒤, 상쾌한 느낌을 소리로 표현해보자는 새로운 아이디어를 찾아냈다. 그래서 혀로 치아를 살짝 대보았을 때 느껴지는 상쾌함을 '뽀드득'이라는 소리로 표현했고, '뽀드득'하면 브렌닥스치약이 연상되는 빅아이디어로 이어졌다.

1. 생각도구 13가지

미시간 주립대학교 교수 로버트 루트번스타인과 그의 부인이자 역사학자인 미셸 루트번스타인은 공저《생각의 탄생》에서 13가지 생각의 도구들을 제시했다. 그 도구들은 다음과 같다.

a. 관찰 - 남들과 같이 봤지만 남들은 생각하지 못한 것을 생각한다. 집중이 필요하다.

b. 형상화 - 머릿속에 그 사물을 상상하여 그려낸다. 그림을 '듣고' 음악을 '본다'.

c. 추상화 - 드러나지 않던 특성과 관계를 추상화로 단순화함으로써 본질이 드러나게 한다. 각 분야들 간의 경계는 이러한 추상화로 인해 사라진다.

d. 패턴 인식 - 패턴을 알아내면 다음에 무슨 일이 일어날지 예상할 수 있다. 새로운 관찰결과와 경험을 예상의 틀 안에 끼워 넣었을 때 이 틀을 흔드는 그 무엇이 새로운 패턴, 즉 새로운 발견인 것이다.

e. 패턴 형성 - 패턴 인식 과정에서 새롭게 파악하거나 발견한 패턴을 통해서 또 다른 패턴을 만들어낼 수 있다.

f. 유추 - 같은 종류의 것 또는 비슷한 것에 기초하여 다른 사물을 미루어 추측하는 것이다. 상상·은유로 지식세계에서 새로운 이해의 세계로 도약하는 것이다. 아이젝 뉴턴이 익어서 떨어지는 사과를 보면서 만유인력을 발견한 것도 이에 해당된다.

g. 몸으로 생각하기 - 우리가 어떤 것을 이해하기 위해서는 지적으로 알고 있는 것과 감각적으로 경험한 것을 능동적으로 통합해야 한다. 몸의 움직임이 곧 생각이다. 그러니 문제를 온몸으로 느끼고 생각해야 한다.

h. 감정 이입 - 보다 완벽하게 이해하기 위한 행위이며, 본질적으로 다른 사람이 되는 것이기도 하다. "내가 곧 사냥감 그 자체다"라는 생각으로 임하는 것이다.

i. 차원적 사고 - 공간에 대해 입체적으로 생각하는 것이다. 이는 단순히 2차원적인 것(면)을 넘어서 3차원적(입체)으로 생각하는 것을 뜻한다.

j. 모형 만들기 - 모형은 본질을 구현한다. 우리를 둘러싼 세계를 이해하기 위해서는 유용하면서도 다양한 모형을 만들어봐야 한다.

k. 놀이 - 일을 가지고 노는 것이다. 창조적 통찰은 놀이에서 나온다. 한 학생이 재미삼아 던져본 접시가 공중에서 흔들리는 모습을 보고 전자궤도를 생각한 이론물리학자 리처드 파인만을 떠올려보라.

l. 변형 - 변형적 사고는 각기 다른 분야를 연결해준다. 언어로 표현된 문제가 방정식으로 전환되거나 요한 제바스티안 바흐의 다성 음악을 이미지로 변형한 화가인 파울 클레 등이 여기에 해당된다.

m. 통합 - 마음의 눈으로 관찰하고, 머릿속으로 형상을 그리며, 모형을 만들고, 유추하여 통합적 통찰을 얻는 것이다.

2. SCAMPER 발상법

SCAMPER는 대체(Substitute) → 결합(Combine) → 응용(Adapt) → 확대/축소(Magnify/Minify) → 다른 용도로 사용하기(Put to other Uses) → 제거(Eliminate) → 재구성(Reverse) 등 일곱 단어들의 머리글자를 따서 만든 용어다. SCAMPER는 광고에서도 유용하게 쓰이는 방법이다. 라면에 적용한 사례와 광고에 적용한 사례를 살펴본다.

a. 대체(Substitute) - 라면의 원료를 밀가루에서 쌀로 대체하면? 쌀라면!
광고에 적용한 사례) '건강한 한 그릇'- 본죽

b. 결합(Combine) - 라면과 떡볶이 양념이나 짬뽕국물을 결합하면?

라볶이 또는 짬뽕라면!

광고에 적용한 사례) '옹고집 콩나물'- 풀무원

c. 응용(Adapt) - 컵으로 인스턴트 라면을 익혀먹는 미국인들을 보았더니? 컵라면!

광고에 적용한 사례) '입술에도 선글라스가 필요하다?'- 자외선 차단 립스틱

d. 확대/축소(Magnify/Minify) - 컵라면의 크기를 키우면? 왕뚜껑! 크기를 줄이면? 컵누들!

광고에 적용한 사례) 'Think Small(작은 걸 생각한다)'- 폭스바겐

e. 다른 용도로 사용하기(Put to other uses) - 라면을 과자로 만든다면? 뿌셔뿌셔!

광고에 적용한 사례) '충치 예방'- 구강청결제 가그린

f. 제거(Eliminate) - 물 없이 먹을 수 있다면? (전자렌지에 데우면 국물이 만들어지는) 즉석우동!

광고에 적용한 사례) 'SM5 출시를 반대한다'- SM5 자동차(고장이 안나서 정비사가 일감이 없어질 테니까)

g. 뒤집기(Reverse) - 라면 국물은 꼭 빨개야 할까? 하얀 국물 라면!

광고에 적용한 사례) '바나나는 원래 하얗다' - 매일 바나나우유

3. 문제해결에 도움을 주는 TRIZ이론

Teoriya(이론), Resheniya(창의적인), Izobretatelskikh Zadach(문제해결)이라는 러시아어들의 머리글자를 딴 것으로, 러시아의 기술자였던 겐리히 알츠슐러가 만들었다. TRIZ이론은 전 세계의 200만 건 이상의 특허들을 분석하고 공통점을 찾아낸 것으로, 도출된 공통점은 기술 분야뿐 아니라, 정치, 외교, 금융, 마케팅 등 다양한 분야에 적용되고 있다.

TRIZ는 "세상의 모든 문제에는 해결 방법이 존재한다. 그러니 그 방법을 찾기만 하면 된다!"는 생각에 기반을 두고 있다. 이를 위한 첫 단계는 모순의 정의다. "세상에서 제일 강한 창으로 세상에서 제일 강한 방패를 찌르면 어떻게 될까?" 같은 모순에 대해 이해하면 문제가 해결된다는 개념이다.

이러한 개념에는 물리적 모순(어느 하나가 이래야 하지만 또 저래야 한다)과 기술적 모순(어느 하나가 좋아지면 어느 하나가 나빠진다)이 존재하는데, 예를 들면 물리적 모순은 "비행기의 바퀴는 착륙을 위해 있어야 하지만 공기 저항을 줄이기 위해서는 없애야 한다"와 같은 것이다. 기술적 모순은 "엔진의 연비가 좋아지면 출력이 떨어진다"와 같은 것이다.

물리적 모순은 시간에 의한 분리, 공간에 의한 분리, 전체와 부분에 의한 분리, 조건에 의한 분리 등 4가지 원리들을 사용한다.

① 시간에 의한 분리

비행기 바퀴는 착륙을 위해 있어야 하지만 공기저항을 줄이기 위해서는 없애야 한다→비행기 바퀴를 비행 시에는 비행기 내부에 수납한다.

② 공간에 의한 분리

고층빌딩에 엘리베이터를 많이 설치하면 사용할 수 있는 공간이 줄어든다→한 공간에 저층용, 고층용 엘리베이터를 '같이' 설치하는 해결책을 찾을 수 있다.

③ 전체와 부분에 의한 분리

자전거의 동력원인 페달을 앞바퀴에 달았더니 사용자의 다리에 무리가 간다. 하지만 튼튼해야 하기에 부드럽게 밟히도록 만들기도 어렵다→체인을 도입하여 바퀴와 바퀴 사이로 이동된 페달을 밟으면 뒷바퀴가 움직이도록 만들었다.

④ 조건에 의한 분리

대형 마트에서 계산대에 고객들이 몰리면 고객들의 대기 시간이 늘어나 고객들이 스트레스를 받는다→적은 품목만을 구매하는 고객들을 위해 따로 계산대를 만든다.

기술적 모순에는 40가지 해결원리들과 모순행렬 테이블이 있다. 즉, 문제를 40가지 해결원리들과 서로 연결을 지어서 해결 방안을 찾는 것이다. 예를 들면, "가격이 비싸다"는 문제는 해결원리 22번의 "유해한 것을 유용한 것으로"와 매치시킨다. 그러면 "가격을 낮추는 대신에 장기계약을 한다"라는 해결책을 찾을 수 있다. 예를 들면, 정수기 회사의 렌탈 서비스 등이 그것이다. 스타벅스는 매장효율성이 낮다고 판단했을 때 해결원리 5번의 '통합'과 매치시켜 "스타벅스의 바리스타는 주문, 제조, 서비스를 통합해서 맡는다"는 매뉴얼을 만들었다.
TRIZ이론은 비교적 기술 관련 분야에서의 적용이 활발한 편이며, 여기에서는 40가지의 해결원리들과, 본보기로서 그중 몇몇 원리들의 사례들을 소개하겠다.

1. 분할(Segmentation) - 대상을 독립된 부분으로 나눈다. 한 개의 그릇을 분리해 자장면과 짬뽕을 동시에 먹을 수 있게 한 짬짜면이 대표적이다.
2. 추출(Extraction) - 필요한 부분만 뽑아낸다. 자전거보호대. 콘택트렌즈, 영양제 등이 그 결과물이다.
3. 지엽적 성능이나 품질(Local Quality) - 부분적으로 다르게 한다, 여자화장실에 남자소변기를 설치하여 남자아이를 동반한 여성을 배려한다. 싼값에 영화를 보려는 이들을 위해 조조할인을 한다. 대중교통을 많이 이용하는 사람들을 위해 버스전용차선을 도입했다, 구부러지는 빨대, 매체에서의 변형 광고나 3초 광고 등도 이러한 결과물이다.

4. 비대칭(asymmetry) - 살짝 어긋난 비대칭을 시도해본다. 한쪽만 길게 만든 비대칭 이어폰, 용도에 따라 크기를 다르게 만든 냉장고의 수납칸들 등이 그 결과물이다.

5. 통합(Combining, integration) - 여러 작업들을 동시에 한다. 스위스제 등산용 칼이나 스마트폰 등이 그 결과물이다.

6. 범용성/다양성(Universality) - 하나의 부품을 여러 용도로 사용한다.

7. 포개기(nesting) - 안에 집어넣는다. 캠핑에 필요한 많은 식기들을 포개어 하나의 통 안에 넣는 코펠이라든가, 사다리차의 포개지는 사다리, 현미경, 러시아의 전통 공예품 마트료시카 인형 등이 그 결과물이다.

8. 공중 부양 & 균형추(Counterweight) - 지구의 중력을 적극적으로 피한다. 물에 뜨는 국자가 그 결과물이다.

9. 사전 예방 조치(Prior Counteraction) - 미리 반대 방향으로 일이 진행될 수도 있게끔 손을 쓴다.

10. 사전 준비 및 조치(Prior Action) - "청바지가 구겨지는 게 문제라면 숫제 미리 구겨두면 어떨까?"라는 발상에서 주름청바지를, 화장지가 잘 뜯어지도록 절취선을, 식당에 가서 기다리거나 발길을 돌리는 일이 없도록 예약 시스템을, 우편물을 쉽게 반송할 수 있도록 첨부가 가능한 반송봉투를 만들었다.

11. 앞서서 보호 조치(Cushion in Advance) - 예방 조치다.

12. 굴리기(Equipotential) - 들어서 옮길 필요가 없는 타이어 모양의 물통 덕에 어린아이도 물을 쉽게 나를 수 있게 되었다.

13. 역방향(Inversion) - 전기프라이펜의 뚜껑에 열선을 설치했더니 음식이 위아래로 골고루 익는다.

14. 곡선화(Curvature Increase) - 직선을 곡선으로 바꾸어본다.

15. 역동성(Dynamics) - 부분·단계마다 자유롭게 움직이도록 만든다. 수납과 이동이 불편한 자전거의 단점을 보완하여 접이식 자전거

를 만들었다. 높이 조절이 가능한 병원침대 등도 그 결과물이다.

16. 초과나 부족(Partial, Overdone, Excessive Action) – 일부러 지나치게 많거나 부족하게 한다.

17. 차원 바꾸기(Moving to a New Dimension) – 영화관의 2D(평면) 화면을 입체적으로 바꾼 3D 화면이라든가, 펼치면 그림이 일어나는 팝법북, 주차타워, 식물공장(빌딩 내의 농장), 아파트형 공장 등이 그 결과물이다.

18. 진동을 이용(Mechanical Vibration)

19. 주기적으로 작동(Periodic Action)

20. 유용한 작동을 지속시킴(Continuity of Useful Action)

21. 유해하다면, 빨리 처리함(Rushing Through)

22. 해로움을 이로움으로(Convert Harm into Benefit) – 가격을 낮추면 이익률이 감소한다는 해로움을 '장기계약'이라는 이로움으로 전환했다.

23. 피드백Feedback

24. 중간매개물을 이용(Mediator)

25. 셀프서비스Self-Service – 식당에서 고객이 직접 자신에게 서빙하게 하는 식으로 스스로 기능이 수행되게 한다. 물이 마르면 무게중심이 바뀌면서 기울어져 물 교체시기를 스스로 알려주는 오뚝이화병, 자동수도꼭지, 로봇청소기, 셀프주유소 등이 그 결과물이다.

26. 복제(Copying) – 불편하고 복잡하고 비싸게 만드는 대신 간단하게 만들어서 쉽게 복제할 수 있게 한다. 자동차 충돌 테스트의 인체 모형 등이 그 결과물이다.

27. 한 번 쓰고 버림(Cheap Short Life)

28. 기계 시스템의 대체(Replacement of Mechanical System)

29. 공기압이나 유압을 사용(Use a Pneumatic or Hydraulic Construction)

30. 유연한 필름 또는 얇은 막을 사용(Flexible film of thin membranes)

31. 구멍이 뚫려있는 재료를 사용(porous material)

32. 색상 변경(Changing the Color)

33. 같은 재료를 사용(Homogeneity)

34. 다 쓴 것은 버리거나 복구함(Rejecting and Regenerating Parts)

35. 속성 변환(Transformation of Physical and Chemical States of an Object) – 물질의 속성을 변화시키거나, 대상의 특성(크기, 속도, 색깔 등)을 바꾼다. 온도가 올라가면 색깔이 변하는 주전자가 그 결과물이다.

36. 상태 전이(Phase Transition)

37. 열팽창(Thermal Expansion)

38. 반응 속도를 증가시킴(Use Strong Oxidizers)

39. 불활성 환경(Inert Environment)

40. 복합 재료(Composite Materials)

3. 크리에이티브 전략의 수립 과정

광고를 한마디로 이야기하면 '새로운 생활에 대한 제안'이다. 그래서 사회의 흐름과 일치하는 새로운 관점(perspective)이 담겨있어야 한다. 즉, 테마의 공감성이 중요하다.

제품의 기능과 고객의 편익만을 강조하던 시대는 지났다. 고객이 살아가면서 해결해야 할 많은 문제들을 해결해주는 제품(서비스)의 이야기를 제시해야 한다. 크리에이티브 전략의 의미도 "제품을 어떻게 표현할 것인가?" 하는 표현 아이디어의 문제가 아니라 "광고에서 무엇을 말할 것인가?"를 위한 사고방식이라고 말할 수 있다.

그러므로 표현에서는 고객들이 공감할 수 있는 '사람 사는 이야기'를 담아야 한다. 물론 그런 이야기를 담되 재미가 있어야 하고 감동도 남길 수 있어야 한다. 광고의 경쟁 상대는 동종 업계 경쟁사의 광고만이 아니기 때문에 다양한 콘텐츠들 사이에서 재미와 흥미가 더욱 두드러져야 고객들의 주의를 끌 수 있다.

1) 상황 분석(4C)의 터치포인트 발견

크리에이티브(표현) 전략의 수립에도 4C(Company[기업], Customer[소비자], Competition[경쟁], Circumstance[환경])의 터치포인트 분석은 기본이다. 목표고객들의 심리를 파고들어서 그들의 생활 속에 어떤 이야기가 있는지를 세밀하게 살펴야 한다. 경쟁사의 제품과의 차별점은 무엇이고, 그러한 점을 재미있게 표현하기 위한 메시지와 비주얼은 무엇일까를 고려해야 한다.

아울러 목표고객에 대한 리뷰와 고객 프로파일을 정리한다. 광고의 목표를 검토하고, 문제점과 해결 과제도 간략하게 정리한다. 광고의 콘셉트에 대한 예상 반응과 표현 전략에서의 연계성 및 표현의 용이성도 점검한다. 그리고 표현의 가이드라인을 설정한다.

2) 목표고객 분석

광고 전략에서 설정한 타깃에 대해 다시 한 번 확인한다. 핵심고객을 사용자와 구매자, 권유자, 영향자 등으로 분류하고, 기본적인 인구통계적 자료는 물론, 고객의 프로필과 생활단면도 파악한다. 또한 사회심리적 분석으로 트렌드와 구매 동기와 준거를 어디에 두는지 등도 명심해야 한다. 목표고객들을 지역별·기호별·취향별 등으로 분류하여 입체적이고 좀 더 세밀한 관점에서 분석해야 한다. 고객의 심리와 생활 하나하나가 모두 크리에이티브의 소스가 되기 때문이다.

3) 표현 콘셉트

브랜드의 인지도나 선호도를 올리기 위한 표현 콘셉트 대안들에 대해 AE(Account Executive) 또는 AP(Account Planner)와 협의한다. "크리에이터가 소비자에게 자기의 상품·서비스를 알리기 위해 콘셉트를 발굴하는 기법으로 6W3H가 있다. 이는 광고메시지의 근간을 이루는 내용을 빠짐없이 검토하고, 표현을 위한 아이디어까지 얻기 위한 방법으로, 생각해볼 수 있는 모든 가능성을 점검해보는 과정이다.

    a. who - 그 상품을 누가 사용하고 있는가?

    b. whom - 그 상품을 누구에게 팔 것인가?

    c. what - 그 상품은 무엇이라고 말할 수 있는가?

    d. when - 그 상품을 언제 사용하고 있는가? 다시 사용할 수 있는가?

    e. where - 그 상품을 어디서 사용하고 있는가? 또는 어디서 사용할 수 있는가?

    f. why - 그 상품을 왜 사용하고 있는가? 또는 사용하게 할 수 있는가?

    g. how - 그 상품을 어떻게 사용하고 있는가?

    h. how much - 그 상품을 얼마나 사고 있는가?

    i. how offen - 그 상품을 얼마나 자주 구매하고 있는가?

광고 크리에이티브 아이디어를 얻기 위해서는 논리적 이륙(take-off)이 필요하다. 비행기가 활주로를 달리다 하늘로 이륙하는 그 순간, 물이 99℃까지는 액체이지만 100℃에서 기체로 변하는 그 순간, 그런 것이 바로 '논리적 이륙'이다. 광고에서도 이와 같이 광고의 전략에서 광고의 표현으로 넘어가는 과정을 '논리적 이륙' 또는 '광고화(AD. Translation)' 라고 한다. 즉, 무겁고 딱딱하고 이성적인 제품 메시지를 가볍고 부드럽고 감성적인 크리에이티브 메시지로 전환시켜야 하는 것이다.

이 어려운 문제를 풀려면 평면적 사고에서 입체적 사고로 사고방식을 바꿔야 한다. 전혀 관계없는 사물들을 떠올림으로써 제품의 콘셉트와 강제로 결합시키는 등 생활자(목표고객)의 심리에 이어주는 색다른 차원의 접근법이 필요하다.

자료 수집 단계에서부터 아이디어가 나오기 시작한다는 사실도 잊지 말아야 한다. 자료를 모으고, 소비자들의 이야기를 듣고, 발로 뛰면서 조사하여 얻은 자료 속에서 아이디어가 숨 쉬고 있음을 명심해야 한다. 자료의 수집보다 자료의 이해와 해석이 더 중요한 이유다.[40]

4. 크리에이티브 해법

심리학의 세계적인 권위자인 칙센트미하이 교수는 "창의적인 사람들은 돈이나 명예가 아니라 단지 '좋아서' 일을 할 따름이다"라고 했다. 바로 이것이 내적 동기다. 내적 동기가 충만한 활동에서 아이디어와 성과가 나올 가능성이 높다. 즉, 스스로의 열정이 있을 때 비로소 빅아이디어big-idea의 실마리를 잡을 수 있는 것이다.

그 다음에 할 일은 생각의 밭을 깊고 넓게 만들어 상상력과 통찰력이라는 씨앗이 뿌리내리고 마음껏 자랄 수 있도록 하는 것이다. 이것이야말로 좋은 광고를 만들기 위한 가장 평범한 진리인 것이다.

이러한 바탕에서 아래의 크리에이티브 해법 7가지를 되새겨본다면 크리에이티브에 대해 저자가 현업에서의 경험으로 정리한 3가지 평가 기준인 ① 의외성이 있는지, ② 의미의 변환이 일어났는지, ③ 마음을 움직일 공감 요소가 있는지 등을 충분히 충족시킬 수 있는 멋진 광고 아이디어를 찾을 수 있을 것이다,

1) 관점을 바꾸면 크리에이티브가 보인다

"손님이 보면 아직도 반병, 주인이 보면 벌써 반병"

스카치위스키 브랜드인 시바스리갈의 너무나 유명한 광고의 헤드라인이다. 반 정도 남아있는 술병 비주얼에 평범한 헤드라인일 뿐이다. 소비자에게 주는 강력한 혜택도, 눈에 띄는 새로움도 없다. 그런데 무엇 때문에 이토록 유명한 광고가 되었을까?

반잔의 물을 보고 '벌써'와 '아직'의 상반된 시각으로 보는 것을 '준거점이론'이라고 한다. 음식의 맛이 음식에 있지 않고 혀에 있듯이, 같은 2분의 1이어도 내가 어떻게 생각하는가에 따라 결과는 이렇게 달라진다.

광고 크리에이티브를 막는 가장 큰 걸림돌은 이미 정해진 관점에서 사물을 보는 것이다. 두 사람이 뛰어가는 비주얼의 광고가 있다. 앞서 뛰는 사람은 흑인이다. 뒤에서 쫓아가는 사람은 경찰 제복을 입은 백인이다. 누구나 이 광고의 비주얼을 보면서 당연히 범죄를 저지르고 도망가는 흑인을 경찰이 뒤쫓고 있다고 생각할 것이다.

정말 그럴까? 광고의 카피를 읽어보면 앞 사람도 사복형사임을 알 수 있다. 이는 영국의 소수민족을 위한 경찰 모집 광고로, 누구든 경찰에 지원할 수 있다는 내용이다. 그렇다면 왜 우리는 흑인이 범죄자라고 생각했을까? 그것은 인종적 편견이라는 고정관념 때문이다. 이 광고에서 인간의 고정관념을 역으로 이용한 크리에이터의 상상력이 돋보이지 않는가?

광고의 크리에이티브는 이미 정해진 관점을 버리는 것에서 시작된다. 남들이 하지 않은 말, 남들이 보지 못한 시각으로 현재의 상품·서비스를 재해석하는 일이 곧 크리에이티브 작업이다.

누구나 하는 말이나 주위에서 흔히 봤던 것을 또 보라고 하면 사람들은 지겨움을 느낀다. 익숙한 것에는 관심이 생기지 않는다. 우리 제품이 좋다고 아무리 떠들어봐야 소비자들이 관심을 보이지 않는다면 소의 귀에 대고 《불경》을 읽는 격이다. 그래서 광고의 첫 번째 목적은 소비자들의 관심을 끄는 것이다. 관심을 끌려고 과장도 하고, 웃기기도 하고, 튀는 아이디어를 찾기 위해 골몰하는 것이다.

박광수 화백의 만화 《광수생각》에는 해와 달이 대화하는 내용이 있다. 해가 말한다. "나뭇잎은 초록색이야", "사람들은 언제나 부지런히 움직이지." 이번에는 달이 말한다. "나뭇잎은 은색이야", "사람들은 언제나 잠만 자고 게으르다고." 그리고 마지막에 넌지시 해설 한마디가 더 붙어있다. "진리가 오직 자신에게 있다고 믿는 자는 바보다"라고….

광고에서도 가장 경계해야 할 일 가운데 하나가 바로 자신만의 시각으로 보는 것이다. 내가 생각하는 대로, 지금까지 해왔던 대로 사물을 본다면 새로움을 발견할 수 없다. 나의 시각이 아닌 상대의 시각, 생산자의 입장이 아닌 소비자의 입장에서 보는 것이 중요한 이유다.

"한국 지형에 강하다"라는 광고 헤드라인이 1990년대 중후반에 있었다. 그 당시 우리나라의 휴대폰 시장은 미국 브랜드인 모토로라가 꽉 잡고 있었다. 모토로라가 한국 시장의 70% 이상을 차지하고 있는데 반해 애니콜은 20%가 채 안 되었다. 애니콜에게 있어 모토로라는 도저히 넘을 수 없는 거대한 산 같은 존재였다. 하지만 성공은 도전하는 자에게만 손을 내민다. 애니콜의 첫 작업은 상대방인 모토로라의 시각에서 바라보는 것이었다. 그래서 모토로라는 할 수 없는 말, 오직 애니콜만이 할 수 있는 말인 "한국 지형에 강하다"가 나온 것이다.

누구나 자신만의 강점을 가지고 있다. 상대는 가지고 있지 못한 그것을 잘 활용하면 큰일을 낼 수 있다. 누가 상상이나 했겠는가? 지금은 '갤럭시'라는 브랜드가 된 애니콜이 거대한 산을 무너뜨리고 세계적인 브랜드로 우뚝 설 수 있게 해준 첫 단추는 바로 이 카피였던 것이다.

해가 달의 관점을, 달이 해의 관점을 가져보는 식으로 관점을 바꾸면 생각이 달라진다. 지금 여기 있는 현실 앞에서도 전혀 다른 일상의 세계를 떠올릴 수 있다. 예를 들면, 식사하는 모습을 찍은 평범한 사진에서도 새로운 관점으로 새로운 생각을 얻을 수 있다. 옛날의 식사하는 모습을 찍은 사진에는 아버지가 신문을 읽는 모습이 있다면, 최근의 모습에는 PC가 보인다. 독신남성의 경우 PC 앞에서 식사를 하는 경우가 있기 때문이다. 이러한 사진에는 미래의 생활모습을 엿볼 수 있는 힌트가 담겨있다. 밥과 정보를 함께하는, 그래서 미래의 식탁은 정보터미널이 되어갈 수도 있다는 관점이 생겨난다. 실제로 가족의 정보터미널로 식탁의 형태를 연구하는 가전 브랜드도 있다고 한다.

'다른 관점'은 지금까지 품어왔던 내 상식을 고쳐주거나 깨달음을 준다. 물건과 사람의 새로운 관계를 만드는 것이 광고이고 마케팅이기에 관점은 곧 아이디어의 싹이기도 하다. 더 나아가 관점의 교류로 또 다른 아이디어를 만날 수도 있게 된다.

한 사람은 둥근 것이 가치 있다고 생각해서 둥근 것만 본다. 어느새 그의 눈에는 둥근 것만 띄게 되니, 그 사람은 "역시 둥근 것의 시대야!"라고 느끼게 된다. 또 다른 한 사람은 붉은 것에 관심이 있고, 붉은 것에 행복을 느끼다 보니 "역시 빨강의 시대야!"라고 느낄 것이다. 이 두 사람이 각자의 사고에서 멈춰버리면 미래는 없다. 두 사람이 서로의 관점을 나눈다면, 즉 "둥글고 붉다"라는 생각을 하게 되면서 "따뜻한 시대가 대세다!"라는 발견으로 이어질 수 있다. 둥근 것의 시대라는 '형태'의 관점과 빨강의 시대라는 '색'의 관점이 합쳐져서 따뜻함의 시대라는 '온도'의 관점으로 나타날 수 있게 되는 것이다. 그러므로 다른 사람들과의 관점의 교류가 꼭 필요한 것이다.

관점을 더하는 것도 새로운 아이디어를 얻는 방법이 된다. 네덜란드의 디자인아카데미 프로젝트에서는 의자에 애완동물이라는 관점을 더했다. 도서관을 이용하는 사람들이 카드를 센서에 대면 도서관 이용 중에 의자가 애완동물처럼 사람을 계속 따라다니는 것이다. 책을 찾으면 바로 그 의자에 앉아 읽을 수 있도록 한 것이다.[41]

2) 디테일이 크리에이티브를 만든다

노벨경제학상을 수상한 최초의 심리학자 대니얼 카너먼은 한 실험 결과를 자신의 책에서 소개했다. 1982년 미래 연구를 위한 국제회의에 모인 전문가들을 대상으로 한 실험인데, 한 그룹에게는 "1983년 석유 소비가 30% 감소할 것이다"라는 예측 시나리오를 제시해주었다. 다른 그룹에게는 "1983년 석유 가격의 극적 상승은 석유 소비를 30% 감소하게 만들 것이다"라는 예측 시나리오를 제시했다. 이 중 두 번째 그룹이 자신들에게 제시된 예측을 훨씬 강하게 믿은 것으로 조사됐다. 석유 가격의 '극적 상승'이라는 한 표현의 영향 때문이다.

광고카피에서도 한 단어의 차이가 광고 효과에 얼마나 큰 영향을 주는지는 익히 알려져있듯이, 크리에이티브에서의 아주 작은 요소 하나가 전체를 좌우하는 사례가 많다.

한 동네에 죽을 파는 두 개의 가게가 있었다. 두 죽 가게는 맛도 가격도, 손님 수도 비슷했지만 늘 한쪽의 매출이 더 높았다. 그래서 컨설턴트가 두 가게를 지켜보면서 고객과의 대화를 분석했다. 매출이 적은 가게의 종업원은 죽을 내오면서 "계란을 넣을까요? 말까요?"라고 손님에게 물었다. 반면 매출이 많은 가게의 종업원은 이렇게 물었다. "신선한 계란을 하나 넣을까요? 두 개 넣을까요?" 질문의 차이가 매출에 영향을 미쳤던 것이다. 이렇듯 아주 작은 질문의 차이가 큰 결과를 만들어낸다. 질문의 프레임을 어떻게 설정하느냐에 따라 결과가 달라진다고 설명할 수 있지만, 긍정적 질문의 차이는 긍정적 결과를 가져온다. 작은 차이의 발견이 크리에이티브의 질을 높이는 것이다.

성공과 실패는 1%의 차이로 결정된다. 아무리 좋은 전략도 제대로 실행되지 않으면 실패할 수밖에 없다. 비즈니스에서는 '100 - 1 = 99'가 아니라 '0'이기 때문이다. 물론 광고에서도 작은 차이가 큰 차이를 만든다. 소비자들은 광고를 보면서 "저 사람들은 이렇게 작은 것에까지 신경을 쓰는구나!" 하면서 감동한다. 명심해야 한다. 우리를 괴롭히는 것은 저 멀리 있는 큰 산이 아니라 신발 안에 들어있는 작은 모래 한 알이라는 것을 말이다.

저자가 일본 출장을 가면 꼭 들렀던 샤부샤부 음식점에서는 물수건을 두 번 주었다. 식사 전에는 따뜻한 물수건을, 다 먹고 나서 땀이 송글 송글 맺힐 때쯤 차가운 물수건을 또 가져다준다. 받는 순간 얼마나 고마운지 모른다. 뜨거운 음식을 먹은 뒤의 그 마음을 헤아려주는 작은 정성에 감동하게 되는 것이다.

20여 년 전에 무라카미 하루키의 작품인 《노르웨이의 숲》이 번역·출간되었다. 아마도 무라카미 하루키의 작품들 가운데 가장 저조한 판매 실적을 보였을 것이다. 같은 책을 다른 출판사에서 《상실의 시대》로 재출간했다. 제목만 바꿨을 뿐인데 결과는 30만 부 이상 판매였다.

같은 사물이나 현상을 보더라도 거기에서 무언가 의미를 찾아내는 센시티브한 감수성은 광고인에게 꼭 필요한 자질이다. 그런데 이러한 감성을 키우기 위해서는 논리적 사고력이 있어야 한다는 아이러니가 있다. 감성을 키우기 위해서는 오히려 사회학·심리학·마케팅이론뿐 아니라 인문학 책들도 두루두루 읽은 잡학박사가 되어야 하는 것이다. 그래야 전체를 꿰뚫어 볼 수 있는 통찰력을 얻을 수 있다. 기본적인 전략적 사고를 위한 바탕이 있어야 감수성 넘치는 통찰력을 얻을 수 있으며, 독창적인 아이디어를 뽑아낼 수 있기 때문이다. 전략에 대한 충분한 이해와 판단을 할 수 있는 크리에이터가 광고 회사에서도 잘 나가는 것은 당연한 일이다.

제품의 작은 차이를 발견하기 위해서는 개미와 같이 마이크로micro한 시각을 가져야 한다. 그러나 깊게만 들여다보면 전체를 볼 수 없다는 문제가 발생한다. 광고인은 숲을 보듯 전체를 조망할 수 있는 독수리의 매크로macro한 눈과, 어느 한 부분을 깊숙이 보는 개미의 마이크로한 눈을 동시에 가지고 있어야 한다. 기획을 할 경우에는 독수리의 눈이 좀 더 유용하고, 크리에이티브 작업 시에는 개미의 눈이 좀 더 유용할 수 있다.

3) 둘 사이의 절묘한 관계를 찾는다

말을 잘한다거나 글을 잘 쓴다는 것은 이미 알고 있는 것에 에너지를 공급(plug in)해서 말하는 것이라고 한다. 즉, 기존에 알고 있는 내용과 연결시켜 말을 하거나 글을 쓰면 독자를 이해시키기가 훨씬 쉬워진다.

"내 아내는 라이벌이다"라고 하면 독자는 "갑자기 웬 라이벌?" 하고 의문을 가질 것이다. 낯설어서 쉽게 받아들이지 못하는 것이다. "내 아내는 파트너다"라고 해보자. 대다수 사람들이 그렇게 인식하고 있는 것을 그대로 옮긴 말이다 보니 독자들은 식상해서 지나쳐버리게 된다. 그러면 "내 아내는 파트너이자 라이벌이다"라고 해보자. 부부는 당연히 파트너 관계라는 말에는 공감이 간다. 그리고 기존의 관계에 '라이벌'이라는 새로운 관계를 도입함으로써 새로운 공감을 유도한다.

그렇지! 부부란 서로를 지켜보는 라이벌일 수도 있다고 쉽게 받아들이게 된다. 새롭다고 해서 모두 좋은 것은 아니다. 너무 새로운 것에 대해서 사람들은 선뜻 받아드리지 않으려는 경향이 있다. 그래서 익숙함과 새로움의 중간 수준일 때 가장 잘 받아들인다고 한다. 이것이 중간 불일치이론이다.

세상에 새로운 것이란 없다고 했다. 다만, 사물들 간의 새로운 관계가 있을 뿐이다. 그렇다면 광고에서의 새로움, 즉 크리에이티브란 무엇인가? 기존 요소들을 새로이 배합하고, 사물들 간의 새로운 관계를 맺어주는 것이다. 제품과 제품, 단어와 단어, 의미와 의미 등 둘 사이의 절묘한 관계(relevance)를 찾아내는 눈이 필요하다. 그 전까지 누구도 발견치 못했던 관계를 찾아내서 그럴듯하게 녹여내는 것이다. 그래서 아래에 소개하는 '의미결합놀이'를 수시로 해보면 크리에이티브력을 키우는 데 큰 도움이 된다.

첫 번째는 의미(단어)와 의미(단어)의 낯선 조합을 해보는 것이다. 예를 들면, "달리지 않는… 기차", "써지지 않은… 편지", "말할 수 없는… 광장", "달콤한… 회초리" 등등 같은 것이다, 더 나아가 불편하게 조합하는 방법도 있다. "로미오와 성춘향의 결혼?" "승려와 수녀의 만남?" 등등 같은 것이다. 이렇게 불편한 조합을 광고크리에이티브에 그대로 이용하여 성공한 캠페인이 이탈리아의 대표 패션 브랜드인 베네통의 광고 시리즈다(〈그림 24〉 참조).

두 번째는 비주얼의 의미와 결합해보는 방법이다. 자갈밭의 비주얼에 또 다른 비주얼 요소 하나를 더해보는 것이다. 단순한 선 하나를 넣어서 결합해보면 그 순간 '도로'라는 의미의 변환이 일어난다. 이로써

그림 24. 베테통의 광고

지프JEEP 자동차는 "이 세상 어디든 길이 될 수 있다"는 광고아이디어를 만들 수 있는 것이다(〈그림 25〉 참조).

세 번째는 사물에서 추출되는 의미와 결합해보는 것으로, '미디어 크리에이티브'라고도 한다. '담장의 모퉁이'와 연결한 아리엘Ariel 세제의 OOH(옥외) 광고 아이디어(〈그림 26〉 참조), 질레트면도기의 광고 아이디어(〈그림 27〉 참조)가 이와 같은 식이다.

그림 25. 지프 자동차의 광고

그림 26. 아리엘 세제의 OOH 광고

그림 27. 질레트면도기의 OOH 광고

4) 트렌드를 따르되 '표현 방식'을 다르게 한다

시대를 읽지 못하면 의식이 진부해지고 작품의 신선도도 떨어진다. 그러니 트렌드에 민감해야 한다. 그렇다고 해서 트렌드를 뒤쫓으면 안 된다. 트렌드를 반영하되 방식을 다르게 해야 한다. 예를 들면, 웅진코웨이정수기의 경우 이전에도 할부라는 개념은 이미 있었다. 그런데 표현 방식을 조금 바꿨을 뿐이다. 공짜로 지금 정수기를 가져다 쓰라고 한 것이다. 그리고 코디가 물 관리를 해주는데 한 달에 1만 6,000원만 내면 된다. 그리고 2년 후에는 그냥 소유해도 된다.

최근 들어 광고에 대한 광고주의 요구가 변하고 있다. 광고가 커뮤니케이션 차원을 넘어 비즈니스 차원의 솔루션을 제공하기를 원한다. 기존의 방식대로는 달라진 시장에서 생존할 수 없게 되었기 때문이다. 새로운 솔루션을 내놓기 위해서는 커뮤니케이션 플랫폼 자체가 바뀌어야 한다.

호주 퀸즐랜드 주 관광청 광고는 기존의 관광자원을 알리는 광고 형태를 버렸다. '세계 최고의 직업'을 내세워 구직 광고 형태의 광고를 한 것이다(《그림 9》 참조). 버거킹은 햄버거 광고 대신 햄버거를 처음 먹어보는 아프리카 사람들의 이야기를 담은 다큐멘터리를 만들었다. 기존의 관광 광고의 패러다임을 거부한 광고, 다큐멘터리 같은 광고를 내놓은 것이다.

이렇듯 이제는 크리에이티브의 차별화를 넘어 커뮤니케이션 형식의 차별화를 꾀하지 않으면 안 된다. 그래야 소비자들의 눈에 띌 수 있기 때문이다. 단순히 홍보 수단을 활용하고 메시지를 조금 바꾼다고 해서 소비자는 움직이지 않는다. 구조 자체를 새롭게 바꾸어야 한다. 소비자들의 트렌드와 마음을 읽고 그에 맞는 구조로 바꿔야 하는 것이다.

5) 다른 의미로 재해석한다

크리에이티브creative란 사물, 시간, 공간 등이 지니고 있는 본래의 의미를 재해석하여 새로운 시각으로 표현함으로써 생명력을 부여하는 것이다. 기존에 있던 것을 새로워 보이게 하려면 대상의 고유함과 독특함을 새롭게 해석함으로써 지금까지의 것과는 다른 의미를 찾아야 한다. 다이아몬드 회사인 드비어스De Beers의 "다이아몬드는 영원하다"는 광고는 사치품이라고 인식되던 다이아몬드를 사랑의 상징물로 새롭게 재인식시켰다.

'새롭다'는 것은 소비자 자신이 이전에 경험한 것인가 아닌가를 기준으로 평가되는 것이다. '맛있다'는 것도 소비자 자신이 이전에 먹어본 맛과 비교하여 말하는 것이다. 사실, 우리는 이미 알고 있는 것을 기준으로 생각하고 행동한다. 그러므로 크리에이티브의 출발은 우리가 이미 알고 있는 것에서 시작된다. 오히려 소비자들이 잘 알고 있는 것을 살짝 비튼다면 소비자들의 상투적인 기대를 살짝 앞서가면서 신선한 느낌도 줄 수 있다.

시청률이 높은 드라마는 95%의 상투성과 5%의 새로움이 결합된 것이라고 한다. 95%의 상투성으로 리스크를 줄이고, 5%의 새로운 시도로 다른 드라마와 차별화하는 것이다. 음악의 경우도 보자. 사실, 사람들은 대개 귀에 익은 노래를 선호한다. 그래서 신곡들을 모아서 들려주는 것보다 히트곡들 사이에 신곡을 넣어서 들려주면 신곡이 빨리 히트할 수 있다.

이렇듯 익숙함을 재발견하는 것이 필요하다. 소비자들은 신제품에 익숙하지 않기 때문에 오히려 받아들이지 않으려는 경향이 있다. 그래서 '새로운 것(새로움)'에 '익숙한 것(상투성)'을 덧입혀 친숙하게 느끼도록 하는 '샌드위치 기법'이 활용되는 것이다. 미국육우협회에서는 기존의 미국인 소비자들이 거의 먹지 않던 내장 부위를 판매하기 위해 기존의 익숙한 요리를 활용하는 기법을 사용했다. 파이나 미트로프처럼 다진 쇠고기를 사용하는 고기요리에 간이나 콩팥 등을 넣도록 캠페인을 벌인 것이다.

편의점 바이더웨이Buy the way는 편의점비즈니스를 레스토랑비즈니스로 재해석하였다. 그래서 바이더웨이 편의점들의 조명을 레스토랑처럼 편안한 느낌의 붉은 조명으로 바꾸고, 매장에서는 직접 원두커피를 끓이게 함으로써 은은한 커피향이 나도록 했다. 또한 간편한 식사가 가능하도록 샌드위치와 도시락 등을 보강하였다. 일반 편의점이 고객들을 빨리 회전시켜 매출을 올린다면, 바이더웨이는 고객들이 천천히 매장에 머물며 구매객단가를 높이는 전략으로 매출을 끌어올렸다.

기네스맥주는 술집에서 생맥주로 팔리던 자사의 맥주가 병맥주로도 나왔음을 알리기 위하여 병맥주의 포장케이스를 활용했다. 생맥주가 가득 담긴 여섯 개의 컵들이 그대로 여섯 개의 병맥주 포장케이스에 담겨있는 비주얼의 광고는, 기네스맥주의 바로 그 생맥주의 맛을 언제 어디서나 즐길 수 있다는 의미를 손쉽게 전달하고 있다.

또 다른 맥주 브랜드인 하이네켄은 시원함의 상징으로 에어컨을 활용했다. 에어컨 실외기가 달려있는 창가들이 보인다. 그런데 그중 한 집만 창문이 열려있고, 그 창문에는 하이네켄 한 병이 놓여있다, 보기만 해도 "에어컨이 없어도 하이네켄 덕에 시원하구나!"라고 느낄 수 있다(《그림 28》 참조).

크리에이티브는 '당연히 알고 있는 것을 당연하지 않게 이야기하는 것'이기도 하다. 인권을 보호받지 못하는 난민들의 모습에 쇼핑카트의 열쇠를 연결시켜 '당연하지 않은 것'으로 만든 게 그것이다(《그림 29》 참조), 이렇게 카트를 뽑을 수 있는 비용(한국이라면 100원)으로 이들을 풀어줄 수 있다는, 즉 소액 기부도 큰 도움이 된다고 말하는 것이다.

그림 28. 에어컨 실외기 대신 놓여있는 하이네켄

그림 29. 쇼핑카트의 열쇠를 이용한 인권 보호 관련 공익 광고

6) 유사성을 찾아서 연결시킨다

심리학이론인 '유사성 효과(Similarity Effect)'는 광고현장에서 많이 활용되는 이론이다.

우리가 누군가를 처음 만났을 때는 무척 서먹서먹하지만 서로 몇 마디 나누다보면 금방 친해지는 경우가 있다. 그 이유는 무엇일까? 그것은 서로의 공통점이 많은지 적은지에 대한 차이 때문이다. 사실, 우리는 사소한 공통점에도 호감을 갖는다. 고향이 같다든가, 취미가 비슷하다든가 하는 것들 때문에 말이다. 게다가 학교가 같으면 기수를 따지기 시작하고, 말까지 놓으면서 마치 10년 지기 친구처럼 된다. 이렇듯 이미 알고 있는 것과의 비교 과정에서 상대방도 가진 공통점 때문에 친밀감을 느끼게 되는 것이 바로 '유사성 효과'인 것이다.

이러한 공통점들을 최대한 활용하는 광고 기법 가운데 '향수(nostalgia)'를 활용하는 것도 좋은 방법이다. 감동은 긴 시간. 긴 거리가 있어야 한다. 그래서 시골에서 살 때의 친구가 오래간만에 전화를 주면 더 반갑고, "너 아직도 수박 좋아하냐?" 같은 추억을 자극하는 한 마디라도 덧붙여주면 그 사실을 아직까지도 기억해주는 그 친구에게 두고두고 고마워하게 되는 것이다.

즉, 타깃이 되는 소비자들의 옛 기억을 되살려줄 장면을 제시함으로써 그들의 마음속에서 잠자고 있던 어렴풋한 향수를 깨우는 것은, 소비자들의 공통된 경험세계나 왕년의 문화를 떠올리게 함으로써 가슴속에서 진동하는 감회를 일으킬 수 있기 때문이다. 이럴 때 소비자 개개인의 현재 위치와 상황은 그리 중요하지 않다. 그 시절에 히트했던 유행

가라든가, 고향 동네 어귀의 모습, 심지어 현재 사람인 모델의 코스튬 costume(복장) 같은 것들로 소비자들의 향수를 자극할 수 있다.

유사성의 원리(Principle of similarity)는 소비자들이 유사한 물리적 속성을 가진 대상을 집단으로 묶어서 하나의 형태로 보는 경향이다. 조금 붙어있는 두 개의 선이 있다면 그냥 '두 개의 선'으로 보는 것이 아니라 '젓가락'으로 또는 '철길'로 인식한다는 것이다. 광고에서 제품을 사용하는 어떤 특정 상황을 설정하고서 신제품을 반복적으로 제시하는 것도 이러한 원리를 사용하는 것이다.

이렇듯 서로의 유사성을 찾아내어 연결하는 것도 하나의 크리에이티브다. 특히 브랜드 로고와의 연관성은 비용이 가장 적게 드는 크리에이티브 기법이다. 유사성을 찾아서 연결하는 기법은 비주얼로 제품의 기능이나 이익을 직접 보여주는 광고에서도 활용도가 높다. 맥도널드는 'NBA 공식 레스토랑'이라는 콘셉트를 농구골대의 비주얼과 브랜드 로고와의 유사성으로 쉽게 연결시켰다(〈그림 30〉 참조). 폭스바겐은 품질이 좋다는 콘셉트를 전달하기 위하여 품질 테스트를 두 번이나 한다는 의미의 '더블체크Double-check'와 브랜드 로고를 연결시켰다(〈그림 31〉 참조).

기능이 빤한 제품의 경우, 광고의 방향도 이미 정해져있는 경우가 많다. 특히 생활용품 카테고리의 제품들이 여기에 속한다. P&G의 여행용 세제인 트래블워시Travel-Wash도 제품이 주는 편익이나 쓰이는 용도가 이미 브랜드의 이름에 들어있다. 그렇기 때문에 광고 전략보다는 아이디어로 어떻게 차별화할 것인가가 중요해진다. 호주에서 셔츠에 흘린 와인도, 이탈리아에서 스파게티를 맛있게 먹다 흘린 소스도, 칠레에서 묻힌 칠리소스의 얼룩도 트래블워시만 있으면 말끔히 지울 수 있음

그림 30. 맥도널드의 'NBA 공식 레스토랑' 광고

그림 31. 폭스바겐의 '더블체크' 광고

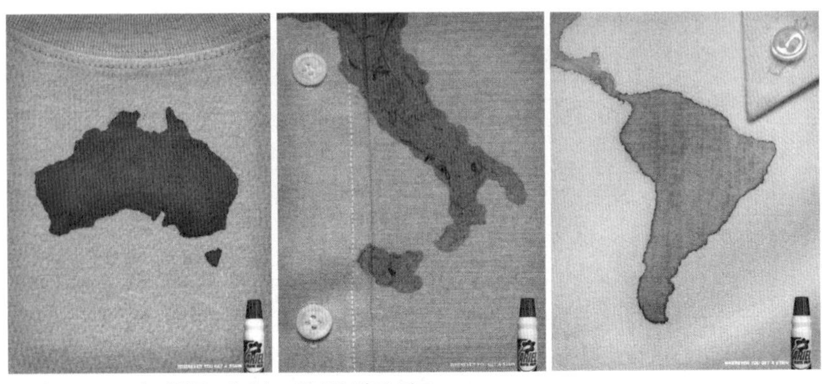

그림 32. P&G의 여행용 세제 '트래블워시'의 광고

을 보여준다(〈그림 32〉 참조).

평범해 보이는 광고지만, 제품의 단순한 기능을 알리기보다 제품이 사용되는 상황을 보여준다는 전략이 숨겨진 것이다. 또한 여행용에서 그치지 않고 각 대륙을 대표하는 음식들로 인해 생길 수 있는 얼룩을 보여줌으로써 전 세계 어디서나 사용되는 대표 브랜드임을 나타냈다.

7) 스키마 변형 기법을 활용한다

인간의 기억 속에는 다양한 지식이 저장되어있다. 그 지식들은 우리에게 필요한 순간에 빠르게 접근(Access)되어야 하기 때문에 여기저기 흩어져있는 것이 아니라 서로 관련된 것들끼리 카테고리를 이루고 있다.

의미적으로 유사한 파일들을 하나의 폴더에 저장해놓듯이, 우리가 가진 지식은 조직화(Organization)되어있는 것이다. 이렇게 조직화된 통제기제에 따라 어떠한 사건에 대해 자신이 알고 있는 범위 내에서 판단하고 수용하는 행위를 스키마Schema(도식)라고 한다. 사람들은 스키마에 따라 자신의 경험을 결정하고 통제하는데, 특히 창의적인 작가들이나 크레이터들은 이 스키마를 적절히 이용하고 변형함으로써 고객들에게 새로움과 재미를 준다.

예를 들면, 맥줏집에서 메뉴판을 보다가 옆에 있던 촛불이 메뉴판에 옮겨붙었을 때의 일반적인 스키마는 옆에 있는 맥주를 부어서 불을 끄는 것이다. 그것이 일련의 사건에 대한 순서이며 자연스럽게 기대되는 행동일 것이다. 그런데 갑자기 맥주를 부으려다가 동작을 멈춘다. 서로의 눈치를 보다가 입으로 "훅! 훅!" 불어서 힘겹게 겨우 끈다. 하이네켄 맥주이기 때문에 너무 아까워서 부을 수 없다는 소비자의 '추론'을 이끌어내는 것이다.

이 광고는 소비자가 가지고 있는 스크립트를 적절히 변형함으로써 주의를 끌었다. 재미있을 뿐만 아니라 "하이네켄이 이만큼 맛있고 좋다"는 메시지를 광고에서 직접 말하지 않고 소비자가 자신의 추론을 통해서 스스로에게 메세시를 보내게끔 유도해낸 것이다. 즉, 하이네켄은 소비자가 가지고 있는 기대를 적절히 흔들고 스키마를 약간 변형함으로써 광고의 효과를 극대화한 것이다.

이렇듯 크리에이티브의 일반적인 공식은 스카마 변형(Schema Transformation), 즉 기대불일치이론이다. 소비자의 기대를 벗어나는 게 곧 새로운 것이고, 의외성이고, 반전인 것이다.

5. 크리에이티브 풀어가기

1) 평행 구조를 이용한다

　광고 제작은 언어와 이미지의 관계 맺기다. 따라서 소비자들에게 비주얼로 보여준 이미지를 언어로 반복해서는 안 되며, 이 과정에서 언어와 이미지는 서로 상승시켜주는 관계를 맺어야 한다. 즉, 사용결과나 혜택을 비주얼화할 수 있어야 하는 것이다.

　그리고 판매의 문제점을 소비자를 위한 혜택의 시각에서 표현하고, 과소 표현과 과대 표현을 대비시켜서 보여주어야 한다. 그 방법이 곧 평행 구조를 활용하는 기법인 것이다. 이는 소비자들이 이미 잘 알고 있는 것과의 비교 방법이라든가, 유사성을 활용하는 방법과 비슷한 발상이다. 여기에서 가장 중요한 핵심은 전하고자 하는 말이 첫 번째 자리에 있어야 한다는 점이다. 즉, 소비자의 눈에 띄도록 제품의 편익을 찾아내 배치하는 것과는 반대의 개념인 것이다.

예를 들면 다음과 같다.

a. "누군가를 폭행하라! 그러면 5년형을 선고받을 것이다! _ 하키 경
기에서는 5분이면 충분합니다! 얼마나 멋진 경긴가요!"

_ 콜롬버스 칠리 클럽

b. "집안에 어떤 스카치위스키가 준비되어있는지를 문밖에서부터 알
수 있습니다." **_ 조니 워커 블랙**

c. "부드러운 여행용 가방을 개발할 때, 우리는 여행의 딱딱한 측면을
잊지 않습니다. 겉은 아름답게, 속은 가볍게!" **_ 아메리칸투어리스트**

d. "세상에는 바꿔주는 컴퓨터와 안 바꿔주는 컴퓨터가 있다."

_ 삼보컴퓨터

2) 객관적 상관물을 찾는다

즉, 상징적인 사고를 하는 것이다. 상품 콘셉트에서 나온 드라마와
에센스를 표현할 수 있는 '의미 체계의 상징'을 찾는 것이다. 그것이 사
물이든, 비주얼이든, 언어든, 캐릭터이든 표현하고자 하는 의미를 소비
자들이 아주 쉽게 느낄 수 있어야 한다. 그리고 최소 비용, 최소 오해,
최대 공감을 일으킬 수 있는 것이 무엇인가를 마케팅 광고기획자는 생
각해야 한다.

객관적 상관물을 설정하면 깊이 생각할 수 있는 스토리텔링이 가능
해진다. 예를 들면, 색연필의 상징이 그림을 그리는 도구일 수도 있지

만, 선생님이 숙제를 평가하거나 시험 점수를 매길 때 색연필로 동그라미를 그려주셨던 상징을 활용할 수도 있다("색연필이 짧아질수록 사랑이 깊어집니다"_공문수학). 혹은 우유에 관해서라면 최고의 전문가들이 있으며, 든든한 제품을 만들어내고, 기술력이 좋다는 것을 보여주는 객관적 상관물을 찾아서 광고를 만들 수도 있다("밀크 마스터"_서울우유).

3) 연결로 의미의 재탄생을 만든다

단어와 단어, 의미와 의미의 연결로 새로움을 얻을 수 있다. 더 나아가 의미의 재해석으로 그 의미를 소비자들 앞에서 재탄생시킬 수 있다면 그것이야말로 '소비자에게 새로움으로 다가갈 수 있는 가장 좋은 기법'인 것이다.

먼저, 의미를 연결하여 쓴 헤드라인의 예를 들어보자.

a. "이젠 집도 맞추세요"_ **쉐르빌**

b. "면발은 때려야 한다"_ **수타면**

c. "옹고집 콩나물"_ **풀무원**

d. "시간표는 여행의 상비약 – 잘 듣습니다!"_ **일본국유철도**

e. "優凍生(우동생)"_ **냉장고**

f. "철없던 네가 철들었구나"_ **헤모큐(빈혈약)**

g. "울어라, 암탉아!"_ **숙명여대**

아울러 다음과 같이 의미를 재해석함으로써 그 의미를 재탄생시킨 경우를 보자.

a. "고객행복 주식회사"_ SK

b. "초코파이는 情(정)입니다"_ **오리온초코파이**

c. "침대는 가구가 아닙니다"_ **에이스 침대**

4) 자료의 조작과 변환으로 새로운 개념을 만든다

a. SCAMPER 발상법을 활용한다(247페이지의 'SCAMPER 발상법' 참조).

b. 상상(imagine) – "이러면 어떻게 될까?"라는 발상법을 활용한다. 예를 들면, "문명세계를 벗어났을 때 얻을 수 있는 행복이라는 것이 있다(스마일 심벌 밑에 수염이 난 비주얼)"라는 지프차의 카피가 그것이다.

c. 비교(compare) – 이미 알고 있는 것과 비교하기 위한 다양한 방법을 생각해본다.

d. 패러디parody – 아이디어는 패러디에서 시작된다. 예를 들면, "단언컨대 뚜껑은 가장 완벽한 물체입니다"라는, 금속이 가장 완벽한 물체라는 아주 유명한 타 광고를 패러디한 팔도왕뚜껑의 카피가 그것이다.

e. 융통성(adapt) – 상황적 관계에 변화를 준다. 예를 들면, "입술도 선글라스가 필요하다?"는 자외선 차단 립스틱의 카피가 그것이다.

f. 뒤집어서 보기(reverse) -"오히려 카메라를 버리고 배터리를 계속 사용한다"는 개념의 로요백Royovac 배터리

g. 연결(connect) - 관계없는 두 개의 아이디어들을 연결한다. 케이크형 과자인 '오뜨'를 아름다운 숙녀가 "오뜨!"라고 딸꾹질할 때와 연결시킨 오리온의 "차 마실 때 오뜨"라는 광고가 그것이다.

h. 배제(eliminate) - 규칙을 깨뜨린다. "(너무 빨라서 잡을 수 없는) SM5 출시를 반대한다"는 교통경찰을 등장시킨 광고가 그것이다.

1. 모방에서 시작한다

이미 있는 개념에서 연장선을 그어본다. 그리고 개념을 모방으로 조금만 변화시켜본다. 기존에 없던 것을 새로 만들기는 어렵지만, 원래 있던 것은 2%쯤 개선하는 것은 누구나 할 수 있다. 이러한 훈련을 지속적으로 함으로써 아이디어를 낼 수 있는 나름의 매뉴얼을 만드는 것이 중요하다. 패러디 광고도 이에 해당된다.

2. 반전을 만든다

반전이란 이야기의 결말을 뒤집는 것이다. '발단 - 전개 - 위기 - 절정 - (반전) - 결말'이라는 식이다. 이렇게 하면 고객이 기대하고 있는 결말에서 벗어나게 된다. 일반적인 스키마를 벗어나야 스토리가 새롭고 재미있어진다. 광고 카피에도 반전이 있어야 '머릿속에서 지워지지 않는 카피'가 된다. 예를 들면 다음과 같다.

a. 슈퍼마켓에서 남편한테 마지못해 하나씩만 사오라는 주부 → [반전] 쇼핑카트에 산더미같이 싣고 오는 남편 _ 수입맥주를 400종이나 갖춘 이마트

b. 크고 넓은 경찰차. → [반전] 범인들이 총격을 가하자 경찰차 대신 폭스바겐을 엄폐물로 삼는 경찰관들, _ 작지만 튼튼한 차임을 보여주는 폭스바겐폴로(〈그림 33〉 참조).

3. 극대화(Stretch)한다

조지 프레드릭 헨델의 곡인 〈메시아의 귀환〉을 연주하는 공연이 나온다. 기립박수를 치는 사람들 사이로 휠체어 앞에 선 사람이 보인다. 그날 연주된 〈메시아의 귀환〉이 장애우도 벌떡 일어나게 한 것이다. 연주가 얼마나 훌륭했으면 휠체어에 앉아있던 사람까지 일어서게 했을까! 결과를 극대화하면, 그 극대화된 결과는 곧 위트와 유머가 있는 광고가 된다(〈그림 34〉 참조).

그림 33. 폭스바겐폴로의 반전이 돋보이는 광고

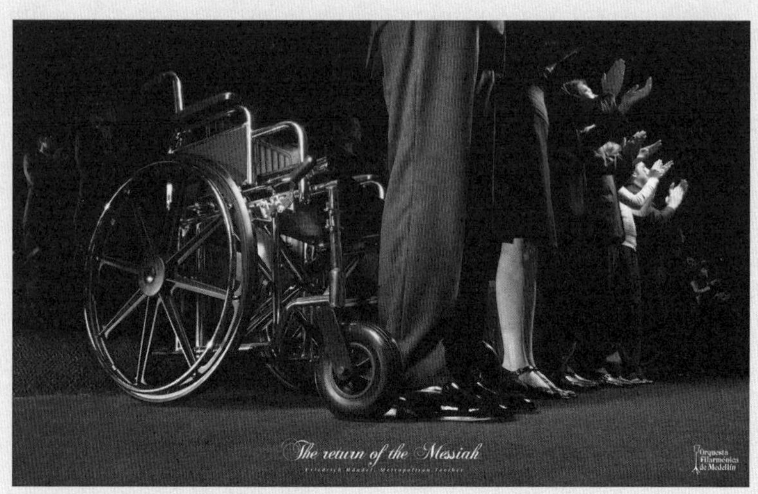

그림 34. 〈메시아의 귀환〉 공연 광고

4. 클로즈업close-up한다

스페인 내전의 참상을 보여준 〈어느 병사의 죽음〉과 제2차 세계대전의 절정의 순간인 '노르망디 상륙 작전'에서의 사진들로 유명한 보도사진가 로버트 카파는 이렇게 말했다.

"만약 사진이 마음에 들지 않는다면, 그건 너무 멀리서 찍었기 때문이다(If your pictures are not enough, you are not close enough)."

더 가까이(close enough) 다가갈수록 사진은 많은 말을 한다는 뜻이다.

할머니의 모습을 멀리서 찍으면 인물사진이 되지만, 클로즈업해서 찍으면 깊게 패인 주름에서 아픔이 느껴지고, 따스한 사랑이 전해지고, 그동안 살아온 이야기까지 들을 수 있다. 광고에서도 마찬가지다. 소비자에게 더 가까이 다가가고, 제품을 더 깊이 들여다봐야 그들만이 하는 이야기를 들을 수 있다.

5. 일단 써본다

일단 많이 써본다. 또 써본다. 양적인 바탕에서 좋은 아이디어가 나올 가능성이 크기 때문이다. 어차피 처음부터 큰 아이디어를 낸 천재들은 없다. 아이디어는 훈련이다. 그러니 두려워하지 않는 것이 중요하다.

이렇게 계속 써보다 보면 느껴지는 것도 있다. 무수한 시행착오가 그것이다. 아기가 걸음마를 배울 때 이론을 숙지하지 않고도 거뜬히 해내는 것은 시행착오를 겪으면서 스스로 걷는 방법을 터득하기 때문이다. 좋은 아이디어를 찾는 과정도 이와 비슷하다. 오히려 아기와 달리 이론의 도움을 받을 수 있으니 훨씬 쉬울 수도 있다. 그래서 좋은 광고를 많이 보고 많이 써보는 것이 최선이다. 광고가 재미있어지기 시작할 때 크리에이티브가 시작된다.

6. 좋은 카피, 나쁜 카피

광고의 헤드라인을 생각하는 방법 역시 기본적 바탕에서 시작된다.
즉, "이 제품은 무엇인가? 고객에게 어떤 혜택이 있을까?"라는 질문을
한 문장에 어떻게 넣을 것인가를 생각하면 된다. 그러니까 소비자 혜택
을 증명하는 축소화된 '판매요지'를 정리하는 것이다.

미국감자협회의 광고를 예로 들어보자. 감자는 우리 몸에 좋은 채소
지만 너무나 익숙해서 지나쳐버리는 식재료이기도 하다. 이런 점을 어
떻게 개선할 것인가? 먼저 소비자가 감자로부터 얻을 수 있는 이점이
무엇인지를 살펴보니 다음과 같이 정리되었다.

a. 소비자들은 감자가 건강에 좋다는 것은 알지만 '약간 싫증나는 건
   강음식'이라는 시각을 가지고 있었다. 그래서 이런 내용의 광고를
   만들었다. "오늘, 감자가 사랑스럽다고 생각하세요. 감자의 모습이
   당신을 속이지 못하도록 하세요. 못생긴 음식이 당신을 아름다운

사람으로 만들어줍니다." 즉, '못생겼지만 이로운 음식'인 것이다.

b. 또 다른 혜택으로는 '비용이 많이 들지 않는 고급식사'를 들 수 있다. 그래서 "스타일을 가진 패스트푸드"라는 광고가 가능했다.

c. 감자는 쌀, 밀, 옥수수와 함께 4대 식량이다. 그래서 "당신 삶의 4분의 1"이라는 카피가 가능했다.

그래서 미국감자협회는 다음과 같은 광고카피를 만들었다.

"감자는 여러분 신체 내부의 중요 성분이 됩니다. 지방질을 분해해서 날씬해지도록 도와주죠. 세계에서 비타민이 가장 많은 음식이자, 버터를 발라 먹을 수 있는 비타민입니다."

좋은 광고카피를 쓰는 방법은 먼저 소비자에게 돌아갈 혜택을 보여주는 것이다. 좀 더 구체적으로, 좀 더 긍정적으로, 단어 하나하나에 대해서까지 세심하게 생각해보는 것이다. 그렇게 함으로써 효과가 더욱 높아진 광고들의 사례들은 다음과 같다.

a. 소비자들이 스스로 생각하게 하고, 참여하게 함
"우리의 어큐라(혼다자동차)는 조수석 측면에도 에어백을 설치했습니다!" → "왜 우리의 어큐라는 조수석 측면에도 에어백을 설치했을까요?"

b. 마케터/광고인이 주장을 할 것이 아니라 소비자가 느끼도록 해야 함
"통신 서비스를 주는 곳(소비자들에게 알리는 것)" → "(소비자들에게)

즐거움을 주는 곳"

c. 고객의 입장에서 씀

"하루에 20대의 비행기를 띄웁니다!"→"하루 20차례 승객을 모십니다!"

d. 강요하는 카피 대신 소비자들이 스스로 느끼도록 해줌

"노약자를 위하여 자리를 양보합시다."→"젊은이, 이 자리가 그리 탐나우?"

e. 구체적으로 약속할 것

"아름다운 스타일(거들)"→"히프에서 3인치를 빼줍니다!"

f. 제품으로 얻을 수 있는 이익을 강조함

"튼튼한 밤나무 묘목을 분양합니다!"→"자! 맛있는 군밤을 잡숴보세요!"

g. 경쟁자를 궁지에 넣는 것이 더 효과적임

"저희 쪽이 20% 저렴합니다!"→"A사 쪽은 20% 더 비싸지요."

h. 부정적 메시지보다는 긍정적 메시지로

"사망률이 30%입니다."→"생존율이 70%인 겁니다!"

i. 설명적이기보다는 압축하면서 결과를 표현함

"사랑, 전하고 싶다(선물)"→"열어보니 사랑!"

j. 광고메시지는 구체적일수록 좋음

"유급 휴가를 받으세요(퇴직보험)"→"40세 되신 분이 15년 내 은퇴할 수 있는 방법입니다!"

k. 단어 하나하나의 선택도 중요함

"시야가 넓은 ○○지게차"→"시야가 탁 트인 ○○지게차"

7. 크리에이티브의 평가

미국 광고마케팅회사 리&디디비 니드햄LEE&DDB Needham의 R.O.I.
(relevance[관련성], originality[독창성], impact[영향력])라는 이론은 광
고 전략과 제작물의 크리에이티브를 평가하는 데 자주 사용되는 척도
다. 이 회사의 R.O.I.는 경영학에서 말하는 투자 대비 효율성(Return On
Investment)을 광고에 적용한 것으로, 메시지의 효과를 평가하는 기준
으로도 많이 사용된다.

① 관련성(Relevance) - 광고 크리에이티브가 철저하게 상품 및 광고주
와 연계되어야 한다는 의미다. 나아가서 목표고객의 심리와도 연
계되어야 하며, 아이디어도 광고의 목표와 연결성이 있어야 비로
소 광고 크리에이티브의 역할을 제대로 수행하게 된다는 뜻이다.

② 독창성(Originality) - 광고 크리에이티브의 존재 이유이기도 한 중
요 항목이다. 누구도 생각하지 못했던 아이디어로 승부해야만 얻
을 수 있는 기준인 것이다. 낯설지만 친근하게 다가가는 크리에이
티브는 '기대하지 않은 조합(unexpected combination)'에서 만들
어진다.

③ 영향력(Impact) - 고객들의 시선을 사로잡고, 사회적인 반향과 의
식 변화를 유도하는 정도다. 커뮤니케이션 과정에서 생기는 수많
은 잡음(noise)을 이겨내게 하는 표현의 강도를 의미하는 것이기
도 하다. 가장 적은 비용으로 가장 큰 효과를 내야 하는 광고의 경
제적 원칙을 달성하는 항목인 것이다.

또한 미국 광고 회사 Y&R의 S.C.O.R.E.는 R.O.I.의 영향력(Impact)에
대한 평가를 삭제하고, 좀 더 구체적으로 Simplicity(단순성), Credi-
bility(신뢰성), Empathy(감정 이입)를 추가한 것이다. 단순성은 쉽고 단
순할수록 소비자를 설득하는 힘이 강하다는 의미와, 전달하고자 하는
메시지가 제대로 전달되었는가에 관한 기준이다. 신뢰성은 광고메시지
에 대한 소비자들의 수용 기준이며, 신뢰도가 낮다면 광고의 효과는 기
대할 수 없을 것이라는 의미이기도 하다. 감정 이입은 소비자들의 마음
속에 들어가서 진정한 공감을 이끌어냈는가에 대한 것으로, 감성적인
부분에 대한 평가다.

이렇게 5가지 요소를 충족하는 광고가 '인사이트Insight 있는 광고'인
것이다. 이러한 크리에이티브에 대한 평가 기준은 평가를 위한 척도로

서의 역할뿐만이 아니라 크리에이티브를 만드는 가이드라인의 역할도
한다. 아울러 각 광고 회사마다 이러한 평가 기준이 다르기 때문에 그
회사의 크리에이티브 성향을 판단할 수 있는 좋은 자료가 되기도 한다.

… 광고현장에서 팁Tip이 되는 광고이론 5가지

1. 광고는 구매 전보다 오히려 구매 후에 더 필요하다?

인간은 늘 자신이 가지 않은 길에 대한 갈등과 아쉬움을 가지고 있
다. "○○브랜드가 디자인은 좋아보였는데…", "그때 좀 더 비싼 것으로
샀더라면…", "파란색보다는 오히려 빨간색이 더 좋은 것 같은데…."
우리가 레스토랑에서 메뉴를 보면서 이걸 먹을까, 저걸 먹을까 고민하
는 경우도 마찬가지다. 남의 떡이 더 커보이듯이 내가 선택하지 못한
것에 대한 아쉬움으로 인해 갈등이 생긴다. 이러한 갈등을 해결하는
방법도 다양하다. 스테이크와 돈까스, 생선까스를 모두 먹을 수 있도
록 한 세트메뉴나, 짬짜면(짬뽕과 짜장면)이나 볶짜면(볶음밥과 짜장면)
등이 그것이다. 하지만 광고로 현재 선택한 것에 대한 지지를 강하게
하는 방법도 있다.

인간은 질서와 일관성의 유지에 대한 기본적 욕구를 가지고 있다. 그
래서 자신의 신념·태도·행동 등이 서로 일치하지 않거나 갈등을 일으
키면 긴장 상태에 빠지면서 불쾌감이 일어난다. 이를 설명하는 이론이
인지부조화이론(Theory of cognitive dissonance)이다. 즉, 인지부조화
가 발생하면 사람들은 행동이나 인지를 바꿈으로써 부조화를 감소시
키려고 한다. 소비자 자신이 부조화 상태를 해소하기 위해 자기가 선
택한 제품의 장점을 부각시키거나, 자신의 선택이 올바르다고 생각하
기 위한 추가 요소들을 찾는 것이다. 물론 자신이 선택하지 않은 제품

에 대해서는 그 결점들을 찾아냄으로써 자신의 선택이 옳았다는 것을 스스로에게 확신시키고자 한다.

이럴 때마다 광고는 중요한 역할을 한다. 즉, 광고로 자신이 선택한 제품의 장점을 재확인하거나, 나의 선택이 잘못되지 않았음을 확인하려고 하는 것이다. 자신이 선택한 제품을 구매한 뒤 소비자들은 그 제품의 광고에 더욱더 주의를 기울이게 되며, 그래서 그러한 광고를 자주 보더라도 싫증을 내지 않는다. 심지어 자신이 구입한 제품의 광고가 많이 방송되고 있다는 것만으로도 안심하게 된다. 그러므로 소비자 자신이 구매한 제품에 대한 확신을 가질 수 있게 해주는 정보를 제공하는 것이 매우 중요한 의미를 지니게 된다.

갈등으로는 접근-접근 갈등(Approach-approach conflict, 두 개의 바람직한 대안 사이에서 하나를 선택해야 하는 경우), 접근-회피 갈등(Approach-avoidance conflict, 선택하려는 대안이 긍정적인 결과도 있지만 부정적인 결과도 있는 경우), 회피-회피 갈등(avoidance-avoidance conflict, 제시된 대안들이 모두 기대에 못 미치는 경우) 등 3가지 패턴이 있다.

접근-접근 갈등을 예로 들면, 외제차를 사고 싶지만 주저하는 이유는 자신이 타는 것이 사치나 허영으로 비치지 않을까 하는 우려 때문이다. 그러니 광고로 "외제차가 연비가 높아 더 실용적이다", "당신은 충분히 탈 자격이 있다"는 메시지를 제시한다면 구매에 대한 심리적 불편함도 어느 정도 해소될 것이고, 오히려 구매하기를 잘 했다는 생각이 들 것이다.

접근-회피 갈등을 예로 들면, 목이 말라서 콜라를 마시고 싶은데 살이 찔 것이 우려되어 망설이는 경우가 그것이다. 콜라는 소비자가 접근하고자 하는 대상이며, 살이 찐다는 상황은 피하고 싶은 결과다. 그래서 다이어트 콜라를 개발하여 살찌는 것에 대한 갈등 요인을 해소시킨 것이다.

소비자가 자발적으로 입소문을 퍼뜨리는 이유도 인지부조화이론으로 설명이 가능하다. 즉, 구매 후에 소비자 스스로 "내 결정이 옳았다!"
고 확신하고서 주변에 그 제품의 구매를 권유하기 위한 근거로 해당
광고가 활용되는 것이다.

2. 유머 광고는 절대 실패하지 않는다?

유머는 웃음으로 사람들의 관심을 끌면서 설득 효과까지 높이는 방
법이다. 또한 유머는 상대를 더욱 친절하게 보이도록 만들고, 가깝게
느껴지도록 유도한다. 즉, 친근감을 통해서 경계심을 약화시키고 마음
을 열 준비를 하게 한다. 또한 정보원에 대한 신뢰도를 향상시킴으로
써 공신력이 높아진다.

〈그림 35〉는 유머를 활용한 펩시콜라의 광고다. 코카콜라 배달트럭
의 기사가 고속도로 휴게소에서 햄버거를 먹는데, 주변의 눈치를 보면
서 코카콜라가 아닌 펩시콜라를 곁들이는 코믹한 장면이다. 이와 같은
유머는 주의를 집중시키는 데 효과적이며, 특히 저관여제품의 설득을
위해 많이 사용되는 광고 기법이다.

그림 35. 펩시의 유머 광고

유머나 재미를 주는 광고를 '정교화가능성이론(Elaboration Like-lihood Model)'에서는 "중심적 경로 대신 주변적 경로를 활용하는 광고다"라고 설명한다. 정교화가능성이론에서는 메시지를 처리할 동기와 능력에 따라 메시지를 처리할지 말지를 결정하는데, 소비자 자신에게 중요한 제품이거나 해당 광고메시지에 대한 이해력이 높으면 중심적 경로, 즉 고려 중인 이슈나 주장에 의해서 설득된다.

그러나 소비자 자신에게 중요하지 않기 때문에 관심이 없거나, 사전 지식이 부족해서 광고메시지에 대한 이해력이 낮은 경우에는 주변적 경로를 이용해서 설득이 이루어진다. 즉, 제품에 대한 이야기보다는 모델의 멋진 포즈나 강렬한 음악, 그리고 멋진 멘트에 설득되는 것이다. 이렇듯 주변적 경로를 이용한 광고는 제품·서비스의 물리적 이익 대신 친근감 등 심리적 이익을 보여줌으로써 브랜드에 대한 느낌을 좋게 한다.

캘빈 던컨과 제임스 넬슨의 연구에 따르면 유머 광고가 비유머 광고보다 효과가 높으며, 유머에 대한 인지 수준이 높은 사람일수록 그 효과는 더 높게 나타났다. 또한 노년층보다는 젊은 층이, 고학력자일수록, 전문직일수록 효과가 높다. 유머는 소비자들의 주의를 자극하는 효과가 있으며, 메시지에 대한 반론(counter argument)을 감소시키는 역할을 한다. 이것을 주의분산가설(distraction hypothesis)이라고 한다. 유머는 주의분산을 일으켜 광고메시지에 대한 소비자의 반론(counter argument)이 생성되는 것을 감소시킴으로써, 소비자들로 하여금 광고메시지를 수동적으로 받아들이도록 만든다. 더 나아가서 소비자들은 상대적으로 타 광고에 비해 유머 광고메시지에 호의적인 반응을 보이기 마련이며, 행동적인 반응까지 보이기에 이른다. 그러므로 광고메시지의 내용과 관련이 없는 유머보다는 광고메시지의 내용과 연관된 유머가 소비자들을 설득하는 데 도움이 된다.

그렇다고 해서 유머 광고가 무조건 좋은 것은 아니다. 유머 광고가 광고 자체를 떠올리게 하는 데는 효과적이지만, 브랜드를 떠올리게 하는데는 부정적이라는 연구결과도 있다. 소비자들이 "광고는 기억이 나는데 브랜드는 기억나지 않네요"라고 한다면 그런 광고는 안 하느니만 못하다. 소비자들이 브랜드를 떠올리는 것을 도와주는 선에서 유머를 적절히 사용하는 지혜가 필요하다. 지나침은 부족함만 못한 것과 마찬가지니까 말이다.

3. 심리적 거리에 따라 광고메시지가 달라져야 한다?

심리학의 이해수준이론(construal level theory)은 인간이 가지는 심리적 거리감에 따라 동일한 사건을 다르게 해석한다고 주장한다. 심리적 거리 관점은 시간적·공간적·사회적·실체적 거리가 있는데, 자신의 자아와 대상 간에 시간적으로 얼마나 가까운가(내일 vs. 1년 뒤), 공간적으로 얼마나 가까운가(서울 vs. 뉴욕), 사회적으로 얼마나 가까운가(친한 친구 vs. 낯선 사람), 실체적으로 얼마나 가까운가(실제 사건 vs. 가상의 사건)를 보려고 하는 것이다.

먼저, 시간적 거리 관점은 가까운 미래와 먼 미래의 관점에 따라 동일한 사건이나 대상이 각기 다른 수준에서 해석된다. 1년 뒤와 같은 먼 미래 관점에서 특정 사건은 추상적이고 본질적인 목적 중심으로 해석되며(예를 들면 "1년 뒤에까지 독서를 하는 것의 의미는 지식을 쌓는 것이다"), 내일과 같이 가까운 미래 관점에서는 좀 더 구체적이고 기능적인 수단 중심으로 해석된다(예를 들면 "내일까지 독서를 하는 것의 의미는 내일 있을 시험을 준비하는 것이다")는 것이다.

이러한 시간적 거리 관점은 소비자들의 행동을 예측하는 데에도 폭넓게 활용될 수 있다. 예를 들면, 소비자가 레스토랑을 선택할 때에는 단기적으로는 '가깝거나 주차의 편리성'과 같은 기능적인 면을 추구하겠지만, 먼 미래 관점으로는 레스토랑을 선택하는 본질적인 목적인 '음식의 맛'이 더 선호될 것이라는 예측이 가능하다. 레스토랑이 소비자들로부터 오래오래 선택을 받으려면 역시 맛에 승부를 걸어야 하는 이유다.

공간적으로 먼 거리의 사건에 대하여 소비자는 시간적 거리와 마찬가지로 좀 더 추상적으로 이해하게 된다. 예를 들면, 5킬로미터 떨어진 아파트의 문을 잠그는 행동은 '키를 열쇠구멍에 넣어서 돌리는 행동'이라고 매우 구체적으로 언급한 반면, 5,000킬로미터 떨어진 아파트의 문을 잠그는 행동은 '도난 방지'라고 추상적으로 언급한 것이다. 옥수수를 공간적으로 가까운 거리에서 보면 낱알을 떠올리면서 먹을거리로 인식하지만, 먼 거리에서 보면 추상적으로 보기 때문에 땔감이라든가 바이오연료인 에탄올의 원료를 떠올릴 수도 있다. 서로 연관이 없는 개념인 곡물과 에너지를 떠올리는 것은 그만큼 창의적인 사고를 하게 됨을 의미한다. 즉, 심리적 거리를 응용하여 창의성을 향상시킬 수 있다는 의미인 것이다. 즉, 우리가 어려운 문제와 마주했을 때 그 문제와 거리를 두고서 고민하다 보면 해결의 실마리를 찾을 수 있다는 의미인 것이다.

 소비자들은 사회적으로 가까운 대상은 보다 구체적으로 이해하지만, 사회적으로 먼 대상은 보다 추상적으로 이해한다. 그래서 타인에 대해 설명할 때에는 자신에 대해 설명할 때보다 더 추상적인 단어를 많이 사용하며, 그룹 밖의 구성원을 언급할 때도 그룹 내의 구성원을 언급할 때보다 추상적인 단어를 많이 사용한다. 또한 동일한 사람도 자신에 대하여 두 개의 사회적 거리 관점을 가질 수 있다는 주장도 제기되었다. 교수이자 주부인 한 여성은 교수의 관점에서는 주부의 일을 보다 추상적으로 언급했고, 주부의 관점에서는 교수의 일을 보다 추상적으로 언급한 것이다.

 자아와 실체적 거리의 관계는 실체적 거리가 멀수록 추상적으로 이해된다. 소비자는 가상의 도박에 대해서는 추상적인 목적(금액)을 중시했지만, 실제 도박에 대해서는 구체적인 수단(확률)을 중시했다. 그리고 실제 사건에 대해서는 구체적으로 언급했지만, 픽션fiction에 대해서는 추상적으로 언급하는 경향이 있다.

결론적으로 심리적 거리가 멀수록 사건이나 대상을 추상적 수준에서 이해하려고 하며, 목적 중심의 이해, 즉 품질이나 브랜드 등 내재적 속성을 강조하는 광고메시지가 효과적일 것이라고 볼 수 있다. 반면에 시간적 거리가 가까울수록 구체적인 수준에서 이해하려고 함으로써 절차 중심의 이해, 즉 제품의 편리성이나 접근성 등 외재적 속성의 광고메시지가 더 효과적일 것이라고 볼 수 있다.[42]

4. 광고는 대중이 아닌 '한 사람의 개인'을 설득하는 것이다?

미국 뉴욕 시 퀸즈 구에서 정말 어처구니없는 사건이 일어났다. 대낮에 한 여자가 칼을 든 남자에게 쫓기면서 주위 사람들에게 살려달라고 애원했다. 그 여자는 35분이나 피해 다니다가 결국 칼에 찔려 죽었다. 그것도 많은 사람들이 보고 있는 와중에 말이다. 왜 이런 사건이 일어날 수 있었을까?

1가지 실험을 했다. 길거리에 사람(실험맨)을 쓰러지게 하고 도와달라는 상황이다. 지나다니던 사람들의 반응은 어떠했을까? 퀸즈에서와 똑같은 현상이 일어났다. 어느 누구도 도와주지 않고 힐끔힐끔 보기만 한 채 지나가는 것이었다. 이런 현상을 책임분산이론이라고 한다. 이때 사람들한테는 2가지 심리가 일어났는데, 하나는 내가 아니어도 누군가가 도와줄 것이라는, 자신의 책임을 누군가에게 분산한다는 것이다. 또 하나는 저 사람이 진짜 아픈 것인가 하는 의구심을 갖는다는 것이다.

그러면 모여있는 사람들에게 도와달라고 할 수 있는 방법은 없을까? 방법은 군중 가운데 단 한 사람을 지명하는 것이다. "저기 빨간 스웨터에 안경 쓰신 아저씨! 저 좀 병원에 데려다주세요!"라고 부탁하는 것이다. 이제, 그 빨간 스웨터에 안경 쓴 남자는 그 요청을 안 들어준다면 군중들의 뭇매를 맞아도 할 말이 없을 것이다. 이렇듯 단 한 사람에게만 이야기할 때 주변 사람들을 움직일 수 있는 것이다.

하늘에는 수많은 별들이 있다. 그것들은 그냥 별들일 뿐이다. 어느 날, 별 하나가 지구로 떨어진다는 뉴스를 접했다. 어제까지는 그냥 별이었지만 이제는 달라졌다. 그 별과 나와의 관계가 만들어진다. 그 별이 언제 지구와 부딪히며, 부딪히는 장소가 우리나라 근처라면 우리 동네는, 우리 가족은 어떻게 될 것인가? 그 순간부터 온통 그 하나의 별에 우리의 모든 관심이 모일 것이다.

광고도 마찬가지다. 이 세상 수많은 브랜드, 수많은 광고들 가운데에서 우리의 광고가 소비자들의 관심을 끌게 하기 위해서는 소비자와의 관계를 만드는 것이 첫 번째다. 그 관계의 고리가 바로 소비자들이 관심을 가지고 있는 이야기를 꺼내는 것이다. 소비자는 자기에게 돌아올 이익이 무엇인가를 생각하고, 그 가운데 가장 큰 이익을 받을 수 있는 것을 선택한다.

5. 가격 할인의 효과는 유한하고, 판촉물의 효과는 무한하다?

"16세 이하만 입으세요"라는 광고카피가 있다. 그러나 실제로는 18세 이상인 고객이 더 많다. 주민등록증을 확인할 것도 아니면서 왜 그렇게 광고할까?

이런 광고도 있다. "아름다운 여성만 입으세요." 못생긴 여자는 입을 수 없다는 뜻일까? 기분이 나빠서 오히려 구매 거부 운동이 일어나지는 않았을까? 하지만 그런 일 없이 잘 팔렸다. 왜 그랬을까?

인간은 못하도록 금지당하면 더 하고 싶어지는 욕구가 생긴다고 한다. 로미오와 줄리엣도 집안들 간의 원한으로 서로 사랑할 수 없게 되니까 끝까지 사랑을 이루기 위해 자살이라는 극단적인 방법까지 선택한 것도 같은 맥락이다. 이것을 '심리적 저항이론'이라고 하는데, 어떤 대상에 대해 선택의 자유가 제한되거나 선택하지 못하도록 위협을 당하면 선택의 자유를 유지하겠다는 마음이 작동하면서 이전보다 더 강렬하게 그것을 원하는 심리적 저항이다. 저항심은 사람들이 위협받는 자유를 회복하려는 동기적 힘이라고 잭 브렘은 주장했다.

심리적 저항이론은 "어떤 커뮤니케이션이 사람에게 어떤 특정한 의견을 갖도록 강요할수록 그 사람의 마음속에는 심리적 반발이 일어나 그 반대의 입장을 취하게끔 동기화시킨다"고 한다. 우리가 고등학생 때 '18세 이하 관람불가' 영화는 더 보고 싶어했듯이 말이다. 그래서 올림픽 기념주화처럼 그 제조 숫자를 제한하기도 하고, 백화점·마트에서는 특정 상품을 '100개 한정판매'한다고 광고하거나, '지금부터 선착순 100명'을 제시하는 이유도 마찬가지다. 미국의 유명한 신사복 브랜드인 브룩스브라더스Brooks-Brothers는 미국 전체의 판매점 수를 일정 숫자로 제한함으로써 '소유나 접근의 제한'으로 더욱 가치를 높이는 전략을 쓰고 있다.

이러한 심리적 저항이론은 광고보다는 프로모션 활동에서 더욱 유용하다. 광고는 장기적·간접적이며, 이미지를 쌓는 역할을 하지만, 결과 측정이 어렵다는 단점이 있다. 그러나 프로모션은 단기적·직접적 효과가 있으며, 구매행동을 유발하고, 결과측정이 용이하다는 장점이 있다. 매장에서는 '마지막 기회'라든지 '최종 세일'이라는 문구를 이용하여 구매행동을 자극하는 것도 이 때문이다. 마감시간을 둠으로써 지금 구입하지 않으면 영원히 기회를 놓칠 수 있다는 위기감을 강조하는 것이다.

프로모션은 경제적 효용이론에 바탕을 두고 있다. 이는 낯선 제품을 사용하는 데 수반되는 불안감을 싼값으로 보상한다는 것이다. 즉, 가격에 대한 부담을 덜어줌으로써 시험구매를 쉽게 하도록 도와주는 역할을 한다. 이러한 프로모션은 크게 2가지로 나눌 수가 있다. 하나는 가격 할인이고, 또 하나는 판촉물 제공이다. 가격 할인에는 쿠폰, 세일, 환불, 리베이트 등이 있으며, 판촉물로는 샘플링, 보너스패키지, 마일리지, 프리미엄 등이 있다. 이외에도 디스플레이 지원, 리베이트·인센티브 제공 등을 활용하는 유통 판촉 활동과 판매원 판촉 활동 등이 있다. 니콜로 마키아벨리는 《군주론》에서 주장하기를 "인간이란 사소한 모욕에 대해서는 보복하려 하지만, 엄청난 피해에 대해서는 보복할 엄두를 못 낸다"고 했다. 그러면서 "가해행위를 해야 한다면 길게 끌지 않도록 단숨에 해치움으로써 민중의 분노를 짧게 하고, 그와 반대로 은혜를 베푼다면 민중이 오랫동안 음미하도록 조금씩 나눠주라"는 주장도 했다.

마키아벨리의 이 말은 마케팅 광고이론에도 그대로 적용되어 "혜택은 나누어서주고, 손실은 한꺼번에 보여주어야 한다"로 쓰이고 있다. 즉, 판촉물에 실린 것과 같은 혜택을 줄 때는 나누어서 조금씩 주는 것이 좋고, 가격을 할인한다면 한꺼번에 확 내리는 것이 좋다는 의미다. 여행사로부터 선물을 자주 받으면 좋지만, 여행할 때 가는 곳마다 수시로 교통비, 숙박비, 식사비를 내야 한다면 기분이 어떻겠는가? 그래서 여행사의 대금 청구는 한꺼번에 하는 것이 좋다.

어떤 제품의 가격 할인이 이루어지고 있다고 하자. 그러면 소비자들은 "왜 이 제품은 싸게 팔까?" 하는 의문을 갖게 된다. 그리고 이 할인이 공정한가를 생각한다. 이유가 타당하면(예를 들면, 유통기한에 따른 할인, 재고 처분 등) 긍정적으로 생각하고, 이유가 타당하지 않으면(예를 들면, 판매 의도 정도로 추론될 때) 부정적인 인상을 갖게 된다.

이렇게 소비자는 구입조건과 소비자 자신이 품고 있는 가격의 차이에 따라 구입을 결정하게 된다. 이것을 기대-가치이론(prospect-value theory)이라고 하는데, 소비자들은 이득과 손실에 대한 검토 과정에서 가치함수에 따라 의사결정을 한다는 것이다. 여기서 이득의 발생보다 손실의 발생이 가치함수에 주는 영향이 더 크기 때문에 손실(예를 들면, "지금 사지 않으면 구입 기회가 없다")을 강조하면 소비자들의 집중도가 높아진다.

　이와 같이 프로모션에서 손실을 강조하는 가격 할인이 판촉물을 제
공하는 방법보다 더 효과적인 것은 사실이지만, 소비자들의 브랜드에
대한 태도에는 나쁜 영향을 미칠 수 있다. 즉, 브랜드의 이미지를 구성
하는 여러 요소들 가운데에서 "가격이 싸다"는 속성에 대한 평가가 강
해질 수 있고, 결국 싸구려 브랜드로 인식될 가능성이 커지는 것이다.

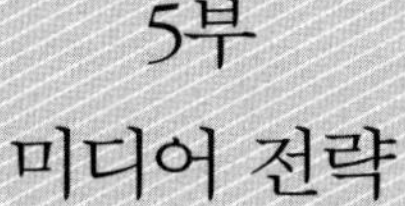

5부
미디어 전략

1. 어떤 미디어와 '관계'를 맺을 것인가?

초연결시대의 미디어 전략은 '도달(reach)'이라는 목표에서 '관계(rela-tionship)'라는 목표로 변화되어야 한다. '담는'미디어에서 '연결하는'미디어로 생각을 바꿔야 한다. 광고는 이제 브랜드를 알리는 광고에서 제품의 발견, 선택, 소비, 공유가 끊김이 없이 연결되는 전 과정을 포괄하는 넓은 의미의 광고가 되었기 때문이다.

미디어는 지금 이 순간에도 양적으로, 질적으로 변화하고 있다. 기존에는 대중 매체 광고가 브랜드를 팔기 위한 가장 강력한 해결책이었으나, 오늘날에는 소비의 형태가 바뀜으로서 가장 강력한 해결책도 바뀌었다. 즉, TV와 신문이 양대 대중 매체로서 광고메시지를 독점하던 시대는 분명 지난 것이다. 지금은 광고만 만들어서 소비자에게 일방적으로 보내기만 하는 시대가 아니기 때문이다. 소비자들도 마케팅 과정의 한 부분이 되었기 때문에 미디어를 전달 방식에 따라 바라보는 것도 적절치 않게 된 것이다. 그래서 마케팅커뮤니케이션의 전략에 따라 미디어를 어떻게 활용할 것인지를 생각해야 하며, 상품 카테고리에 따라 트리플미디어Triple-media[43]를 어떻게 활용할 것인가도 깊이 생각해야 하게 된 것이다.

과거에는 TV, 신문, 라디오, 잡지 같은 4대 매체를 기반으로 어떤 미디어를 활용할지, 어떤 시간대에 광고할지가 중요했지만, 이제는 더 큰 시각에서 크로스미디어 전략을 펼쳐야 한다. 최근에는 과학기술의 발전에 따라 생겨난 새로운 전달매체인 뉴미디어new media와 인터렉티브 interactive 기술을 적용해 전통 매체의 마케팅 화법을 새롭게 하려는 광고캠페인 사례들도 많이 눈에 띈다. 해당 미디어 회사에 돈을 지불하는 페이드미디어Paid-media가 가진 메시지 전달력에 뉴미디어의 특성이 결합·보완됨으로써 고객들에게 신선한 브랜드 경험을 제공할 수 있게 되었기 때문이다. 결국 단순한 매체와 매체의 더하기 혹은 기술과 매체의 더하기 차원을 넘어, 매체 간 파급 효과를 창출할 수 있는 입체적인 아이디어의 중요성이 더욱 커지게 된 것이다.

이제 우리는 "공유되지 않으면 존재하지 않는다"라는 명제가 실감되는 시대에서 살고 있다. 글로벌 시청률조사기관인 닐슨Nielsen의 2013년도 조사에 의하면, 미국인들은 2013년에만 9,000개의 TV프로그램에 관해 총 3억 개의 트위터 포스트를 작성했다고 한다. 또 다른 조사에서는 "소비자의 입으로 거론된 정보(Customer-initiated Contacts)가 기업의 입으로 거론된 정보(Firm-initiated contacts)에 비해 26.7배의 판매 효과가 있다"고 한다.[44] 결국 마케터/광고인은 강력한 스토리를 담은 광고로 소비자들의 자발적 커뮤니케이션을 촉발해야 한다는 결론을 내릴 수 있다.

광고인의 입장에서는 TV, 신문, 잡지, 라디오가 광고메시지를 담을 수 있는 미디어채널이라고 생각하지만, 소비자의 입장에서는 이들은 단지 휴식과 즐거움을 위한 수단이다. 즉, 소비자가 이러한 매체들과 접촉하는 목적은 콘텐츠에 있는 것이고, 그렇기에 이러한 소비자들과 관계 맺기를 이루지 못하는 대부분의 광고는 귀찮은 존재에 불과하다. 그러니 이에 대한 대응이 필요한 것이다.

또한 전략적인 마케팅 광고기획으로 관심 있고 재밌는 콘텐츠를 만들었더라도 콘텐츠 자체를 시장에 확산시키는 데에는 한계가 있다. 기존의 대중 매체를 모두 제외한 미디어 전략은 그 효과가 한정적일 수밖에 없기 때문이다. 따라서 미디어에 대한 기존 이론들을 다시 한 번 되새기면서 기존미디어·뉴미디어, 온·오프라인, 노출·확산을 님나드는 가장 효율적인 크로스미디어 전략의 지혜를 발견해야만 한다.

또한 미디어 전략의 수립에는 마케팅 광고 전략과의 연결성이 가장 중요하다. 전략적인 미디어플래닝이 필요한 이유가 여기에 있다.

2. 미디어 전략 수립

1) 미디어플래닝

미디어플래닝media-planning이란 마케팅이나 광고 목표의 달성을 위해, 적합한 소비자(Audience)를 찾고 전달하기 위해 계량적·비계량적으로 기획하는 모든 과정을 포함하는 것이다. 구체적으로는 마케팅, 광고 예산, 매체 예산에 대한 제언, 미디어 믹스 및 비클vehicle 믹스, 광고 투입 시기와 운영, PR·프로모션 활동과의 연계 모색 등에 대한 전략적·전술적 플래닝 활동이며, 궁극적으로는 일정 기간의 구체적인 광고 스케줄과 광고 활동에 따른 사전 광고 효과를 예측하고 제안하는 것이다.

미디어 전략 수립을 위해서는 마케팅 전략 단계에서 분석했던 '구매·사용행동 모델'을 미디어 시각에서 다시 한 번 분석할 필요가 있다.

① 구매행동 단계 분석

일반적으로 '욕구(needs)의 발생 → 정보 수집·평가 → 구매 결정 → 사용'이라는 단계를 거치는데, 소비자의 패턴과 제품의 종류에 따라 단계가 더 축소되기도 하고 늘어나기도 하는 것을 파악하여 미디어 전략에 반영할 필요가 있다. 브랜드 충성도가 높은 소비자의 경우, 정보 수집·평가는 거치지 않고 바로 구매 결정을 하게 되므로 브랜드를 재인식(remind)시켜주는 매체만으로도 충분할 것이다.

② 구매 영향자

구매와 관련하여 각 단계마다 각기 다른 역할이 존재한다. 구매 제안자는 욕구의 발생을 촉진시키는 역할을 하며, 정보 수집·평가는 구매 영향자와 구매 결정자가 하게 된다. 물론 구매 결정은 구매 결정자와 실제 구매자가 하게 된다. 이 가운데 광고 타깃을 누구로 할 것인가에 따라 미디어 전략도 달라진다.

③ 구매 장소

구매 결정이 매장 밖에서 이루어지는가, 매장 안에서 이루어지는가 하는 것도 매체계획에서 중요한 요소다. 예를 들면, 구매가 매장 밖에서 이루어지는 지명구매인 경우에는 POP 광고나 데몬스트레이션demonstration 광고, 할인판매 등의 효과가 적어지기 때문이다.

④ 영향을 미치는 커뮤니케이션 경로

자동차의 경우, TV 광고를 통해서 자동차를 구입하고 싶다는 욕구가

발생하고, 정보 수집·평가를 위해서는 주위 사람들이나 자동차 전문
잡지 등을 활용하며, 구매 결정은 매장에서 직접 시승을 해보거나 매장
직원의 안내를 통해서 이루어지듯이, 각 단계마다 효과적인 커뮤니케
이션 경로가 있다.

⑤ 시간과 타이밍

각 단계마다 각각의 역할을 수행하는 사람들의 생활시간(타이밍)을
파악하는 것은 매우 중요하다. 결정자인 주부들이 오전 시간에 라디오
를 많이 듣는다면 라디오 광고가 효과적이며, 직장인들이 술 약속 등으
로 인해 늦게 귀가한다면 오히려 저녁 황금시간대의 TV 광고마저 그
효과는 더 낮을 것이다.

타이밍이 중요한 이유는, 난방기구의 경우 1년 중에서 구입시기가
정해져있을 것이며, 샴푸와 같은 생활용품이나 식료품 등은 구매 주기
가 일정할 것이기 때문이다. 따라서 이러한 구매 주기와 구매 빈도를
감안한 미디어 전략이 필요하다.

이와 같은 구매행동 모델 분석을 해보면 어느 단계에서 어떤 조치가
효과적인가를 명확히 알 수 있다. 또한 소비자들과의 유효한 접촉, 즉
유효 빈도를 효과적으로 높일 수 있다. 이러한 유효 빈도에 영향을 미
치는 요인들은 다음과 같다.

① 매체주목도 - 시청률이 높은 프로그램이나 발행부수가 많은 매체
   가 영향력이 높다.

② 타깃의 종류 - 자사 브랜드에 대한 충성도가 높은 그룹에 대해서는 영향력이 높고, 브랜드 전환이 빈번히 일어나는 그룹은 낮다.

③ 달성 목표에 따른 차이 - 브랜드 인지(awareness)를 목표로 하는 경우보다 브랜드 상기(recall)를 목표로 하는 것이 더 많은 노출 빈도가 필요하다. 또한 자동차에 대한 소비자들의 호의적인 태도 형성이 목표라면 많은 반복이 필요하지만, 자동차의 시승장소를 알리는 것이 목표라면 반복(빈도)보다는 도달 범위를 넓히는 것이 더 필요하다. 아래에 소개하는 용어들과 관련하여, R+3이론에서는 R(1회 도달)만으로는 소비자가 그 광고를 기억하지 못하므로 최소한 3회를 더 도달시켜야 한다는 것이며, 결국 GRP(총노출량)가 300 이하라면 광고 효과를 기대할 수 없다는 의미가 된다.

   a. GRP(Gross rating points, 총도달률, 총노출량) - '시청률×노출 횟수×100'의 공식이다. GRP가 100일 때 1회 도달한 것으로 계산된다.

   b. Frequency - '노출 빈도'를 의미한다.

   c. CPM(Cost per thousand) - 1,000명당 도달 비용이다.

④ 경쟁 브랜드의 광고 활동 수준 - 경쟁 브랜드의 광고량이 많으면 우리 측 광고의 노출 빈도도 더 많아져야 한다. 노출 빈도가 적으면 오히려 경쟁사의 광고에 흡수될 가능성이 있다.

⑤ 과거 광고의 누적 – 과거 광고의 실적이 있다면 그만큼 노출 빈도가 적어도 된다. 그러나 노출의 반복 효과는 처음 광고할 때보다는 낮게 나타난다. 신제품의 경우에는 광고의 노출 빈도가 높아야 한다.

⑥ 구전 효과의 높고 낮음 – 광고나 제품에 대한 구전 효과가 강할수록 노출은 적어도 좋다.

⑦ 광고의 사이즈 – 광고의 사이즈가 클수록 소비자들이 광고에 주목할 가능성이 높다.

⑧ 브랜드의 시장점유율 – 시장점유율이 높은 브랜드는 낮은 브랜드보다 유효 빈도가 낮아도 된다.

⑨ 혁신적 제품이나 복잡한 제품 – 이런 제품은 소비자들이 관련 정보를 처리할 준비가 되어있지 않기 때문에 최저 유효 빈도가 높아져야 한다. 기능이 복잡한 제품도 많은 설명이 필요하기에 광고를 반복하는 횟수가 많아야 한다.

미디어의 집행 방법에 있어서도 잡지의 경우, 같은 잡지의 1호, 2호, 3호를 연달아 보는 사람의 수는 이 셋 중에 한 권이라도 보는 사람의 수보다 적다. 그래서 1호, 2호, 3호에 1회씩 광고를 싣는 것보다는, 차라리 한 호에 3면짜리 광고를 싣는 것이 더 효과적이며, 광고의 아이디어를 표현하는데도 더욱 유리하고, 구전의 효과도 꾀할 수 있다.

또한 동일 매체라 하더라도 매체의 속성에 따라 광고의 효과가 다르게 나타난다. 예를 들면, 컬러 1면 잡지 광고를 같은 사람이 보았더라도 경제 전문 잡지에서 보는 것과 스포츠 전문 잡지에서 보는 것은 효과가 다르다는 것이다. 이렇듯 매체의 차이에 따라 광고의 효과도 다르게 나타나는 이유를 좀 더 자세히 살펴보면 다음과 같다.

① 매체의 신뢰성·전문성이 광고의 효과에도 영향을 미친다. 예를 들면, 골프 브랜드의 광고는 골프 전문 잡지에 게재하는 것이 효과적이다. 또한 매체에 대한 신뢰도가 높으면 소비자들은 그 매체에 실린 광고도 높이 평가한다는 조사결과도 있다.

② 매체가 창출하는 분위기의 차이가 광고의 효과에도 영향을 미친다. 사람의 학습 효과는 즐거운 분위기에서 높게 나타난다. 슬픈 분위기의 프로그램보다는 즐거운 분위기의 프로그램에 광고하는 것이 인지 효과를 더 촉진할 수 있다. 그러나 매우 흥분시키는 내용의 TV프로그램은 소비자들의 주의 범위를 좁혀서 정보에 대한 수용능력을 떨어뜨린다. 그래서 광고에 대한 소비자들의 인지도 억제된다.

이렇게 "주의강도가 너무 높으면 오히려 정보의 처리능력이 낮아진다"는 주의강도이론은, 미식축구 경기 중계프로그램을 이용한 현장연구를 통해서도 입증되었다. 승리한 팀의 연고지 조사 대상자는 "즐겁다-주의 환기가 있다", 패한 팀의 연고지 조사 대상자는 "즐겁지 않다-주의 환기가 없다", 양 팀 모두에 속하지 않는 조사 대상자는 "주의 환기가 없다"로 분류하여 조사했는데, 주의환기가 없는 조사 대상자가 광고상기율이 가장 높다는 결과를 보였다. 다른 연구에서도 '분위기'에 따른 효과는 입증되었다.

그래서 미디어플래닝은 전체적으로 다음과 같은 프로세스에 따라서 진행된다.

① 전략적 요소 분석·리뷰 – 미디어 전략을 짜기 전에 해두어야 할 사항으로는 미디어브리프Media-Brief 점검, 브랜드·시장·타깃 분석, 업종 내 경쟁사의 광고 규모 점검, 과제 브랜드의 최근 동향 분석 등이 있다.

② 미디어 목표 설정 – 마케팅 광고 목표 점검, 마케팅 광고 목표를 달성할 미디어 목표 설정 등을 한다.

③ 매체 전략 수립 – 예산 전략, 미디어믹스 전략, 집행 시기 전략, 타 전략과의 연계 시너지 전략을 수립한다.

④ 매체 전술 수립 – 비클믹스vehicle-mix 전략, 프로그램 일정표 결정, 사이즈 전술 및 미디어 크리에이티브, PR·프로모션과의 연계 방법 등 구체적 전술을 수립한다.

⑤ 최종 스케줄링 – 예산, 전략, 전술을 모두 포함한 최종 집행 스케줄링을 작성한다.

⑥ 사전 평가 및 사후 분석 계획 – 사전 평가, 문제점 예방, 사후 분석 및 피드백 체계를 수립한다.

2) 미디어의 유형

트리플미디어의 분류에 따른 페이드미디어paid-media, 온드미디어owned-media, 언드미디어earned-media는 메시지 콘텐츠를 전달하기에 부족함이 없는 개별적 미디어채널이다. 하지만 이 미디어들은 개별적으로 단독 사용되었을 때보다, 다른 미디어채널들과 함께 사용되었을 때 강력한 캠페인 효과를 보인다. 이것이 바로 크로스미디어 전략의 힘이다.

① 페이드미디어paid-media 오프라인은 기존의 TV, 신문, 라디오, 잡지 같은 4대 매체를 말하며, 브랜드 정보를 내보내는(push) 힘은 페이드미디어가 가장 강력하다. 소비자들에게 빨리 도달한다는 점, 신제품의 인지도 확보, 기업이 원하는 메시지의 직접 전달, 메시지의 컨트롤이 가능하다는 등의 장점이 있지만, 많은 비용이 소요된다는 단점이 있다.

또한 메시지에 대한 소비자들의 집중시간이 매우 짧아서 관련 정보를 충분히 전달하기기가 어렵다. 하지만 짧은 시간에 다수의 대중에게 마케터/광고인이 원하는 메시지를 전달할 수 있는 가장 강력한 미디어이기도 하다. 이러한 이유로 광고주는 메시지를 직접 전달할 수 있는 페이드미디어를 가장 선호하고 있다.

② 페이드미디어 온라인은 유선네트워크 기반뿐만 아니라 무선네트워크의 광범위한 확대 및 활용성 증대에 따라 무선디바이스, 예컨대 스마트폰이나 아이패드 등과 같은 모바일기기와 소셜미디어(SNS) 등을 포괄하는 확장적 개념으로 진화했다. 인터넷 디스플레이 광고, 인터넷 검색 광고, 모바일 광고, IPTV 광고, 소셜미디어(SNS) 광고, 블로그 광고, 온라인게임 내(in-game) 광고, 키오스크 광고 등이 이에 해당된다. 이러한 유형들은 노출 형태와 속성 면에서 매우 다양하고 차별성도 뚜렷하다. 또한 전통적 유료미디어에 비해 운영과 옵션 면에서 상당히 세분화·다변화되어있다.

③ 온드미디어owned-media 오프라인은 기업이 직접 소유하는 미디어 매체로 상품의 패키지, 매장, 종업원, 출판물, 회원 조직 등이 해당된다. 기본적인 역할은 고객들과의 장기적인 관계를 형성하는 것이다. 온드미디어의 특징은 기업이 직접 소유하고 관리하기 때문에 비용 면에서 커다란 효과를 낼 수 있다는 점이다. 페이드미디어처럼 미디어의 비용보다는 관리 차원의 비용으로 많은 효과를 낼 수 있으며, 언드미디어보다는 예측 가능하기에 효율적이다.

④ 온드미디어 온라인은 기업 내부의 마케팅커뮤니케이션채널 또는

기업이 직접 운영하는 미디어, 즉 기업의 웹사이트, 블로그, 소셜
미디어(SNS), 스마트폰 앱, 이메일 등을 포함한다. 기업의 커뮤니
케이션메시지 통제가 가능한 미디어라는 본질적 태생 덕에 소비
자들의 신뢰도가 낮을 수 있다는 내재적 단점을 가지고 있다.

하지만 상대적으로 많은 정보를 큰 비용을 들이지 않고 전달 가능
해 구매 의사 결정 단계에서 중요한 역할을 할 수 있다. 브랜드 커
뮤니케이션메시지를 통제할 수 있음은 물론, 니치세그먼트niche-
segment를 효과적으로 공략할 수 있다는 장점도 가지고 있다.

⑤ 언드미디어earned-media 오프라인은 광고처럼 돈을 지불하지 않으
며, 회사의 사보나 홈페이지처럼 기업이 운영권을 가지고 있지도
않으면서 소비자들의 평판을 만들어내는 미디어 매체다. 여기에
는 신문, TV, 잡지, 라디오 등과 같은 전통적 미디어를 통한 퍼블
리시티publicity가 포함된다. 언드미디어의 제1 가치는 평판 자산을
축적한다는 데 있다.

마케팅커뮤니케이션은 기업의 아이덴티티를 소비자들과 공유하
고, 자신의 브랜드에 대한 소비자들의 호감을 증진시키는 역할 수
행을 본업으로 삼는다. 그래서 브랜드에 대한 소비자들의 평판은
마케팅커뮤니케이션의 뿌리이자 열매다. 그래서 페이드미디어나
온드미디어에 비해 언드미디어는 보다 높은 소비자 신뢰성을 담
보하게 된다.

⑥ 언드미디어 온라인으로는 기업/브랜드의 웹사이트, 블로그, 스마

트폰 앱, 소셜미디어(SNS)의 채널들, 이메일 등이 있다. 또한 기업/브랜드에 대한 입소문, 소셜미디어(SNS)나 온라인상에서의 댓글/포스팅 등도 언드미디어에 속한다. 한마디로 언드미디어는 기업의 마케터가 아닌 제3자에 의해 생산·유통 되는 퍼블리시티다. 소셜미디어(SNS)의 등장으로 인터넷상에서 언드미디어의 범위와 영향력이 더욱 확대되고 있다. 언드미디어는 특정 기업/브랜드에 의해 통제될 수 없으므로 편파적이지 않고 공정하며 믿을만하다고 인식된다.

인파워드 앤 닐슨inPowered & Nielsen의 2013년 조사에 따르면, 85%의 소비자들이 페이드미디어, 온드미디어, 언드미디어 중에서 언드미디어를 가장 신뢰하고 있다고 응답했다. 언드미디어는 특정 기업/브랜드가 소비자와 구축하고 있는 관계성(relationship)을 반영하는 것으로, 기존의 IMC 기능 중 타깃과의 장기적이고 상호 호혜적인 관계 구축이 목적인 PR과 가장 밀접하게 연관되어있다.

미디어 선택의 과정은 세 단계로 이루어진다. '미디어 유형(Media Type) 선택→미디어 클래스Media Class 선택→특정 미디어(Particular Medium) 선택'이라는 단계가 그것이다. 예를 들면, 광고캠페인을 위해 TV, 신문, 온라인미디어 중에서 TV라는 미디어 유형을 선택했다면, 그 다음에는 특정 타깃의 브랜드 인지도를 제고하기 위해 케이블TV의 스포츠채널이라는 미디어 클래스를 선택하고, 최종적으로 프로야구 중계 같은 프로그램에 광고를 부킹하게 되는 과정이다.

미디어의 집행 패턴은 다음과 같이 연속형·집중형·중간형 등 3가지가 있다.

① 연속형(Continuity)은 소비자가 광고메시지나 광고의 내용을 잊지
않게 하기 위하여 일정 기간 동안 연속으로 집행하는 것으로, 모
든 타깃의 전 구매 주기를 커버하기 위한 경우나 특정 매체에서
확고한 지위를 차지하고자 할 때 사용하는 패턴이다.

② 집중형(Flighting)은 경쟁이 이루어지는 상황에 대응하여 광고를
필요할 때마다 집행하고자 할 때, 또는 광고를 집중함으로써 매출
증대를 꾀할 수 있을 때 이용되는 패턴이다. 단기간에 목표를 달
성하기 위하여 여러 매체들을 동시에 이용하는 캠페인형 집행의
패턴인 것이다.
연속형으로 집행하기에는 매체 관련 예산이 충분하지 못한 경우
와, 광고대상이 계절상품일 때 많이 이용된다. 이렇듯 간헐적으로
집행하는 집중형 패턴의 단점은 광고의 휴지 기간이 길면 광고나
브랜드명의 망각이 진행된다는 점이다.

③ 파동형(Pulsing) 기법은 연속형과 집중형의 절충 형태다. 제품의
기본적인 메시지를 연속형으로 집행하면서, 동시에 경쟁 상황이
나 시장 동향과 대응하면서 매체를 집행하는 방법이다. 즉, 광고
예산의 일부분만 지속적으로 집행하면서 비축해놓은 나머지 예산
을 필요시에 집중해서 집행하는 형태다.

지금까지의 연구들은 연속형보다는 파동형이나 집중형이 더 효과적이라는 결과를 내놓고 있다. 즉, 소비자들은 이미 집행 중인 광고나 점점 노출이 축소되는 광고보다는, 처음 보는 광고가 새롭게 시작된다는 면에서 더 관심을 보이는 것이다.

만약 광고주인 당신이 어떤 광고를 중단할 경우, 그것을 알아차리는 소비자들은 적지만 광고를 다시 시작하면 많은 소비자들이 그것을 알아차린다는 것이다. 또한 광고량의 증가 직후에는 매출액 증가라는 현상이 바로 일어나며, 그 후 광고량에 따라 일정 수준으로 안정된다. 이 것을 '순응 효과'라고 한다.

유의할 점은 매체집행의 양이 적은 기간에 경쟁 상대가 광고량을 갑자기 늘릴 경우 광고공격을 당하기 쉽다는 것이다. 그러므로 광고량이 많을 때와 적을 때의 상대적 차이, 매체의 집행 간격, 광고의 절대량에 대해서도 신중한 판단이 필요하다.

3) 열린 순간

모든 상품·서비스는 고객에게 전달되었을 때 특별히 잘 받아들여지는 제 나름대로의 어떤 시점, 어떤 장소, 어떤 상황(마음의 상태)이 있다. 예를 들면, 배가 몹시 고프거나, 음식을 준비하고 있을 때라면 식품에 대한 메시지를 쉽게 받아들인다. 또한 소비자가 정신없이 바쁠 때보다는 일을 끝내고 여유로울 때의 광고가 훨씬 효과적이다.

이렇게 무관심의 벽에 생기는 틈을 '열린 틈새(Apertures)' 또는 '진실의 순간(Moment of Truth)'이라고 한다. 이와 같이 열린 틈새의 상황에서는 고객이 광고메시지를 더 빨리 지각하고, 귀 기울이고, 긍정적으로 행동한다.

열린 틈새는 시간과 장소, 환경을 모두 포함한다. '시간'은 일상적인 날만이 아니라 토요일이나 일요일도 포함한다. 여기에는 기념일, 월급날 이후 1주일, 결혼 후 몇 달 또는 1년 등이 포함되며, 다른 계절적 요인들도 다 포함된다. '장소'는 잠재고객이 보상에 대해 생각하거나 보상을 받고 싶어 하는 장소들을 포함한다. '환경'은 광고메시지를 받아들이는 잠재고객에게 영향을 미치는 모든 상황을 포함한다. 예를 들면 다음과 같은 것이다.

a. 평일 아침, 직장으로 차를 몰고 나가면서 어디에서 멈춰서 아침을 먹을까 생각하고 있다. 이는 패스트푸드, 레스토랑, 식품 브랜드의 열린 틈새다.
b. TV로 골프 경기를 보면서 "저 선수처럼 골프를 잘 칠 수 있었으면" 하는 생각을 하고 있다. 이는 골프 용품의 열린 틈새다.

위와 같은 열린 틈새를 찾은 다음에는 하루 중에서 또는 여러 활동 중에서 소비자가 광고메시지를 받아들일 열린 틈새가 가장 크게 개방되는 포인트를 찾아내고, 그 포인트에서 고객과 접촉되는 각각의 커뮤니케이션비클communication-vehicle을 선택해야 한다.

주택자금 대출 은행 광고는 미국 같은 경우 월요일 아침 시간대에 하는 것이 좋다고 한다. 미국에서는 남편이나 아내 모두 맞벌이 부부인 경우가 많다. 그래서 일반적인 부부는 일요일 밤에 그들이 선호하는 것에 대해서 의견을 나눈다. 그들은 월요일 점심시간에 두 사람 중 한 명이 대출을 받을 수 있는지 은행으로 전화를 걸 것이다. 여기서 특정한 월요일 아침 신문과 인기 있는 아침 라디오 방송이 효과적이라는 사실을 발견할 수 있다.

광고의 효과를 높이기 위해서는 소비자들이 제품의 카테고리에 대해 생각할 수 있는 순간에 메시지를 전해야 한다. 그러기 위해서는 소비자들이 메시지에 대한 수용성이 커지는 순간, 즉 마음이 열리는 순간이 언제인지 소비자의 눈으로 찾아야 한다(예를 들면, 주부의 경우, 아침 식사 준비로 바쁜 시간이 아닌 가족들의 출근 준비를 모두 끝내고 여유롭게 소파에 앉아 차 한 잔을 하는 시간을 떠올린다).

이를 '수용성에 대한 통찰(receptivity insight)'이라고 하는데, 예를 들면 불면증환자의 경우 불면증으로 스트레스를 받기 시작하면 다른 곳으로 관심을 돌려 마음을 진정시키기 위해 적극적으로 미디어를 찾는다고 한다. 일반인들보다 더 늦게까지, 그리고 더 일찍부터 TV를 시청하며, 휴식을 취하기 위해 TV를 보고, 뭔가에 몰두하기 위해 인터넷을 사용하는 경향을 보였다.

그래서 사노피 제약 회사의 수면보조제인 엠비엔CR은, TV에서는 약이 주는 혜택과 관련해서 인지도를 높이는 메시지 전략으로 늦은 밤과 이른 아침 시간대에 광고를 했다. 온라인으로는 약의 효능에 대한 자세한 설명과 함께 특별 쿠폰을 제공하는 전략을 펼쳤다. 미국의 경우 서머타임summer-time이 있는 바, 서머타임이 시작될 때는 한 시간 더 잠을 못자기 때문에 시간 변화와 불면에 대해 특집으로 다루는 프로그램을

후원하여 광고메시지의 효과를 높였다.

미디어와 연결된 열린 틈새는 타깃들이 어떻게 느끼고, 생각하고, 살아가는지에 대한 과학적인 분석과 통찰력이 있어야 비로소 발견할 수가 있다. 그러므로 매체 비클vehicle은 가급적 구체적으로 정의하는 것이 좋다. 각 개인들은 'TV시청자'가 아니라 〈무한도전〉과 같은 프로그램의 시청자들이기 때문에 타깃과의 접촉 빈도를 늘리기 위해서는 미디어에 대한 구체적인 선택이 필요하다.

① 미디어 선택의 고려 사항

구체적인 미디어의 선택은 소비자의 미디어 소비 행태 정보를 파악한 다음 어떤 광고메시지를 전달할 것인가에 따라 결정된다.

정보량이 많은 광고메시지를 전달해야 하는 경우에는 신문·잡지와 같은 인쇄미디어나 웹사이트를 활용하는 것이 효과적이며, 감성적인 메시지를 전달할 경우에는 TV 광고나 유튜브, 동영상 전달이 가능한 디지털 OOH미디어를 활용하는 것이 타당하다.

또한 단순히 브랜드명/회사명에 대한 인지도(Awareness) 구축이 목표라면, 상대적으로 광고 가독시간이 짧더라도 노출 확률이 높고 반복적으로 접하게 되는 라디오나 빌보드, 지하철 광고가 더 적합하며, 고객들의 집중적인 유입이 단기간에 이루어지기를 원한다면 인터넷상에서의 프로모션 이벤트가 훨씬 효과적일 것이다.

미디어 선택에서의 또 하나의 고려 사항은 "광고주의 예산과 마케팅 목표가 무엇인가?"이다. 넓은 도달률을 가진 매체는 적은 예산을 가진 광고주나 틈새를 파고들려는 마케팅 목표를 가진 광고주에게 최선의 선택이 될 수 없다. 반대로 마케팅 목표가 폭넓게 책정되어있거나 예산이 풍부하다면 넓은 도달률을 가진 매체가 적절할 수도 있다.

가장 큰 효과를 낼 수 있는 특정한 매체에 집중하고자 할 경우, 경쟁자들의 움직임을 면밀히 살펴야 한다. 만약 경쟁자들이 특정한 매체나 매체 비클을 지배하고 있고, 더 많은 예산을 바탕으로 당신의 브랜드보다 더 많은 돈을 쏟아붓는다면, 당신의 브랜드는 오히려 눈에 띄지 않을 수도 있다. 이와 같은 경우가 예상되는 매체는 피하는 것이 좋고, 반대로 경쟁사가 활용하지 않는 일련의 비클을 사용하여 성공하는 사례도 있다.

예를 들면, 국순당 백세주는 경쟁사들이 TV 광고에 집중할 때 잡지에만 광고를 게재하면서 음식점의 메뉴판을 제작해주거나, 판촉물 제공에 집중했다. 아울러 음식점의 종업원들로 하여금 "건강에 좋은 술을 드셔보시죠"라고 손님들에게 권하도록 유도하여 조금씩 시장을 넓혀가는 전략으로 성공했다.

예산이 적다면 이렇게 독특한 광고를 독특한 매체 전략으로 목표고객에게 노출시키는 방법이 성공을 위한 필수적 요소다.

② 광고의 피로도

같은 광고를 몇 번이고 보여주었는데도 브랜드를 기억하지 못한다든가, 브랜드에 관련된 아무런 변화가 없다든가, 혹은 광고에 거부감이나 싫증을 느끼는 경우를 '광고의 피로도(Wear out)'라고 한다. 어느 개인에 대한 광고의 반복적인 노출이 그 이상의 긍정적인 효과를 갖지 못하게 되는 것이다.

이러한 광고의 피로도가 시작되기 전에 광고주는 광고의 내용을 바꾼다든가, 새로운 타깃에게 도달시키기 위해 매체 관련 계획을 변경하는 등의 조치를 취해야 한다. 이러한 광고의 피로도를 방지하는 방법은 다음과 같다.

a. 광고의 표현에 대한 주의를 증가시킬 만한 음악이나 춤 등의 엔터테인먼트 요소를 가미한다.
b. 동일한 캠페인에 대해 몇 가지 변형된 아이디어를 준비하여 순차적으로 노출시키거나 동시다발적으로 노출시킨다.
c. 소비자가 정보 처리를 적절히 할 수 있는 내용을 광고에 담는다. 초기에는 브랜드의 고지 자체가 정보가 될 수 있시반, 그 후에는 제품의 기능이나 특징 등이 정보가 된다.
d. 광고의 노출에 간격을 둔다. 한 번에 집중하여 학습하는 것보다는 분산하여 학습하는 것이 기억 유지에 더 효과적이라는 것이 일반적인 연구결과다.

4) 미디어별 전략적 기획

① 페이드미디어의 전략적 기획

온 세상에 알리고 싶다면 아직도 페이드미디어가 답이다. 특히 신규 브랜드의 경우, 경쟁 브랜드와 경쟁하기 위해서는 단기간에 인지도를 높이는 것이 중요하므로 페이드미디어를 사용하는 것이 가장 효과적이다. 생활용품과 같은 저관여제품의 경우도 페이드미디어를 중심으로 한 미디어 전략이 효과적이다. 다른 미디어로 소비자를 유도했더라도 페이드미디어를 활용하면 한두 번의 광고를 통해 브랜드스위칭brand-switching을 유도할 수 있기 때문이다.

그러나 제품의 특성에 따라 소비자의 구매 유형이 다르기 때문에 제품의 성격과 마케팅 목적에 따라 다양한 미디어를 조합하여 가장 효율적인 미디어믹스 전략을 찾아야 한다, 아울러 전통적 매스미디어가 갖는 영향력은 PR 측면에서도 간과할 수 없기에, 이러한 매체들에 소셜미디어(SNS)나 홈페이지 등 다른 미디어를 잘 조합시키는 전략이 필요하다.

최근에는 페이드미디어와 언드미디어를 결합한 형태의 미디어 전략이 눈에 많이 띌 뿐만 아니라(콘텐츠만 잘 만든다면 적은 비용으로도 확산성이 매우 높기 때문에), 광고주들도 이를 선호하고 있다. 페이드미디어의 화제를 가급적 많이 소셜미디어(SNS)에 확산시킨다면 더 높은 광고 효과를 얻을 수 있기에 미디어들 간에 메시지의 교류가 이루어지도록 메시지 전략을 기획하는 것이 매우 중요하다.

지금까지와는 다른 디지털시대의 시각으로 페이드미디어를 바라보고, TV, 신문, 라디오, 잡지 등 각각의 미디어를 새로운 시각으로 활용한다면 페이드미디어의 광고 효과는 한층 더 강해질 수 있다. 예를 들면, TV 광고는 어떻게 인터넷에 퍼질 것인가를 염두에 두고 기획과 제작을 해야 하며, 브랜디드 콘텐츠Branded Contents의 시각에서 광고를 활용하는 전략에 따라 소셜미디어(SNS)에서도 회자가 되고 좋은 평판을 얻도록 하는 것도 한 방법이 될 수 있다.

② TV 광고

　TV 시청률이 감소하는 것은 분명하지만, TV는 여전히 연령과 직업에 상관없이 다양한 범위의 소비자들에게 효과적으로 메시지를 전달하는 역할을 하고 있다. 온라인으로 비즈니스가 이루어지는 우리나라의 배달 업체인 ‘요기요’나 ‘배달의 민족’, ‘배달통’이 TV 광고에 집중하는 이유가 무엇이겠는가!

　요기요는 배달 업체들 중 3위였다. 그래서 후발 주자라는 약점을 커버하기 위하여 TV 광고에 집중했다. 그 결과 방문자가 60% 증가했으며. 2위 기업이던 배달통을 3위로 밀어내는 역전극을 펼쳤다. 이에 위기를 느낀 1위 기업인 배달의 민족도 TV 광고캠페인을 대대적으로 전개하여 2014년 대한민국 광고대상까지 차지했다. TV 광고의 힘을 다시 한 번 느낄 수 있는 사례이기도 하다.

　TV 광고의 유형은 케이블TV, IPTV, 위성TV 등 디지털미디어들의 새로운 채널들이 속속 등장함으로써 더욱 다양해졌다. 따라서 TV 광고는 어디에서 어느 플랫폼으로 보느냐가 문제지, TV 광고 자체가 사라지는 일은 없을 것으로 전망된다. 미국 인구 가운데 3분의 1에 가까운 사람들의 이목을 동시에 TV 앞에 집중시키는 수퍼볼 경기 생방송은 방송 매체가 가진 힘을 잘 드러내주는 이벤트다. 수퍼볼 경기 중간에 단 1회 방송되는 TV 광고를 위해 코카콜라, 삼성전자, 현대자동차 등과 같은 글로벌 기업들은 많게는 160억 원 이상의 매체비를 지불한다. 이렇듯 방송 매체는 시청자들을 중심으로 높은 주목도와 넓은 도달 범위를 지니고 있다.

　최근에는 일방향적이던 방송의 광고메시지에 모바일 디바이스를 연동시켜 인터랙션interaction을 더하는 등 방송 매체의 가치와 경험의 폭이 다방면으로 확장되고 있다. 미디어의 길이도 다양화되면서 15~30초짜리 광고는 물론 3분짜리 광고에서부터 5초짜리 광고나 심지어 1초짜리 광고까지 기획되고 있다. 네이티브 광고 형식 같은 '광고 같지 않은 광고'도 점점 증가하고 있다.

"이제는 어떤 메시지와 아이디어로 광고를 만들 것인가?"를 고민하기보다, "어떤 형식으로 커뮤니케이션을 할 것인가?"를 고민해야 한다. 즉, 새로운 접근 방식이 필요한 것이다. 브랜디드 콘텐츠의 시각에서의 광고, 즉 단편영화인지 뮤직비디오인지 모를 TV 광고를 만들어서 바이러스처럼 퍼지도록 하는 방법 등도 좋은 사례다.

코카콜라의 홍콩 지사에서는 TV보다 스마트폰과 친숙한 젊은 세대들의 관심을 유도하기 위해 스마트폰을 활용한 '촉촉촉'이라는 캠페인을 진행했다. '날렵한 동작'을 의미하는 홍콩 청소년들의 은어인 '촉Chok'에서 이름을 딴 앱을 활용해 시청자들을 매일 밤 10시에 TV 앞으로 모여들도록 만든 것이다. 스마트폰을 흔들어 TV 광고 속의 코카콜라 병뚜껑을 모으고 다양한 경품도 제공하는 이 게임 형식의 광고는, 특히 젊은 세대들의 인기를 끌었다. '촉' 앱은 홍콩의 앱스토어 다운로드 순위 1위에 오를 정도로 화제가 됐고, 이 캠페인은 코카콜라가 홍콩에서 진행한 가장 큰 성공 사례 중 하나로 꼽혔으며, 이는 방송 매체에 모바일 디바이스를 결합해 인터랙션을 유발한 사례로 멀티스크린이 보편화된 라이프스타일 속에서 TV 광고가 어떻게 진화할 수 있는지에 대한 가능성까지 제시했다(〈그림 36〉 참조).

그림 36. 스마트폰 앱을 사용해 게임처럼 즐길 수 있는 코카콜라 홍콩 지사의 TV 광고

③ 신문 광고

　인쇄 매체의 경우, 열독률의 하락과 뉴미디어에 대한 관심 증가로 과거와 같은 광고 효과를 얻기가 어려워졌다. 몇 년 전까지만 해도 지하철을 타면 신문을 펼쳐 들었던 사람들이 이제는 스마트폰을 보고 있다. 그러나 종이를 이용한 인쇄 매체는 가독성·보존성·경제성 면에서 뛰어날 뿐만 아니라 손에 잡히는 특유의 감성이 두드러지는 매체이기도 하다. 아울러 인쇄 매체의 혁신은 이제껏 끊임없이 시도되어왔으며, 디지털기술의 장점까지 접목시켜 더욱 고객친화적인 광고 매체로 변화하고 있다.

　230년 역사의 스위스 신문사 NZZ(Neue Zurcher Zeitung)는 다음과 같은 사실을 발견했다. 많은 독자들이 종이신문을 읽는 습관을 고수하고 있으며, 디지털미디어로 뉴스를 접하는 것에 대한 심리적 저항감을 느낀다는 것이다. 반면 디지털미디어에 익숙한 세대는 종이신문이 낡은 것이라는 이미지를 갖고 있다고 한다. 그래서 NZZ는 서로 다른 두 독자층들에게 새로운 경험을 제공하기 위해 디지털신문홀더를 만들었다. 카페나 식당 같은 공공장소에서 신문을 걸기 위해 사용되는 나무홀더에 LED디스플레이를 결합해 자사 뉴스 사이트에 업데이트된 기사가 실시간으로 게시되도록 한 것이다. 종이신문이 지닌 친숙한 사용성에 인터넷 뉴스의 편의성을 결합시켜 독자층을 불문한 유용한 매체로 신문의 역할을 확장시킨 것이다(〈그림 37〉 참조).

이렇듯 광고의 형식은 물론 크리에이티브의 시각에서도 기존 개념에서 벗어난 발상을 해야 한다. 소장용 포스터처럼 인쇄 광고를 만들어야 벽에 붙여도 소비자들이 소중하게 떼어가기 때문이다. 창고형 대형 가구 매장인 이케아IKEA는 신문을 한 장씩 넘겨보는 소비자들의 습관을 역이용하여 제품과 연결시킨 광고로 소비자들의 참여를 유도하여 신문 광고의 효과 상승을 꾀했다. "옆으로 밀어보세요"라는 광고헤드라인으로 마치 가구의 문을 열 듯 신문을 옆으로 밀면 다음 페이지에 잘 정돈된 가구의 내부가 보이는 식으로 참여와 체험을 동시에 유도해냄으로써 신문 광고의 효과를 다시 돌아보게 한 것이다(〈그림 38〉 참조).

④ 잡지 광고

잡지 광고는 잡지가 갖고 있는 다양하고 전문적인 특징으로 인해 세분화된 전략을 펼칠 수 있다는 장점이 있다. 좀 더 확실한 타깃 세그먼트target-segment가 가능하고, 다양한 형태의 광고도 집행할 수 있다.

예를 들면, 모토로라의 스마트폰인 모토엑스Moto-X는 소비자들이 원

그림 37. 실시간 디지털 뉴스를 보여주는 NZZ의 종이 신문 홀더

그림 38. 신문의 페이지를 옷장처럼 열도록 유도한 이케아의 신문 광고

그림 39. 모토엑스의 〈와이어드〉 잡지 광고

하는 바에 따라 다양한 색상 조합으로 맞춤 제작이 가능하다. 모토로라는 이를 홍보하기 위해 2013년에 테크놀로지 트렌드 월간지인 〈와이어드〉에 아주 특별한 인쇄 광고를 선보였다. 독자가 투명한 합성수지, LED전구, 배터리 등으로 구성된 광고 속의 '선택' 버튼을 터치할 때마다 모토엑스의 색상이 변하는 것이다.

인쇄 광고에 인터랙션을 주기 위해 AR기술이나 QR코드스캔을 활용한 대부분의 사례들은 사용자가 스마트폰을 꺼내고 앱을 구동시키는 등 별도의 과정이 필요했다. 하지만 모토로라는 책장을 넘기고 터치하는 종이잡지의 즉각적인 경험을 유지하면서도 매체의 특성을 뛰어넘는 혁신적인 방법으로 브랜드메시지를 전달한 것이다(〈그림 39〉 참조).

이케아도 독자가 직접 참여하게 하는 입체형의 잡지 광고로 행동을 유도하게 함으로써 광고 효과를 극대화했다.

그림 40. 라디오로 청력 검사를 보편화한 엑시토의 사회 공헌 활동

⑤ 라디오 광고

라디오는 메시지의 전달 범위가 넓은 반면 비용은 저렴하여 비용효율성이 우수한 미디어다. 또한 지역밀착형 광고가 가능하고, 특정한 수용계층에 대한 전문화된 프로그램 방송이 가능하기에 특정 타깃을 향한 광고가 가능하다는 장점이 있다. 이러한 라디오의 장점을 살려 남미 최대의 유통 브랜드인 엑시토Exito는 라디오를 활용해 사회 공헌 활동을 펼쳤다(〈그림 40〉 참조).

의료 인프라가 취약한 콜롬비아의 도시 외곽 지역 아이들은 간단한 청력 검사조차 받지 못해 성인이 됐을 때 장애를 가지게 될 위험에 노출돼있다. 콜롬비아 아이들의 발달 환경 개선에 지속적인 관심을 기울이고 있는 엑시토는 청력 검사에 사용되는 다양한 주파수의 신호음들이 들어간 돌림노래를 만들어 방송했다. 라디오만 있다면 어떤 장소에서도 간단한 청력 검사가 가능하도록 한 것이다.

아이가 노래 중간에 나오는 청력 검사 신호음에 반응하는 식의 간단한 율동을 따라하지 못할 경우 부모는 아이의 청력 이상 징후를 의심해볼 수 있다. 병원 의료 서비스로 검사실에서 제한적으로 실시되던 청력 검사가 보편적인 매체인 라디오를 만나 단숨에 확산될 수 있었던 것이다.

⑥ OOH미디어

OOH(Out Of Home Advertising, 옥외광고매체)미디어는 도심 속에서 사람들의 눈길을 사로잡는 중요한 존재다. 브랜드를 리마인드시켜주는 가장 효과적인 미디어로서 TV, 신문, 라디오, 잡지 같은 4대 매체의 보조 매체로 그 역할을 해왔다.

하지만 최근의 OOH미디어는 단순한 정보의 전달 역할을 넘어, 보다 능동적으로 지역의 환경 상황에 반응하고 솔루션을 제공하는 인터랙티브한 매체로 진화하고 있다.

페루의 공과대학 유텍UTEC은 옥외광고매체로 대학이 보유한 기술력을 직접 내보임으로써 해당 지역의 문제를 해결함과 동시에 광고메시지의 효과를 극대화시켰다. 강수량은 적지만 습한 사막기후인 페루의 수도 리마에 세워진 대학 신입생 모집 광고는 대기 중의 수증기를 음용수로 바꿔주는 '착한 보드'로 이루어진 옥외광고매체로서, 유텍에서 배우는 공학기술이 음용수가 부족한 지역 주민들에게 물을 만들어주는 옥외광고매체의 기술로 지역 사회에 기여하는 모습을 직접 보여준 것이다(〈그림 41〉 참조).

유텍은 또한 나무 1,200그루를 심는 효과와 맞먹는 공기정화필터를 개발해 도시 개발로 대기 오염이 심각해지고 있는 페루의 공사장 주변

그림 41. 유텍UTEC의 공기정화용 옥외광고매체

의 옥외광고매체에 설치하기도 했다. 주어진 메시지를 일방적으로 전달하던 옥외광고매체가 인터랙션에 의해 주변 환경과 지역 사회의 이슈에 도움이 되는 솔루션으로 진화된 사례다.

또 한 사례는 런던 피카딜리 광장의 옥외광고매체다. 고정된 이미지인 줄 알았던 옥외광고매체 속 어린아이가 인근 상공을 지나가는 여객기를 따라 뛰어가면서 손가락으로 그 여객기를 정확히 가리킨다. 브리티시에어라인 항공사는 이 장면을 실시간으로 연출하기 위해 히드로 공항에서 이착륙해 이 빌보드에서 반경 200킬로미터 이내의 상공을 통과하는 자사의 여객기들 및 광장 주변의 기상 상황을 모니터링했다고 한다.

비행기가 포착되고 광장에서 이를 볼 수 있는 시야가 확보될 경우 "보세요, 바르셀로나에서 온 브리티시에어라인의 여객기가 지나가고 있

그림 42. 브리티시에어라인 항공사의 디지털 옥외광고매체

어요!"라는 맞춤 메시지와 함께 아이가 움직이고, 광장 내의 모든 시선
은 아이의 손끝으로 집중된다(《그림 42》 참조).

주변 환경보다 더 화려해야 주목을 받을 수 있다는 기존 옥외광고매
체 커뮤니케이션의 공식에서 벗어나 주변 상황과 상호작용을 함으로써
인간적이고 감성적인 교감을 일으킨 이 광고는, 2014년 칸 광고영화제
다이렉트 부문에서 그랑프리를 수상했다.

5) 미디어 크리에이티브

일반적인 미디어 업무 프로세스는 크리에이티브 제작물이 완성된 후
에 미디어 관련 계획을 짜게 된다. 이런 이유로 같은 소재를 TV, CATV,
극장 광고, LED, 인터넷 광고 등에 구분 없이 집행하고, 신문에 게재된

광고를 그대로 잡지에 게재하기도 한다.

최근에는 문제를 해결하기 위한 빅아이디어를 내고, 제작 단계에서 그 아이디어가 가장 효과적으로 발휘될 수 있는 미디어를 중심으로 소비자와의 터치포인트를 최대화하는 방식이 주를 이루고 있다. 더 나아가서 미디어를 선정하고, 그에 맞는 크리에이티브를 개발하는 사례도 늘고 있다.

미디어 크리에이티브는 제품과 매체를 창의적으로 연결시켰을 때 그 진가가 나타난다. 그래서 제품의 주요한 속성이나 특징을 창의적으로 표현할 수 있도록 관련성 있는 미디어를 찾는 것이 중요하며, 미디어의 특성에 맞는 크리에이티브가 만들어졌을 때 그 효과가 극대화될 수 있다. 또한 광고에서 소비자의 역할과 참여가 강조되기 때문에 소비사들의 관심과 주목도를 높일 수 있고, 메시지 자체가 시각뿐 아니라 여러 감각으로도 전달되기 때문에 광고의 학습 효과를 추구할 수 있다.

일본 소니 사가 만든 게임기인 플레이스테이션2Play-Station2는 말레이시아의 버스정류장에 에어캡(뽁뽁이)을 이용한 버스셸터에 설치하는 광고를 만들었다. 이는 네모, 세모, 동그라미, 엑스x가 그려진 에어캡을 누를 수 있도록 한 옥외광고매체로, 플레이스테이션2의 버튼이 연상되도록 유도하여 브랜드를 각인시키는 데 큰 역할을 했다(〈그림 43〉 참조).

미디어의 포맷을 활용한 미디어크리에이티브 사례로 소니뮤직은 브라질에서 유튜브와 연계하여 오디션프로그램 '제7회 보이스 스킵 광고 페스티벌(The voice 7th Skip Ad Festival)'을 기획했다.

유튜브등에서 볼 수 있는 동영상 콘텐츠 앞에 나오는 광고를 프리롤

그림 43. 플레이스테이션2의 버스 셸터에 설치된 광고

pre-roll 광고라고 하는데, 대부분 15초짜리 광고다. 이를 보완하여 5초 동안 광고의 도입부를 보여주고 그 이후에는 이용자가 화면상의 스킵 Skip 버튼을 눌러 안 봐도 되게끔 한 것을 트루뷰Trueview 광고, 또는 스킵Ad Skip-Ad라고 한다. 만약 이용자가 스킵 버튼을 누르면 해당 광고를 보지 않은 것으로 치기에 광고료에 산정되지 않으니 광고주들이 선호하는 미디어 포맷이다.

소니뮤직은 이것을 광고 크리에이티브로 활용한 것이다. 동영상의 이용자들은 이 5초짜리 광고에 나오는 오디션 참가자의 음악을 청중이 아닌 심사위원이 되어서 감상한다. 만약 해당 음악이 마음에 든다면 5초 뒤에도 스킵 버튼을 누르지 않을 것이며, 이는 곧 그 음악의 평가 점수에 반영된다. 미디어에서 아이디어를 찾은 소니뮤직은 광고가 하나의 콘텐츠가 되어 이용자들의 즐거운 참여를 유도하게 함으로써 성공적인 브랜드 이미지 구축에 성공한 것이다(〈그림 44〉 참조).

배터리 브랜드인 에너자이저는 고가도로의 기둥을 활용한 OOH 광고로 "에너자이저 배터리는 강력합니다!"라는 특징을 미디어의 맥락과 잘 연계시킨 성공적인 미디어 크리에이티브 사례를 만들었다(〈그림 45〉 참조). 이에 질세라 경쟁 브랜드인 듀라셀은 "듀라셀 배터리는 에스컬레이터도 구동시킬 수 있습니다!"라는 맥락을 이용하여 제품의 속성과 특징을 잘 전달하고 있다(〈그림 46〉 참조).

그림 44. 소니뮤직과 유튜브가 연계하여 진행한 보이스 스킵 광고 페스티벌

그림 45. 에너자이저의 OOH 광고

그림 46. 듀라셀의 OOH 광고

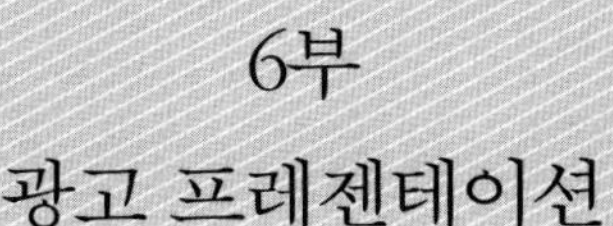

6부
광고 프레젠테이션

1. 광고 프레젠테이션의 유형과 기획

광고 프레젠테이션은 광고 회사가 수립한 광고 전략과 실행 계획을 광고주에게 효과적으로 전달하여 프레젠터가 의도한 방향으로 광고주의 동의와 행동을 이끌어내려는 설득 커뮤니케이션 행위다. 이때 광고 회사의 제안에 대한 광고주의 평가는 주관적일 수밖에 없기 때문에, 효과적인 설득을 위해서는 광고주와의 상호작용을 통해 이성과 감성에 동시에 호소해야 한다.

광고비즈니스는 광고주가 자사의 특정 제품·서비스에 대한 광고캠페인의 프레젠테이션을 광고 회사에 의뢰함으로써 시작된다. 광고 회사는 이러한 광고주의 프레젠테이션에 참가하기 위해 수주 영업을 한다. 프레젠테이션에 참가할 광고 회사가 결정되면 광고주는 해당 광고 회사에 광고할 제품·서비스의 특성과 광고방향, 그리고 예산 등에 대해 오리엔테이션을 한다.

오리엔테이션을 받은 광고 회사는 사내에서 프로젝트팀을 구성하고

기획회의를 거듭한 끝에 광고 전략과 실행 계획을 수립하게 된다. 완성된 광고 전략과 계획을 광고주에게 프레젠테이션하면, 광고주는 광고 회사의 제안에 대한 수락 여부를 결정하고, 광고 대행 회사와 계약을 맺게 된다. 따라서 프레젠테이션에서의 성공은 곧 광고 회사의 경영에 영향을 미치는 매우 중요한 일이다.

1) 광고 프레젠테이션의 유형

내용이나 시기에 따라 다음과 같이 구분할 수 있다.

① 크리덴셜 프레젠테이션

새로운 광고주를 영입하는 것과 관련하여 경쟁 프레젠테이션 현장에서나 광고 회사를 방문한 손님을 대상으로 자사를 소개하는 프레젠테이션이다. 내용은 자사(광고 회사) 고유의 철학, 연혁, 조직, 인력, 업무 영역, 취급고, 광고주 현황, 성공 사례, 수상 경력, 크리에이티브 하이라이트와 담당 팀 소개 등으로 구성된다.

② 애뉴얼 프레젠테이션

주로 연말이나 연초에 실시하는 광고 프레젠테이션으로, 기존 광고주의 담당 브랜드에 대한 차기년도 광고기획안 및 제작물과 매체·SP·PR계획 등을 제안한다.

③ 특별 캠페인 프레젠테이션

신제품 출시나 기존 제품의 계절 캠페인 등 단기적이라도 집중적·대
규모적으로 행해지는 캠페인에 대한 광고 계획 프레젠테이션이다.

④ 부문별 프레젠테이션

신문 광고 시안이나 TV 스토리보드 등 단발적인 광고 제작물이나 매
체·SP·PR계획 등 부문별 계획을 보다 더 구체화하여 제시하는 프레젠
테이션이다.

⑤ 경쟁 프레젠테이션

광고캠페인 수주를 위한 프레젠테이션으로, 광고주가 몇 개의 광고
회사를 선정하여 경쟁 프레젠테이션을 의뢰한다. 이는 광고 회사의 경
영과 직결되는 중요한 프레젠테이션으로, 광고주가 의뢰한 내용의 범
위에 따라 회사의 모든 역량을 집중하여 마케팅 광고 전략을 제안한다.

2) 광고 프레젠테이션의 기획

광고 프레젠테이션의 기획에서 가장 중요한 것은 자료를 수집하는
것이다. 그러한 자료 중 하나는 마케팅 광고 전략 수립에 도움이 되는
자료이고, 또 하나는 광고주에 대한 폭넓은 자료다. 물론 프레젠테이션
에서 필요한 자료는 후자다.

경쟁 프레젠테이션은 사전의 정보가 결과를 말해준다고 해도 과언이

아니다. 최종의사결정권자(광고주)의 평가 기준을 알아두고, 그에 앞서 최종의사결정권자가 누구이며, 미디어와 크리에이티브 등에 대한 선호도, 판단 기준에 대한 정보 등을 수집한다.

광고주 회사 내 타 부서의 문제의식이라든가 발언권이 큰 부서의 의사가 어떤지를 알아두는 것도 매우 중요하다. 왜냐하면 클라이언트의 진의와 목적이 무엇이며, 가장 가려운 부문이 무엇인지까지 알아내면 해결의 실마리를 찾을 수 있기 때문이다.

이와 함께 다음과 같은 사항들을 염두에 두고 경쟁 프레젠테이션을 준비해야 한다.

a. 우리가 제안하는 핵심 내용과 가치는 무엇인가?
b. 그러한 가치를 실현하기 위해 우리는 어떤 역할을 할 것인가?
c. 최종의사결정권자(광고주)의 결정에 영향을 미치는 요소는 무엇인가? 그리고 어떤 행동과 메시지로 최종의사결정권자에게 확신을 줄 것인가?

프레젠테이션은 '내용'보다 '의미'가 더 중요하다. 사실, 당신이 프레젠테이션에서 무슨 말을 하는지는 중요하지 않다. 그들(광고주)이 당신의 말을 어떻게 받아들이는지, 그리고 어떻게 처리하는지가 중요하다.

"커뮤니케이션이라는 행동은 메시지를 주고받는 행동이 아니라 자극을 제공하는 행동, 즉 상대방의 참여를 유도하고 반응을 이끌어내는 행동이다"라고 글로벌 미디어 커뮤니케이션 서비스 기업인 WPP의 자문위원 제레미 불모어는 말했다. 이러한 자극의 형태는 언어, 미소, 사소한 동작, 옷차림, 목소리 모두를 포함한다.

인간이 일상생활에서 정보를 주고받고 의견을 형성하는 과정은 매우 복잡하고 미묘하게 이루어진다. 그렇기 때문에 프레젠테이션으로 설득을 완결짓기는 쉬운 일이 아니다. 오히려 어떤 문제를 제시함으로써 청중의 참여를 유도하고, 능동적으로 커뮤니케이션을 벌이도록 자극해야 한다. 하지만 프레젠터가 저지르는 실수 가운데 하나는 지나치게 자세히 설명하는 것이다. 설명과 설득은 다르다. 설득을 하려면 자신이 주장하는 내용을 상대방에게 이해시켜야 하고, 그러려면 "왜 그 같은 주장을 하는가"에 대한 근거를 제시해야 한다. 근거 제시의 포인트는 객관적인 데이터나 분석 결과 등을 명시해서 상대방이 "당신의 주장이 무엇인지 잘 알겠다"고 생각하게 만드는 것이다.[45] 때로는 정답이 답이 아닐 때도 있다. 프레젠테이션이 훌륭했다고 끝이 아닌 것이다. '훌륭한 프레젠테이션'과 '이기는 프레젠테이션'은 다르다.

인간의 기본적인 속성은 어떤 정보를 들어도 그 정보가 사실이라고 완전히 믿지는 않는다는 점이다. 즉, 상대방이 어떤 신념을 가지고 열정적으로 주장을 펼치더라도 듣는 사람이 그대로 따를 가능성은 매우 희박한 것이다. 사소한 결정을 내릴 때에도 사람들은 감정적 요소나 자신들이 처한 문화적 배경으로부터 영향을 받는다. 그래서 고객이 당신 생각이 옳다고 믿어주는 것에 만족하면 안 된다. 그러한 믿음이 행동으로 바뀔 수 있도록 해야 한다. 청중은 결코 당신이 하는 말에 귀 기울이지 않지만, 그들은 당신의 말이 지니는 '의미'에는 귀를 기울인다. 그래서 그 유명한 전 미식축구선수이자 전처 살해범으로 몰렸던 O. J. 심슨의 재판에서도 변호사들은 심슨의 무죄 입증을 목표로 삼지 않고 '이 재판

은 심슨을 비롯한 모든 흑인들에게 불공정한 처사'라는 '의미'를 알리는 것을 목표로 삼았다.[46]

가끔 저자도 경쟁 프레젠테이션들에 대한 심사 기회가 있어서 가보면, 대부분의 참여 회사들이 광고 전략의 내용과 크리에이티브 아이디어에 대해서만 열심히 설명을 이어가는 걸 본다. 물론 그들이 제시하는 콘텐츠는 훌륭한데 그들이 좋은 결과를 얻지 못하는 이유는 프레젠테이션에 '콘텍스트(의미)'가 없기 때문이다. "왜 이 광고를 해야 하는지?", "이렇게 해야 하는 이유는 무엇인지?", "이 광고는 고객들과 어떤 관계를 맺을 것인지?" "고객들과의 관계로 어떻게 확산시키면서 어떤 결과를 가져다줄 것인지?" 같은, 그러니까 광고주가 정말 알고 싶어하는 것을 제시하지 못한 것이다.

아이디어의 좋고 나쁨 그 자체는 중요하지 않다. 광고주가 "이렇게 하지 않으면 안 되겠구나!"라고 느끼도록 이슈를 만들어 제시해야 한다. 그 이유가 바로 프레젠테이션에서의 '콘텍스트'인 것이다. 이렇게 하는 것이 좋을까, 저렇게 하는 것이 좋을까 갈등하게 하는 이슈를 만들어서 광고주와 함께 풀어가는 프레젠테이션의 방식이 바로 그것이다. 광고주가 의미에 대해 공감하도록 유도해야 비로소 설득이 이루어진다.

2. 전략적 프레젠테이션이란?

설득을 잘 하는 사람은 말을 잘하는 사람이 아니라 잘 듣는 사람이다. 즉, '상대방의 말 속에 그가 필요로 하는 욕구가 있으며, 그 욕구를 해결해주는 사람'인 것이다.

잘 들으려면 듣겠다는 마음을 가져야 한다. 이것이 바로 칵테일파티이론이다. 칵테일파티이론에 따르면, 소란스러운 파티 현장에서도 내가 듣고 싶어하는 이야기는 아주 잘 들린다. 광고에서도 마찬가지다. 상대방이 내 이야기를 들으러 오게 해야 한다. 상대방이 내 이야기를 듣고 싶도록 만들어야 한다. 결국 설득은 상대방의 욕구 및 심리와 깊은 관련이 있다. 상대방이 자신의 욕구를 해소하려면 내가 제의하는 것이 필요하다고 느끼게 만들어야 한다. 그것이 바로 설득이다. 그래서 인문학적 지식보다 인문학적 사고가 필요한 것이다.

청중이 내 이야기에 공감하게 만들려면 나 자신이 청중과 같은 처지와 상태에 있는 파트너임을 어필해야 한다. 또한 기능으로 제품을 팔 수 있던 옛날과 달리, 오늘날에는 단순한 이야기로 소비자들을 설득해야 한다는 사실도 명심해야 한다.

광고인에게 특히 필요한 2가지 능력은 역시 크리에이티브능력(창의력)과 프레젠테이션능력(표현력)이다. 광고 회사에서는 크리에이티브를 생산(제작) 개념으로, 프레젠테이션은 영업(판매) 개념으로 생각한다. 아무리 좋은 제품도 사주는 사람이 있어야 가치가 있듯, 아무리 좋은 아이디어도 제대로 팔지 못하면 그 아이디어는 이 세상에서 없어진다. 만드는 기술이 아무리 좋아도 파는 기술이 없으면 그 회사는 망할 수밖에 없지 않은가. 그래서 특히 광고기획을 하는 사람(Account Executive)에게 프레젠테이션 능력은 필수적이다.

① 무엇을 기억시킬 것인가?(what to remember?)

이렇게 중요한 프레젠테이션을 잘 하는 방법은 무엇일까? 한 예를 들어보자.

무척 수줍음이 많은 여사원이 있다. 목소리가 작은 편인데다 여러 사람들 앞에만 서면 얼굴이 빨개지기 시작한다. 그녀를 처음 본 광고주들은 한결같이 "저 회사는 그렇게 대표선수가 없나?"라는 실망감과 함께 불안감을 느낄 정도다. 그러나 프레젠테이션이 시작되고 4~5분이 지나면서 그런 우려는 하나둘 사라지고, 고개를 끄덕이는 사람은 하나둘 늘어난다. 이제, 그 회사에서는 중요한 프레젠테이션을 꼭 그녀에게 맡긴다. 말 잘하고 목소리도 좋은 AE(Account Executive)들이 많은데도 왜 그녀에게 요청할까?

비결은 그녀가 상대방을 설득하려고 강요하는 태도로 나오기보다 그녀가 가지고 있는 작은 '진실'을 상대방의 마음속에 전하고자 노력한다는 것이다. 자신의 회사가 만든 아이디어가 얼마나 좋은지를 알아달라기보다 광고주가 좋은 아이디어를 살 수 있도록 그들의 입장에서 도움을 주는 것이다. 그녀는 말을 유창하게 잘 하지는 못하더라도, 광고주에게 도움을 줄 수 있는 그녀 자신만의 스타일과 방법을 찾은 것이다. 그리고 남들보다 더욱 철저하게 준비한 뒤 광고주와 만난다.

요즘에는 경쟁 프레젠테이션이 많아졌다. 3~4개의 광고 회사에 광고 전략과 제작물을 의뢰한 다음, 가장 능력 있는 광고 회사를 선정하기 위하여 경쟁 프레젠테이션을 시키는 것이다. 광고주는 몇 개 광고 회사의 프레젠테이션들을 동시에 받다보니 안案 하나하나를 기억하기보다는 전체적으로 "이게 그 회사의 안이었지?"라는 식으로 기억하게 된다. 즉, 광고주는 큰 것 밖에는 기억할 수가 없기 때문에 프레젠테이션의 스킬skill보다는 "무엇을 기억시킬 것인가?(what to remember?)"가 더 중요해지는 것이다. 즉, "광고주에게 무엇을 기억시킬 것인가?"를 고민하는데서부터 성공적인 프레젠테이션이 시작되는 것이다. 그녀가 경쟁 프레젠테이션에서 연전연승하는 데는 이런 비결이 있었던 것이다.

② 무엇을 다르게 보이게 할 것인가?(what to creative?) / 어떻게 말할 것인가?(How to message?)

광고 전략을 준비할 때에는 "무엇을 말할 것인가?(What to message?)"라는 질문을 스스로에게 던져 방향과 메시지를 먼저 정한다. 그런 다음에 "어떻게 표현할 것인가?(How to massage?)"라는 질문을 던져 크리에이티브 작업을 한다.

그러나 프레젠테이션의 경우에는 이렇게 해야 된다. 제일 먼저 "무엇을 다르게 보이도록 할 것인가?(What to creative?)"를 가장 우선적으로 생각해야 된다. 그 다음에는 그것을 위해 "어떻게 말할 것인가?(How to message?)"를 생각한다. 잘 알려진 내용일지라도 그것에 대한 시각이나 생각이 독특하다면 듣는 사람이 귀를 기울이도록 할 수 있다. '알리는 것'과 '팔리는 것'은 분명히 다르다. 그렇기 때문에 설명을 잘했다고 해서 광고주가 그 회사의 프레젠테이션에 설득되는 것이 아니다.

광고 프레젠터는 설득하는 사람(Persuader)이 아니라 꿈을 만들어주는 사람(Dreammaker)이다. 광고는 소비자에게 꿈을 주고, 그 꿈이 제품으로 실현되도록 한다. 그 꿈을 파는 '세일스북sales-book'이 바로 광고기획서이며, 광고 프레젠테이션은 의사결정권자(광고주)에게 그 꿈이 반드시 실현될 수 있다는 것을 설명하는 자리이기도 하다. 그래서 광고기획서는 바로 프레젠테이션의 연출을 위한 시나리오이기도 하다. 극적 긴장감을 유지하면서 서론, 본론, 결론이 아닌 도입, 전개, 위기, 절정, 결말을 거치는 한 편의 드라마인 것이다.

광고는 누가 만드느냐에 따라 수준이 달라진다. 프레젠테이션도 누가 하느냐에 따라 수준이 달라질 수 있다. 가장 고급 수준의 프레젠테이션은 성공에 대한 확신을 광고주에게 심어주며, 그렇기에 광고주는 그런 프레젠테이션을 한 광고 회사를 평가의 대상이 아니라 '성공을 위한 동반자'로 여기게 된다. 그래서 광고 프레젠터는 다음과 같은 단계를 밟아 가장 고급 수준의 프레젠테이션을 준비해야 한다.

첫 단계 – 청중과 가까워진다

청중의 관심을 집중시킨다. 어떠한 프레젠테이션에서도 도입 단계 없이 본론으로 들어갈 수는 없다. 청중이 본론의 내용을 경청할 준비가 되어있지 않기 때문이다. 그러니 프레젠테이션의 시작은 '만남'으로 이루어진다. 처음에는 청중의 마음을 열 수 있게 가볍고 부담 없는 에피소드나 유머, 간단한 시사 관련 이야기로 시작하는 것이 좋다. "오늘 발표할 내용은 다음과 같습니다"로 시작하는 것은 아무런 도움이 안 된다.

둘째 단계 – 관심과 상상력을 유도한다

이 단계에서는 발표의 주제를 청중에게 직접 전달해주어야 한다. 주제를 말해줌으로써 청중의 관심을 불러일으켜야 한나. 주세를 한마디로 요약하고 강조해야 한다. 청중이 특별한 관심을 갖게 함으로써 그 정보가 그들에게 절대적으로 필요한 것이라는 생각이 들게 해야 한다.

셋째 단계 – 콘텍스트(의미하는 바)를 전한다

이 단계에서는 발표의 핵심 주제를 정확하게 알려주어야 한다. 청중에게 프레젠터가 '어떤 것을 말하고 있는지', '무엇을 하고자 함인지'를 알 수 있게 해야 한다. 이것은 발표의 뼈대인 것이다. 프레젠터가 말하고 있는 것이 '매우 중요한 아이디어'임을 청중이 느끼도록 해주어야 하는 이 단계는, 프레젠테이션에서 가장 핵심적인 부분인 것이다.

넷째 단계 – 아이디어에 확신을 준다

이 단계는 보완의 단계다. 여기서는 핵심 주제를 입증하기 위한 근거를 제시하고, 공감을 얻을 수 있도록 설명해야 한다. 표나 그림과 같은 시각적 자료들과 권위 있는 정보들을 비교·대조하여 청중의 머릿속에 주제를 주입하는 설득의 단계인 것이다. 자료나 아이디어의 사실성이 강할수록 프레젠테이션의 설득력도 강해진다.

다섯째 단계 – 행동으로 옮기게 한다

이는 청중에게 해결 방안을 제시하는 단계다. 마지막 단계이니만치 청중이 무엇을 해야 할 것인지를 분명하게 알려주어야 하며, 발표의 내용을 가슴속에 간직하고 행동에 옮길 수 있도록 강조한다.

강력한 전략은 명확한 목표에서 나온다. 프레젠테이션 전략은 프레젠테이션 목표를 명확히 하고 이러한 목표를 달성하기 위한 최선의 접근 방법을 모색하는 것이다.

프레젠테이션 목표는 프레젠테이션 내용으로 청중의 과제를 어떻게 해결할 것인가와, 프레젠테이션 전달로 청중에게서 어떠한 반응을 이끌어낼 것인가를 포괄한다. 또한 프레젠테이션은 청중이 이미 아는 내용을 새로운 방식으로 보다 강력한 의미를 담아서 설명하는 것이다.

놀라움이란 똑같은 것을 전혀 다른 방식으로 말하는 것이다. 따라서 전략적인 프레젠테이션을 하려면 청중이 필요로 하는 것을 전달하기 위한 메시지와, 효과적인 프레젠테이션의 방법을 개발함과 동시에, 프레젠터 자신의 특성과 강점을 잘 살려 열정적이고 논리적으로 전달함으로써, 청중의 공감과 설득을 이루어내도록 준비해야 한다.

3. 프레젠테이션 실행

프레젠테이션은 설득과 공감의 상이 되어야 한다. 그러나 아무리 철저히 준비했더라도 프레젠테이션 현장에서 제대로 실행되지 못하면 청중의 설득과 공감을 이끌어내기가 매우 어렵다.

프레젠테이션 실행은 언어적 요소와 비언어적 요소로 이루어진다. 이 2가지 요소를 적절히 효과적으로 실행해야 원하는 결과를 거둘 수 있다.

시작할 때 좋은 인상을 형성하는 것도 중요하며, 질의응답과 마무리도 잘 해야 할 것이다.

1) 효과적인 프레젠테이션

① 첫인상의 중요성

프레젠테이션 초반에 청중의 주목을 끌고 신뢰를 확립하는 것은 프레젠테이션의 성패를 좌우한다. 청중은 처음 90초의 첫인상으로 프레젠터에 대한 대부분의 평가를 내린다. 프레젠테이션의 나머지 시간은 청중이 프레젠터에 대해 가진 첫인상을 확인하는 시간이라고도 할 수 있다. 따라서 프레젠터의 첫인상을 긍정적으로 만드는 것은 대단히 중요하다.

프레젠터로서의 긍정적 인상은 열정·자신감·성의 등 3가지로 이루어진다. 열정이란 이번 프레젠테이션을 잘해보겠다는 의지이고, 자신감이란 프레젠터가 충분한 능력과 준비를 갖추었다는 표현이며, 성의란 청중에게 호의적인 감정을 갖고 프레젠테이션에 임하는 자세다. 이러한 3가지 요소가 충분히 느껴져야 청중이 프레젠터를 신뢰하고 우호적인 태도를 취하며, 프레젠테이션 내용에 대해 관심과 주의를 기울이기 마련이다.

첫인상을 좋게 하기 위해 해야 할 일은 다음과 같다.

a. 힘차게 입장하는 것이다. 청중 앞으로 나서면서 쭈뼛거리거나 힘없이 걸으면 열의와 자신감을 느끼게 할 수 없다.
b. 청중에게 온화한 미소를 보이는 것이다. 프레젠터가 긴장으로 인하여 본인도 모르게 딱딱한 표정을 짓거나 화난 듯 인상을 쓰고 있다면 청중은 프레젠터에게 호감을 느끼기가 어렵다.
c. 프레젠테이션을 시작하기 전에 잠시 시간을 갖고 청중과 시선을 교환한다. 시선을 교환한다는 것은 청중 한 사람 한 사람과 눈을 맞추는 것이다. 이러한 눈 맞춤으로 내 의지와 호의를 전하고 청중의 관심을 끌어오는 것이다. "나는 여러분들을 위해 열심히 준비했

고, 여러분들에게 큰 도움이 될 제안을 할 것입니다. 나는 탁월한 프레젠터입니다"라는 말을 표정으로 느끼게 해야 한다.

② 목표를 명확히 한다

프레젠테이션의 목표는 청중을 설득하는 것이다. 그러므로 청중이 원하고 바라는 메시지를 제공해주어야 한다. 또한 강력한 콘셉트(메시지의 핵심 개념)를 명확하게 제시해야 하며, 일관되고 친근감 있는 주제로 전달해야 한다. 즉, 콘셉트와 테마를 함축한 키워드와 상징적인 비주얼을 반복적으로 사용하는 것이 좋다. 이와 함께 다음과 같은 요소들을 갖추어야 한다.

a. 청중의 니즈를 충족시킬 수 있는 메시지를 제공해야 한다.
b. 청중의 입장에서 청중이 프레젠테이션에 참석하면서 바라는 것이 무엇인지를 생각한다.
c. 청중의 니즈를 충족시킬 메시지를 일목요연하게 정리하고, 근거와 함께 제시한다.
d. 효과적으로 전달할 수 있는 메시지를 구성할 방법을 찾아야 한다.

③ 청중과 상호작용을 한다

청중과 상호작용을 활발히 해야 프레젠테이션의 효과를 높일 수 있다. 상호작용은 청중을 적극적으로 관여시키고, 프레젠테이션 과정에서 청중의 의견 표명에 대응하고, 청중과 효과적으로 커뮤니케이션하기 위해 필요하다. 그러므로 프레젠테이션의 효과를 높이려면 일방적으로 이야기하려고 하지 말고 청중과 대화를 해야 한다. 청중이 프레젠터에게 의견을 제시하고 질문하고 반박하게 함으로써, 스스로 생각하게 하고 결정을 내리도록 유도하는 것이다.

이를 위해서는 '폐쇄형 질문(closed-ended question)'이 아닌 '개방형 질문(open-ended question)'으로 청중과의 대화를 유도해야 한다. 개방형 질문이란 맞거나 틀린 답이 없는 질문으로, "그렇다/아니다"혹은 한 개의 단어로 답변할 수 없는 질문이다. 그래서 '대화형 질문(Converse interview question)'이라고도 한다. 이러한 개방형 질문으로 청중의 의견, 태도, 느낌과 경험을 물어볼 수 있지만, 자칫 대화로 인해 이야기가 의도하지 않은 방향으로 흘러갈 위험성도 크다. 그러므로 대화형 질문은 청중이 부담을 느끼지 않도록, 그리고 논의가 샛길로 빠지지 않도록 치밀하게 준비해야 한다.

④ 청중을 끌어들인다

청중이 프레젠테이션에 주의를 기울이도록 청중을 끌어들이기 위한 다양한 방법을 쓸 수도 있다. 프레젠테이션에서 청중의 이름을 불러주고, 개인의 관심사에 대해 거론하는 것은 매우 효과적인 방법이다. 특히 사전에 의사결정권자(광고주)에 대한 개인 정보를 수집하고, 프레젠테이션 시작 전에 그와 대화를 나누는 것이 좋다.

여기에서 한 단계 더 나아가 청중을 위해 따로 준비했다는 인상을 줄 수 있도록 고객맞춤형 오프닝 슬라이드를 만들어 사용해보는 것도 좋다. 예를 들면, 골프를 즐기는 광고주 앞에서 프레젠테이션을 할 때 골프하는 모습의 사진을 실은 슬라이드를 비추면서 골프 경기에 비유해 프레젠테이션을 시작한다면 광고주는 이 프레젠테이션에 훨씬 주의를 기울이면서 호감도 갖게 될 것이다.

'잠시 멈춤(Pause)'을 적절히 사용하는 방법도 있다. 연단 앞으로 가서 말하기 전에, 중요한 포인트를 말하기 전에, 중요한 말을 한 후에, 질문을 한 후에, 중요한 포인트들 사이에, 혹은 마지막 멘트를 하거나 인사말을 하기 전에 잠시 말을 멈추는 것이다. '잠시 멈춤'은 청중이 프레젠터와 프레젠테이션 내용에 더욱 주의를 기울이도록 만드는 힘이 있다.

⑤ 시청각 도구를 활용한다

프레젠터는 시청각 기자재를 자유롭게 다룰 수 있어야 한다. 캘리포니아 대학 심리학과 교수 앨버트 메라비언은, "언어가 청중에게 미치는 영향력은 7%에 불과한데 비해, 음성은 38%, 시각은 55%를 차지한다"고 했다. 이러한 영향력이나 기억력의 차이 때문에 시청각 도구를 사용하지 않았을 때의 프레젠테이션 성공률이 38%인데 비해, 시청각 도구를 사용했을 때는 성공률이 67%까지 높아졌다고 한다. 그 이유는 시청각 도구가 메시지에 생동감을 주기 때문이다.

생동감 있는 메시지는 청중의 주의를 끌고, 청중이 프레젠테이션의 내용을 더 구체적이고 개인적인 것으로 느끼도록 만들며, 프레젠터의 주장에 집중하게 만들고, 더 잘 기억된다고 한다. 따라서 광고 프레젠테이션에서는 다양한 시청각 도구의 활용이 매우 중요하다.

⑥ 인상적인 마무리

순서효과이론에 의하면 "마지막에 듣는 것이 가장 오래 기억된다"고

한다. 그래서 프레젠테이션의 마무리를 어떻게 하느냐에 따라 그 결과
가 180도 달라질 수 있다. 그렇기 때문에 청중에게 꼭 기억시키고자 하
는 내용으로 인상적인 마무리를 해야 한다.

또한 프레젠테이션에서 제시한 중요한 요점을 요약하고, 청중이 프
레젠테이션에 동의한다면 무엇을 해야 하는지, 어떻게 행동해야 할지
에 대한 구체적인 방향을 제시한다.

프레젠테이션을 끝맺는 멘트는 프레젠테이션 시작 시 했던 말이나,
질문과 대구를 이루는 이야기가 좋다.

2) 메시지 전달

사람들이 관심을 갖는 범위는 일정하게 정해져있다. 그래서 상대방
을 효과적으로 설득하려면 상대방이 갖고 있는 관심의 범주 속에서 내
가 영향력을 미칠 수 있는 범주를 찾아내는 기술이 필요하다. 상대방을
설득할 필요가 있다면 상대방이 내 설득을 받아들일 수 있는 상황인가
를 먼저 파악해야 하며, 만약 그렇다고 판단했다면 합리적으로 단호하
게 설득해야 한다. 내가 만족할 때 상대의 만족도 끌어낼 수 있음을 명
심해야 한다.

메시지를 표현할 때에는 직독성·소구성·간결성 등 3가지 원칙을 지
켜야 한다. 직독성은 다양한 방법을 동원해서 의미하는 바를 한눈에 인
식하고 이해할 수 있도록 하는 것이다. 소구성은 전달하고자 하는 메시
지가 정확하게 전달되도록 일치되는 도표나 그림 등을 활용하는 것이다.

즉, 중요한 내용을 강조하거나 어필포인트Appeal-Point를 명확히 찍어주는 것이다. 간결성은 "무엇을 말하고 싶은가?"에 초점을 맞추고, 정보의 선택과 삭제의 기술을 적용하여 쉽고 빠르게 전달되도록 하는 것이다.

① 명확하게 말하라

프레젠테이션의 효과를 높이려면 메시지를 잘 전달해야 한다. 청중과 관련 있는 이야기, 청중의 지지를 얻을 수 있는 이야기, 청중이 가장 바라는 결과(most desired result, MDR)를 이야기해야 한다,

메시지는 청중의 관심 포인트에서 출발해야 하며, 핵심적인 메시지들이 정확히 전달될 수 있도록 발음이 명확하고 뒤에 앉은 청중에게까지 들릴 정도로 프레젠터의 목소리가 충분히 커야 한다.

미국 최고의 비즈니스스쿨인 노스웨스턴 대학에서 성인이 사물에 주목하는 시간을 조사했었다. 그 결과는 성인의 평균 주목시간이 약 9초라는 사실이었다. 이는 매 9초마다 프레젠터는 청중에게 자극을 주어 프레젠테이션에 계속 주목하게 해야 한다는 것을 뜻한다. 그러기 위해서는 프레젠터의 몸짓, 억양의 변화, 비주얼, 독특한 어휘 등의 사용이 중요하다. 특히 독특한 어휘의 사용은 청중이 프레젠테이션에 주목하게 하는 데 가장 좋은 방법 가운데 하나다.

② 간결하면서도 직접적인 어휘를 사용하라

언어는 듣거나 읽는 사람이 자신의 처지에서 해석하는 심벌symbol이라는 점을 명심해야 한다. 사람에 따라 심벌에 대한 해석이 다를 수 있기 때문에 그들이 가장 잘 아는 말, 쉬우면서도 직접적인 단어를 사용

해야 가장 빠르고 쉽게 이해시킬 수 있다.

③ 짧은 문장을 사용하라

청중은 프레젠터가 하는 말을 계속 따라가게 되므로 문장이 길어지면 지루할 수밖에 없다. 말이란 글과 달라서, 한번 지나가면 다시 확인하기도 어렵고 다시 설명할 수도 없다. 따라서 말을 할 경우 청중이 기억하기 쉽도록 문장의 길이는 15단어 이하로 하는 것이 좋다.

④ 생동감 있는 어휘, 직유, 유추를 적절히 사용하라

심리학자들에 의하면 사람들은 자신이 경험한 것을 가장 잘 이해한다고 한다. 프레젠터의 경험에 바탕을 둔 생동감 있는 어휘의 사용은 프레젠테이션의 분위기를 바꾸고, 성공적인 프레젠테이션을 완성시키는 가장 중요한 무기인 것이다. 또한 아무리 복잡하고 어려운 이야기도 적절한 비교와 비유를 들어 이야기한다면, 그 뜻을 쉽고 명확하게 청중에게 전달할 수 있다.

⑤ 어려운 용어나 속어의 사용을 피하라

실무에 관련된 전문용어의 사용이 때로는 프레젠테이션에 활력을 주고, 청중에게도 적당한 자극을 줄 수 있다. 그러나 너무 어려운 전문용어나 속어의 사용은 피하는 것이 좋다.

⑥ 표현적으로 말하라

명확히 말하는 것 못지않게 표현적으로 말하는 것도 중요하다. 밝고

쾌활한 음성으로 말의 속도, 억양, 높낮이를 다양하게 함으로써 살아있
는 말투로 이야기하도록 노력해야 한다.

3) 바디랭귀지[47]

언어적 요소도 중요하지만 비언어적 요소가 청중에게 미치는 영향은
그 이상이다. 비언어적 요소 중에서 프레젠터의 바디랭귀지가 특히 중
요하다. 그래서 프레젠터는 입으로 말하기 전에 몸으로 말해야 한다. 프
레젠터가 갖춰야 할 바디랭귀지 요소는 다음과 같다.

① 복장

프레젠터의 복장은 전문가다운 이미지를 풍길 수 있는 것이어야 한
다. 정장을 기본으로 하되, 프레젠터의 역할이나 내용 그리고 분위기에
맞는 의상을 준비한다. 예를 들면, 광고의 표현안을 설명하려는 광고 회
사의 크리에이터는 창의적인 분위기를 나타내는 캐주얼 의상을 입는
것이 더 잘 어울릴 수도 있을 것이다. 정장 또한 너무 어둡지도 않고 현
란하지도 않아야 한다.

② 표정

프레젠테이션 내내 긴장해서 굳은 얼굴로 이야기한다면 청중의 호감
을 얻기 힘들 것이다. 즐거운 마음으로 프레젠테이션에 임함으로써 청
중에게 여유 있는 미소를 보여주는 것이 좋다. "얼굴로 스위치를 켠다

(switch on)"는 말이 있듯이, 얼굴에 풍부한 표정을 담도록 한다.

③ 손

　손은 처음 프레젠테이션을 하는 사람에게 가장 골칫거리가 될 수 있다. 처음 프레젠테이션을 하다 보니 너무나도 어색해서 손을 어디에 놓아야 할지 모르기 때문이다. 그렇다고 주머니에 손을 넣거나 팔짱을 끼거나 뒷짐을 져서는 안 된다. 청중에게 거부감을 줄 수 있기 때문이다. 긴장하면 자기도 모르게 이러한 행동을 할 수 있으므로 각별히 주의해야 한다.

　이를 피하기 위한 가장 좋은 방법은 메모노트를 손에 들고 프레젠테이션을 하는 것이다. 오히려 준비성 있는 프레젠터로 보이게 할 수 있으며, 실제로 중요한 부분을 놓치지 않을 수도 있다. 더 나아가 손을 사용하는 자연스런 제스처는 프레젠테이션에 생동감을 불어넣는 역할을 한다. 손으로 수를 세거나 크기를 나타내거나 증가하는 것을 보여주고, 강조점을 나타내거나 혹은 진행 과정을 설명하는 효과적인 도구가 될 수 있다.

④ 자세

　양다리에 무게를 적당히 배분하여 안정적이지만 경직되지는 않도록 선다. 긴장해서 자신도 모르게 한쪽으로 삐딱하게 서거나, 발을 떨거나, 불필요한 발동작을 하는 경우가 있으므로 주의해야 한다. 그리고 사람들은 사물을 볼 때 습관적으로 왼쪽에서 오른쪽으로 시선을 보내기 때문에, 스크린 왼쪽에 서서 항상 청중 쪽을 보면서 이야기하는 것이 좋다.

⑤ 움직임

　한곳에 꼼짝하지 않고 서서 말하면 너무 경직된 느낌을 주고 지루하게 느껴질 수 있으므로 청중 앞에서 자연스럽게 자리를 이동하면서 이야기하는 것이 좋다.

⑥ 눈 맞춤

　눈 맞춤은 프레젠터가 청중과 상호작용을 하는 통로다. 그것은 청중을 프레젠테이션에 더욱 관여시키고, 프레젠테이션을 더욱 개인적인 것으로 느끼게 한다. 또한 좋은 눈 맞춤은 프레젠터와 청중을 연결시켜 프레젠터를 편안하게 해주며, 청중의 고립감을 해소시켜주기도 한다.

　보통 청중 한 사람당 3~5초씩 시선을 배분하는 것이 좋으며, 모든 청중에게 똑같이 시선을 배분하기보다는 의사결정권자와 눈 맞춤을 하는 비율을 높이는 것이 좋다.

　눈 맞춤이 전체 프레젠테이션에서 15% 이하의 비율을 차지하면 프레젠터가 냉정하거나 미숙하고, 자신감이 없으며, 신뢰성이 부족하다는 인상을 주게 된다.

　반면에 눈 맞춤이 85% 이상이면 성실하고, 친근하며, 숙련된 느낌이 들고, 자신감이 있고, 신뢰할 수 있다는 등의 인상을 준다.

　따라서 프레젠테이션 동안 최소한 50% 이상 청중과 눈 맞춤을 하는 것이 좋다.

4) 질의와 응답

　프레젠테이션은 일방적으로 정보를 제공하거나 주장을 전달하는 것으로 끝나지 않는다. 청중의 질문을 받고 응답을 해야 하기 때문이다. 발표는 잘 했지만, 청중의 질문에 제대로 대답을 하지 못해서 프레젠테이션 전체를 망치는 경우가 허다하다. 따라서 사전에 질의응답에 대비하고, 현장에서도 지혜롭게 대응해야 한다.

　먼저, 질문을 언제 받을지를 사전에 명확히 설정해야 한다. 프레젠테이션 중간에 질문을 받으면 프레젠테이션의 맥이 끊기고 자칫 엉뚱한 방향으로 이야기가 흘러갈 우려가 있다. 반면에 프레젠테이션이 끝나고 질문을 받으면 프레젠테이션 중간에 프레젠터가 한 말에 대해 의문을 갖거나 동의하지 않는데도 불구하고 프레젠테이션이 그대로 진행되었기 때문에, 결국 프레젠테이션 내용 전체에 대해 청중이 부정적인 생각을 가질 수 있게 된다.

　따라서 청중이 언제든지 질문을 할 수 있도록 개방하는 편이 바람직하다. 더 나아가 청중이 질문을 하지 않더라도 프레젠터가 청중에게 대화형 질문을 하면서 분위기를 조성하는 것도 좋다. 중간중간 중요한 대목에서 청중의 의중을 확인하고 동의를 구함으로써 프레젠테이션 내용에 대한 합의를 이루는 것도 좋은 방법이다.

　청중이 질문하면 프레젠터는 그 질문을 경청해야 한다. 프레젠터는 청중의 질문을 경청하면서 그 질문의 의도와 성격을 파악해야 한다. 청중은 단지 프레젠터의 발표 내용에 대해 의문이 생겨서 질문을 할 수도 있지만, 많은 경우 청중 자신의 생각을 피력하기 위해서 질문한다. 심지어 청중이 프레젠터가 발표한 내용에 동의할 수 없거나 반대한다는 입장을 질문의 형식으로 밝히기도 하므로, 프레젠터는 이러한 청중의 질문 의도를 잘 파악해서 대응해야 한다.

질문을 받은 후 프레젠터는 다른 청중에게 그 질문의 내용을 정리해줘야 한다. 다른 청중이 제대로 질문 내용을 듣지 못했을 수도 있고, 프레젠터 자신도 질문 내용을 제대로 이해하지 못했을 수도 있으므로 이를 확인하면서 동시에 답변을 준비할 시간을 버는 것이다.

그리고 빠뜨리지 말아야 할 것은 그 질문에 대해 칭찬을 해주는 것이다. 심지어 반대 의사를 표시하기 위해 질문을 했더라도 "충분히 일리가 있습니다! 제가 미처 생각하지 못한 부분을 지적해주셔서 감사합니다!"라고 진심으로 사의를 표함으로써 청중의 격앙된 감정을 완화시켜주어야 한다.

프레젠터는 항상 긍정적이고 여유 있는 모습을 보여야 한다. 답변을 할 때도 너무 성급하게 대응하다가 질문을 잊어버리거나 동문서답하지 않도록 조심해야 한다. 특히 질문에 대해 너무 방어적이나 감정적으로 대응함으로써 질문자에게 무안을 주거나 흥분한 모습을 보여서는 안 된다. 답변을 할 때에도 정직이 최상의 전략이 되므로, 정확한 정보로 답변해야 한다. 특히 과장된 표현이나 자신 없는 말은 금물이다.

질의응답이 끝나자마자 프레젠테이션을 마쳐서는 안 된다. 청중이 프레젠테이션 내용을 기억하는 게 아니라 마지막의 질의응답 내용만을 기억할 수 있기 때문이다. 만약 반대 의견을 표시하는 질문이 나와서 프레젠터가 제대로 답변을 하지 못한 상태에서 프레젠테이션이 마무리되면 청중은 이러한 반대 의견만 기억하게 될 수도 있다. 따라서 질의

응답 후에는 반드시 짧고 명확하게 끝맺는 말을 해야 한다.

프레젠테이션에서 프레젠터가 어떤 이야기를 했는지, 청중은 이 내용에 대해 어떻게 대응해야 하는지 등 요점과 제언 사항에 대해 마지막으로 정리하고 마무리하는 것이 중요하다.

5) 광고 프레젠테이션의 체크리스트

① 준비 단계에서의 체크리스트

　a. 프레젠테이션의 배경과 목적은 무엇인가?

　b. 최종의사결정권자는 누구인가?

　c. 의사 결정 과정은 어떻게 이루어지는가?

　d. 중요한 영향권자가 있는가?

　e. 클라이언트는 무엇을 원하고, 그가 필요로 하는 것은 무엇인가?

　f. 참석자들의 성향, 사회적 배경, 교육 수준 등은 어떠한가?

　g. 클라이언트만의 독특한 기업문화가 있는가?

　h. 특별한 관습이나 편견을 가지고 있지는 않은가?

　i. 그들의 관심을 불러일으키는 주제나 요소는 무엇인가?

　j. 어떤 내용과 스타일의 프레젠테이션을 기대하는가?

　k. 언급해서는 안 되는 주제와 단어가 있는가?

② 실행 단계에서의 체크리스트[48]

　a. 간결하게 요약했는가?

b. 프레젠테이션을 받는 회사의 요청 사항을 연구했는가?

c. 기본적인 '룰'을 충실하게 지키고 있는가?

d. 무언가 놀라게 할 만한 계획을 포함하고 있는가?

e. 프레젠테이션을 받는 회사의 문제에 대해 특이하게 접근했는가?

f. 특별한 결과의 사례를 포함하고 있는가?

g. 대행사에 대한 사실을 말할 때 평소와 다른 방법을 찾았는가?

h. 대행사의 장점을 상대 회사의 요청과 연관지어 말하는가?

i. 관련 있는 경험과 성공 사례를 보여주는가?

j. 만일 그렇지 못할 경우 무슨 대책이 있는가?

k. 분위기 전환은 어떤 식으로 언제하게 되는가?

l. 예견되는 질문에 대한 사전 준비가 잘 되었는가?

m. 프레젠테이션 장소와 준비 사항(콘센트, 음향 시스템, 영상기기, 조명,
　　광고를 보여주는 공간, 발표대, 지시봉, 핀, 노트, 연필 등 보조기자재 등)을
　　철저히 확인했는가?

n. 좌석에 관해 고려가 되었는가?

o. 약속된 시간 내에 마칠 수 있는가?

p. 참가자 모두에게 주어진 역할이 잘 배분되었는가?

q. 최적의 프레젠터에게 드라마틱한 역할을 맡겼는가?

r. 리허설을 충분히 했는가?

1. DMC미디어(2014), 키워드로 살펴본 2014 소비자 트렌드 보고서

2. 윤지영(2016), 오가닉미디어, 오가닉미디어랩

3. 최환진 외(2016), 트리플미디어 마케팅과 광고기획, 중앙북스

4. 조명광(2017), 21일 마케팅, 와이비

5. 최환진 외(2016), 트리플미디어 마케팅과 광고기획, 중앙북스

6. 윤지영(2016), 오가닉미디어, 오가닉미디어랩

7. 스티브 로젠바움 지음, 이시은 옮김(2011), 큐레이션, 명진출판사

8. 행동경제학에서 말하는 휴리스틱Heuristic이론은 제품·서비스를 선택할 때 합리적 선택이 아니라 자신이 가진 선택의 지름길을 이용하는 것이다. 사람들은 어떤 사건의 발생 가능성을 판단할 때 객관적 정보에 근거하기보다는 그 사건과 관련돼서 쉽게 떠오른 기억들로 판단한다. 즉, 이성적인 판단이 아니라 개인적인 취향·선호에 따라 감성적으로 판단하고 의사 결정을 한다는 것이다.

9. 홍준선(2015), 소셜미디어(SNS)에서 큐레이션 미디어로 진화, 광고계동향

10. 윤지영(2016), 오가닉미디어, 오가닉미디어랩

11. snack culture, 웹툰이나 웹소설 등 10~15분 안팎의 짧은 시간 안에 가볍게 즐길 수 있는 문화 콘텐츠를 의미한다. 스낵처럼 언제 어디서든 부담 없이 즐길 수 있어 붙여진 이름이다.

12. 출처는 Digital Marketing Curation이다.

13. 2015년 미국 경제지 〈포브스〉는 '세계에서 가장 돈을 많이 번 유튜브 스타들'의 명단을 공개했다. 게임을 전문적으로 소개하고 리뷰하는 '퓨디파이'는 2014년에 약 135억 원을 벌어들여 1위에 올랐다. 퓨디파이의 채널 구독자 수는 4500만 명에 달하며, 지금까지 조회 수는 100억 회가 넘는다.

14. http://news.mk.co.kr/newsRead.php?no=310160&year=2016 (홍준선)

15. 임춘성(2016.2.13), 알리바바·우버처럼 '매개 산업'에 주목하라, 조선 위클리비즈

16. 윤지영(2017), 오가닉 마케팅, 오가닉미디어랩

17. http://news.mk.co.kr/newsRead.php?no=310160&year=2016 (홍준선)

18. 아주대소식지(2016.1), 특별좌담: 의료인문융합 콘텐츠 사업단 CRC, 아주대학

19. 하쿠호도 생활연구소(2015), 생활자 발상학원, KMAC

20. Phillip Don(2015), 디자인을 합니다, Medium.com

21. 이우철(2016), 잘 팔리는 기획의 본질, ER북스

22. 김정운(2012), 남자의 물건, 21세기북스

23. 문영숙, 김병희(2015), 소비자 인사이트, 커뮤니케이션북스

24. Evoked set라고도 하는데, '고려상표군' 또는 '환기상표군'이라는 의미다.

25. http://www.the-pr.co.kr/news/articleView.html?idxno=14421 (더피알)

26. http://www.the-pr.co.kr/news/articleView.html?idxno=18212 (더피알)

27. 김정우(2009), 광고의 경험, 커뮤니케이션북스

28. 라이언 홀리데이, 고영혁 옮김(2015), 그로스 해킹, 길벗

29. 윤지영(2017), 오가닉 마케팅, 오가닉미디어랩

30. 마틴 린드스트롬(2016.6.30), 세계적 브랜딩 대가 인터뷰, 이코노미조선

31. 시모어 채트먼 지음, 한용환 옮김(2003), 이야기와 담론, 푸른사상

32. 출처는 Marketing Science Institute, 2013이다.

33. 김성탁(2009.10), 제품 포장에도 '스토리'를 입힌다, 중앙일보

34. 이타마르 시몬슨(2015.5), 절대 가치 시대-마케팅패러다임 바뀐다, 조선비즈

35. 사전적으로는 Context를 의미하지만 여기서는 시간(Time), 장소(Place), 기회(Occasion)를 의미하는
    것이기도 하다.

36. 마틴 린드스트롬(2016.6.30), 세계적 브랜딩 대가 인터뷰, 이코노미조선

37. Influencer marketing, 특정 분야의 전문가, 마니아, 유튜브 이용자 등 영향력 있는 개인을 활용한
    마케팅이다.

38. 필립 코틀러 노스웨스턴 대학 석좌교수는 마켓1.0시대(제품 중심), 마켓2.0시대(소비자 중심), 마켓3.0시
    대(인간과 가치)를 거쳐 오늘날에는 마켓4.0시대(연결과 진정성)가 도래했다고 주장했다.

39. 신강균(2014), 4S 아이디어 발상법, 한경사

40. 조용석 외 지음(2007), 광고홍보 실무특강 – 3장 크리에이티브 전략(오창일), 커뮤니케이션북스

41. 하쿠호도 생활연구소 지음(2015), 생활자 발상학원, KMAC

42. Trope, Y., & Liberman, N. (2010), Construal-Level Theory of Psychological Distance,
    Psychological Review, 117(2), 440–463.

43. Triple-media, 광고, 홈페이지, 소셜미디어(SNS) 등 기업이 커뮤니케이션 측면에서 고려할 수 있는
    모든 미디어들이다.

44. Marketing Science Institute, 2013

45. 김희진(2005), 광고 프레젠테이션의 실제, 커뮤니케이션북스

46. 존 스틸 지음, 조성숙 옮김(2008), 퍼펙트피치, 이콘출판

47. 조용석 외(2007), 광고홍보 실무특강 – 15장 광고비즈니스와 프레젠테이션(최환진), 커뮤니케이션북스

48. Ogilvy & Mather의 프레젠테이션 '119 Check List', 코래드 사내 자료

– 기획이노베이터그룹(2010), 《한국의 기획자들》, 토네이도

– 김선호 외(2014), 스마트미디어 뉴스생태계의 혁신 전략, 한국언론진흥재단

– 김성탁(2009,10), 제품 포장에도 '스토리'를 입힌다, 중앙일보

– 김영석(2008), 《설득 커뮤니케이션》, 나남

– 김정우(2009), 《광고의 경험》, 커뮤니케이션북스

– 김정운(2012), 《남자의 물건》, 21세기북스

– 김창대(2011), 《미술관에 간 CEO》, 웅진지식하우스

– 김희진(2005), 《광고 프레젠테이션의 실제》, 커뮤니케이션북스

– 마정민(2014,9), 오래된 매체, 새로운 경험, 제일기획사보

– 문영숙, 김병희(2015), 《소비자 인사이트》, 커뮤니케이션북스

– 삼성경제연구소(2012), 《그들의 성공엔 특별한 스토리가 있다》, 삼성경제연구소

– 신강균(2014), 《4S 아이디어 발상법》, 한경사

– 윤지영(2014), 《오가닉 미디어》, 21세기북스

– 이우철(2016), 《잘 팔리는 기획의 본질》, ER북스

– 이문규(2008), 《크리에이티브 마케터》, 출판 갈매나무

– 이장혁(2015,7), 디지털 시대의 소비자와 타깃 마케팅, 오리콤 브랜드저널

– 인물과 사상사(2013) 《트렌드 지식사전》, 인물과 사상사

– 임춘성(2016), 알리바바·우버처럼 '매개 산업'에 주목하라, 조선 위클리비즈

– 정인석(2011), 《미디어플래닝이 강해지는 GRP》, 커뮤니케이션북스

– 정인숙(2013), 《커뮤니케이션 핵심 이론》, 커뮤니케이션북스

– 조명광(2017), 《21일 마케팅》, 와이비

– 조용석 외(2007) 《광고홍보 실무특강》, 커뮤니케이션북스

– 최창원(2017), 《단박에 카피라이터》, 도서출판 린

– 최환진 외(2016), 《트리플미디어 마케팅과 광고기획》, 중앙북스

– 홍성태(2012), 《모든 비즈니스는 브랜딩이다》, 쌤앤파커스

– 홍준선(2015), 소셜 미디어에서 큐레이션 미디어로 진화, 광고계동향

– 나오토 후카사와(2013), 무의식적 행동에 녹아있는 디자인, 조선비즈

– 다니엘 핑크, 김명철 옮김(2012), 《새로운 미래가 온다》, 한국경제신문사

– 도이 사토시, 곽해선 옮김(2003), 《로지컬 프레젠테이션》, 이다 미디어

– 마틴 린드스트롬(2016.6.30), 세계적 브랜딩 대가 인터뷰, 이코노미조선

– 로버트 루드빈스타인, 미셸 루드빈스타인, 박종성 옮김(2007), 《생각의 탄생》, 에코의 서재

– 로버트 마우어, 장원철 옮김(2016), 《아주 작은 반복의 힘》, 스몰빅라이프

– 로베르토 베르간티, 김보영 옮김(2010), 《창조적 혁신 전략 디자이노베이션》, 한스미디어

– 로저 마틴, 이건식 옮김(2010), 《디자인씽킹》, 웅진윙스

– 안토니 영, 이진원 옮김(2010), 《브랜드미디어 전략》, 토네이도

– 에이미 윌킨슨, 김고명 옮김(2015), 《크리에이터코드》, 비즈니스북스

– 야하타 히로시, 나상억 옮김(2003), 《프리젠테이션 박사》, 21세기북스

– 요코야마 류지, 제일기획 옮김(2011), 《트리플미디어 전략》, 흐름출판

– 시모어 채트먼, 한용환 옮김(2003), 《이야기와 담론》, 푸른사상

– 케빈 로버츠, 이상민 옮김(2007), 《시소모》, 서돌

– 하쿠호도 생활연구소(2015), 《생활자 발상학원》, KMAC

– 대니얼 카너먼, 이진원 옮김(2012), 《생각에 관한 생각》, 김영사

– DMC 미디어(2014), 키워드로 살펴본 2014 소비자 트랜드 보고서, DMC 미디어

– 드루 보이드, 제이컵 골든버그, 이경식 옮김(2014), 《틀 안에서 생각하기》, 책읽는수요일

– Gerd Leonhard(2010), 《The Future of News》, Publishing and Media

– 이타마르 시몬슨(2015.5), 절대 가치 시대 – 마케팅패러다임 바뀐다, 조선비즈

– 존 스틸, 조성숙 옮김(2008), 《퍼팩트 피치》, 이콘출판

– Ogilvy & Mather의 프레젠테이션 帷Check List', 코래드 사내자료

– Phillip Don(2015), 디자인을 합니다, Medium.com

– Ron Kaatz(2007.10), 'Advertising & Marketing Checklists' 애드타임즈

– 라이언 홀리데이, 고영혁 옮김(2015), 《그로스 해킹》, 길벗

– Trope, Y., & Liberman. N.(2010), Construal–Level Theory of Psychological Distance, *Psychological Review*, 117(2), 440–463.

제일기획 블로그 http://cheilblog.com/220043114655

http://news.mk.co.kr/newsRead.php?no=310160&year=2016 (홍준선)

http://www.the-pr.co.kr/news/articleView.html?idxno=14421 (더피알)

http://www.the-pr.co.kr/news/articleView.html?idxno=18212 (더피알)

4차 산업혁명
마케팅 광고

2017년 09월 29일 1판 1쇄 박음
2017년 10월 16일 1판 1쇄 펴냄

지은이 조용석
펴낸이 김철종
책임편집 장웅진   **디자인** 정진희   **마케팅** 오영일
인쇄제작 정민문화사

펴낸곳 (주)한언
출판등록 1983년 9월 30일 제1 - 128호
주소 110 - 310 서울시 종로구 삼일대로 453(경운동) KAFFE빌딩 2층
전화번호 02)701 - 6911   **팩스번호** 02)701 - 4449
전자우편 haneon@haneon.com   **홈페이지** www.haneon.com

ISBN 978-89-5596-814-9 (13320)

* 이 책의 무단전재 및 복제를 금합니다.
* 책값은 뒤표지에 표시되어 있습니다.
* 잘못 만들어진 책은 구입하신 서점에서 바꾸어 드립니다.
* 본 저서는 2017년 한세대학교 교내학술연구비 지원에 의하여 출간되었음

이 도서의 국립중앙도서관 출판예정도서목록(CIP)은 서지정보유통지원시스템
홈페이지(http://seoji.nl.go.kr)와 국가자료공동목록시스템(http://www.nl.go.kr/kolisnet)에서
이용하실 수 있습니다.(CIP제어번호: CIP2017025340)